文明互鉴
中国与世界

主编
张西平

本书为北京外国语大学
所主持的北京外国语大学“
项目“文明互鉴：中国文化与世界”（2021SYLZD020）
研究成果。

孟子思想在东亚及东南亚的传播与影响研究

郭连友　主编

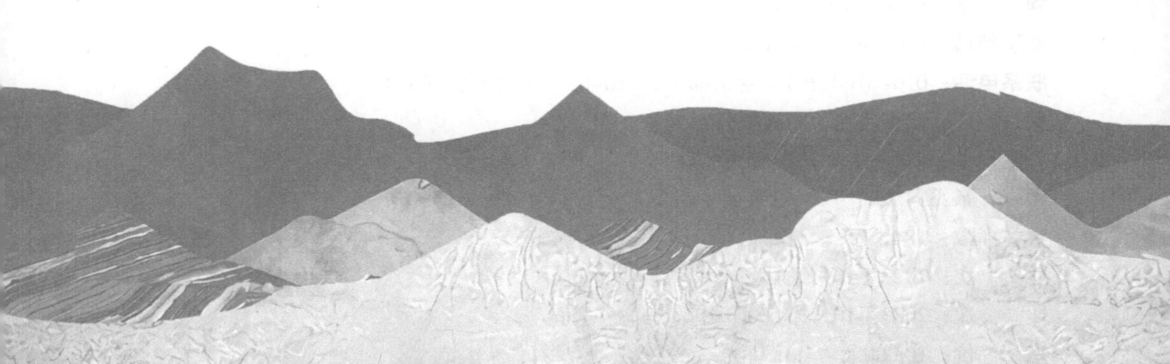

學苑出版社

图书在版编目（CIP）数据

孟子思想在东亚及东南亚的传播与影响研究 / 郭连友主编. — 北京：学苑出版社, 2023.10
ISBN 978-7-5077-6778-0

Ⅰ.①孟…　Ⅱ.①郭…　Ⅲ.①孟轲（约前372–前289）—哲学思想—研究　Ⅳ.①B222.55

中国国家版本馆CIP数据核字（2023）第204132号

出 版 人：洪文雄
责任编辑：李　媛　王见霞
出版发行：学苑出版社
社　　址：北京市丰台区南方庄2号院1号楼
邮政编码：100079
网　　址：www.book001.com
电子邮箱：xueyuanpress@163.com
联系电话：010–67601101（营销部）、010–67603091（总编室）
印 刷 厂：北京建宏印刷有限公司
开本尺寸：787 mm × 1092 mm　1/16
印　　张：14.75
字　　数：184千字
版　　次：2023年10月第1版
印　　次：2023年10月第1次印刷
定　　价：108.00元

目　录

孟子的政治思想在古代日本的受容

潘 蕾

一、前言

作为儒家学派的重要代表人物，孟子（约前 372—前 289）继承并发展了孔子的思想，其思想集中体现在《孟子》一书中。南宋朱熹将《孟子》与《大学》《中庸》《论语》合称“四书”，历代士子视其为必读之经典。孟子的的思想还随着《孟子》一书传至海外，平安时代前期的学者藤原佐世奉敕命编纂的《日本国见在书目录》大约成书于日本第 59 代宇多天皇宽平三年（891），将日本截至平安时代前期传世的汉籍汇总收录其中，该书中有“孟子十四齐卿孟轲撰赵岐注、孟子七陆善经注”[1]的记载，可见至迟在平安时代中期以前，《孟子》已经传入日本。但是，在平安时代中期以前的史料中，并没有《孟子》被阅览的相关记载，至平安时代末期，公卿藤原赖长在日记《台记》中记载了其自保延二年（1136）至康治二年（1143）之间的读书目录，其中有“孟子十四卷、首付、永治元年、同音义二卷、首付、永治元年”[2]，可见这一时期《孟子》及其注释书已经成为贵族阅览之物。

《孟子》作为儒学经典被日本人广泛阅读是在进入江户时代以后，中国明代末期的博物学家谢肇淛（1567—1624）曾在其随笔《五杂组》卷四《地

[1] ［日］宮内庁書陵部所蔵室生寺本:『日本国見在書目録』, 名著刊行会，1996 年，第 45 頁。
[2] ［日］藤原頼長:『台記』, 増補史料大成第 23 卷，臨川書店，1965 年，第 100 頁。

部二》中记载一则传闻："倭奴亦重儒书，信佛法。凡中国经书，皆以重价购之，独无孟子。云，有携其书往者，舟辄覆溺。此亦一奇事也"[1]，称历来重视经书的日本人唯独不购入《孟子》的原因在于载有《孟子》的车船会遇难。这一传闻从侧面反映出江户时代以前孟子的思想不仅没有被日本人所接受，甚至受到了排斥。究其原因，正如江户时代后期的兰学家桂川中良在其随笔《桂林漫录》中所指出的，"因为《孟子》属于忌讳之书，与日本的神意不合，所以日本自古以来就有载有《孟子》之船必颠覆的说法"[2]，也就是说，孟子主张的"汤武放伐"思想与日本无论政治体制如何变化天皇均作为天照大神的子孙居于政治体制的顶点这一思想相矛盾，不可能为朝廷所接受。江户时代后期的文学家上田秋成（1734—1809）也在其所作怪异小说集《雨月物语》卷一"白峰"中，借主人公西行法师之口道出了孟子"汤武放伐"思想的内容以及载有《孟子》之船在到达日本之前必颠覆的缘由[3]。

其实，对于孟子思想的忌讳并非古已有之，井上顺理氏在其著作《本邦中世以前孟子受容史的研究》中对日本中世以前孟子的受容史做了系统的研究，指出孟子的相关书籍至迟在奈良时代初期已经传入日本，并且至少在中世以前，日本人并未对孟子进行批判并忌讳。[4]笔者在研读奈良时代的相关文献时也发现其中包含孟子思想的要素，因此，本文聚焦孟子思想传入之初的奈良时代，通过对相关文献的具体分析探讨孟子思想在古代日本的受容情况。

[1] （明）謝肇淛著，[日]岩城秀夫訳注：『五雜組』(2)，平凡社，1996年，第92頁。

[2] [日]日本随筆大成編集部編：『日本随筆大成』第一期第一卷，吉川弘文館，1975年，第659頁。

[3] [日]上田秋成著，[日]稲田篤信編著：『雨月物語精読』，勉誠出版，2009年，第14頁。

[4] [日]井上順理：『本邦中世までにおける孟子受容史の研究』，風間書房，1972年，第605—607頁。

二、孟子及其政治思想

（一）孟子的经历

司马迁在《史记》卷七十四列传第十四“孟子荀卿列传”中，对孟子做了如下记述：

> 孟轲，驺人也。受业子思之门人。道既通，游事齐宣王，宣王不能用。适梁，梁惠王不果所言，则见以为迂远而阔于事情。当是之时，秦用商君，富国彊兵；楚、魏用吴起，战胜弱敌；齐威王、宣王用孙子、田忌之徒，而诸侯东面朝齐。天下方务于合纵连横，以攻伐为贤，而孟轲乃述唐、虞、三代之德，是以所如者不合。退而与万章之徒序诗书，述仲尼之意，作孟子七篇。[1]

从以上记述大致可窥孟子的生涯。孟子所处的时代是以战国七雄为首的诸侯国为了存亡不断展开激烈斗争的时代，也是士人阶层最活跃的时代。孟子年轻时师从孔子的嫡孙子思的门人，通晓道义具有社会影响力之后开始周游列国向诸侯们游说。但是，由于孟子一味地倡导唐、虞、三代的帝德未能紧跟时势，四处碰壁，最终，他归隐乡野，与弟子共同讲述《诗经》与《书经》，祖述孔子之意，著成《孟子》七篇。

（二）孟子的政治思想

孟子的思想包括政治思想和伦理思想两大部分。如前所述，为日本人所忌讳的主要是孟子的政治思想中的汤武放伐思想。孟子的政治思想的核心部分在于“仁政”，《孟子》卷七“离娄章句上”载，“孟子曰：三代之得天下也

---

[1] （汉）司马迁撰，（宋）裴骃集解，（唐）司马贞索引，（唐）张守节正义：《史记》，中华书局，1959 年，第 2343 页。

以仁。其失天下也以不仁。国之所以废兴存亡者亦然。天子不仁。不保四海。诸侯不仁。不保社稷。卿大夫不仁。不保宗庙。士庶人不仁。不保四体"[1]，孟子将夏商周三代得天下与失天下的原因总结为"仁"与"不仁"，认为只有施行仁政者才可以得天下，上至天子下至士人百姓都需要恪守仁德。孟子在《孟子》卷三"公孙丑章句上"中称，"以力假仁者霸。霸必有大国。以德行仁者王。王不待大。汤以七十里。文王以百里。以力服人者。非心服也。力不赡也。以德服人者。中心悦而诚服也。如七十子之服孔子也"[2]，将历史上的君主分为王者与霸者，主张不应该依仗领土和军事实力称霸，而是应该像商汤和周文王一般通过施行仁政成王而得天下，因为只有依靠道德才能让人心悦诚服。在《孟子》卷七"离娄章句上"中，孟子通过举夏桀和商纣王的例子进一步阐明了施行仁政的原因，"桀纣之失天下也。失其民也。失其民者。失其心也。所得天下有道。得其民。斯得天下矣。得其民有道。得其心。斯得民矣。得其心有道。所欲兴之聚之。所恶勿施尔也"[3]，指出夏桀和商纣王失天下是因为失去了民心，欲得天下者须得民心。孟子的如上政治主张可以概括为"民为贵。社稷次之。君为轻"(《孟子》卷十四"尽心章句下")[4]，将百姓的地位置于国家、君主之上。

但是，孟子并非主张君主的权威来自人民。《孟子》卷九"万章章句上"中有"万章曰：尧以天下与舜。有诸。孟子曰：否。天子不能以天下与人。然则舜有天下也。孰与之。曰：天与之"[5]的记载，可见孟子认为天子的天下是天授予的。但是，孟子将百姓的承认与支持视作判断君主统制合法性的重要尺度，认为商汤流放夏桀、周武王征伐商纣王建立新王朝是具有合理性的。《孟子》卷二"梁惠王章句下"中"贼仁者谓之贼。贼义者谓之残。残贼之

[1] （清）焦循：《孟子正义》，诸子集成一，中华书局，1986 年，第 289—290 页。
[2] 同上书，第 130—131 页。
[3] 同上书，第 295 页。
[4] 同上书，第 573 页。
[5] 同上书，第 379 页。

人。谓之一夫。闻诛一夫纣矣。未闻弑君也”[1]的记载，是孟子对齐宣王关于商汤流放夏桀、周武王征伐商纣王这一臣弑君行为的提问所做的回答，孟子认为，夏桀、商纣王是破坏仁爱、道义的独夫，周武王只是诛杀了独夫，并非以臣弑君。所谓独夫，就是指失去了民心、被孤立的无道之君。

三、孟子思想在日本的受容

（一）江户时代以前

如前所述，日本现存最早的敕选汉籍目录《日本国见在书目录》中载有《孟子》。据《日本三代实录》卷二十七“贞观十七年（875）正月二十八日”条记载“廿八日壬子。夜。冷然院火。延烧舍五十四宇。秘阁收藏图籍文书为灰烬。自余财宝无有孑遗”[2]，冷然院的大火使得当时秘阁收藏的累世图籍文书化为灰烬。在这一背景下，学者藤原佐世（847—898）奉宇多天皇之命根据当时日本现存的汉籍开始编纂《日本国见在书目录》，大约于宽平三年（891）完成。该书分类方式基本依据《隋书》经籍志的经、史、子、集的四部四十类分类法，但不分“部”，并将“类”改为“家”，记载了从易家到总集家合计四十种汉籍的书名、卷数、著者名等。《日本国见在书目录》二十四“儒家”中记载了“孟子十四齐卿孟轲撰赵岐注、孟子七陆善经注”，可见至迟在平安时代中期以前，汉代赵岐和唐代陆善经注释的《孟子》已经传入日本，其中十四卷本的孟轲撰、赵岐注的《孟子》也被记载在《隋书》经籍志（《隋书》卷三十四志第二十九“经籍三”）中。

但是，在晚于《日本国见在书目录》成书的《旧唐书》经籍志和《新唐书》艺文志中，虽然均收录了十四卷本的孟轲撰、赵岐注的《孟子》，但是却

[1] （清）焦循：《孟子正义》，诸子集成一，中华书局，1986 年，第 86 页。
[2] ［日］経済雑誌社編：『日本三代実録』，国史大系第 4 卷，経済雑誌社，1897—1901 年，第 408 頁。

均未收录《日本国见在书目录》所载七卷本的陆善经注的《孟子》。《旧唐书》和《新唐书》中，也未见陆善经传，只有一些关于他的零散记录，可见陆善经的著述并未引起当时中国人的广泛关注。与此相对，在领国日本，陆善经的著述得到认可，仅在《日本国见在书目录》中，陆善经注释的汉籍就收录有八种之多[1]。关于陆善经的著述被大量传至日本，兰翠氏推测可能是由陆善经之子陆珽在作为使节被派往日本时带入日本或者由遣唐使带回日本[2]。陆善经的生卒年不详，任职于唐玄宗（712—755）时期，他的注释为此后的孟子升格运动做出了贡献，兰翠氏指出，唐代宗（762—779）时期，宰相杨绾和经学家赵匡上书请求将《孟子》纳入科举考试科目便是其最初的体现。[3]

宋代经学家孙奭（962—1033）参照赵岐、陆善经注释的《孟子》撰写而成注释书《孟子音义》，如前所述，平安时代末期的公卿藤原赖长的日记《台记》中有"孟子十四卷、首付、永治元年、同音义二卷、首付、永治元年"的记载，可见至迟在平安时代末期以前孙奭编撰的《孟子音义》已经传入日本，部分有识者已将解释《孟子》的要义和发音的书籍纳入阅读范围。

在中国，《孟子》确立儒学的经典地位是在宋代，而这一时期遣唐使已经被废止。宽平六年（894），第59代宇多天皇接受了已任命但尚未出发的第十九次遣唐大使菅原道真的奏请，于次年正式宣布停派遣唐使，此后，中日之间的学术交流大幅减少。再加上常年与西夏、辽对峙的宋王朝为了防止国内机密外泄，严格禁止正史、实录等相关书籍的对外输出。在这一背景下，平安时代中期以来日本的儒家思想受容基本上是在唐代儒学受容的延长线上，虽然《孟子》的相关书籍已经传入日本，但是大学寮中讲授中国经学的明经道的教科书中并不包含《孟子》，孟子思想的影响十分有限。直至镰仓时代，被视作儒学经典的《孟子》才作为宋学的一部分传入日本。

[1] 除了《孟子注》七卷以外，《日本国见在书目录》所收录的陆善经注释的汉籍还有：《周易注》八卷，《周诗注》十卷，《古文尚书注》十卷，《三礼注》三十卷，《春秋三传注》三十卷，《论语注》六卷，《列子注》八卷。

[2] 兰翠：《唐代孟子学研究》，北京大学出版社，2014年，260页。

[3] 同上书，第265页。

（二）江户时代

进入江户时代，朱子学成为官学，朱熹称之为“四书”之一的《孟子》不仅受到儒学家的广泛关注，而且被武士阶级视作必读之伦理书，使得《孟子》在日本人中迅速普及。孟子研究的代表性人物有：林罗山，古学的山鹿素行、伊藤仁斋、荻生徂徕，国学的本居宣长，后期水户学的藤田东湖、吉田松阴等[1]。

四、日本国史的成立

（一）《日本书纪》的编纂

《日本书纪》作为日本现存最早的正史，是日本古代史研究中尤为重要的资料。该书是一部用汉文撰写的编年体史书，由 30 卷构成，记录了日本自初代神武天皇至第 41 代持统天皇之间流传于朝廷的神话、传说、记录等。关于其成书的经过，日本正史没有明确记载其编纂开始的时间，但是从继《日本书纪》之后成立的日本第二部国史《续日本纪》的第 44 代元正天皇养老四年（720）五月癸酉条中“先是。一品舍人亲王奉敕修日本纪。至是功成奏上。纪卅卷系图一卷”[2]一文可以看出，该书成立于养老四年（720）。现在的历史学界，一般将《日本书纪》第 40 代天武天皇十年（681）三月丙戌条中所记载的天武天皇在大极殿中命令 6 名皇子和 6 名臣下编纂帝纪和上古诸事视作《日本书纪》编纂事业的出发点[3]。上田正昭氏认为天武天皇推进国史的编纂事业的背景主要有以下两点：首先，第 35 代皇极天皇四年（645）爆发的乙巳之变导致朝廷保管历史书的书库失火，《天皇记》《国记》等多数历史书被毁；

[1] 郭连友：《孟子思想与日本》，《国学学刊》，2014 年第 3 期，第 116—119 页。

[2] ［日］黒板勝美、國史大系編修會編：『続日本紀』，吉川弘文館，1966 年，第 80—81 頁。

[3] ［日］小島憲之、直木孝次郎、西宫一民、蔵中進、毛利正守校注・訳者：『日本書紀』③，小学館，1999 年，第 407 頁注 19。

其次，第 38 代天智天皇称制二年（663），倭国与百济遗民的联合军在白村江之战中大败于唐与新罗的联合军，倭国迎来在东亚的存立危机以致国家意识高涨[1]。可以说,《日本书纪》的编纂目的在于，向国内外展示古代统一国家成立的缘由也就是大和朝廷实现全国统制的原因及其正统性。

（二）《日本书纪》的著述及润色

森博达氏在其所著《解开日本书纪之谜：述作者是谁》[2]一书中，根据《日本书纪》30 卷所用汉文的用法将《日本书纪》的记事分为 α 群（卷 14—21、24—27)、β 群（卷 1—13、22·23、28·29）和卷 30，指出 α 群是在第 41 代持统天皇（645—702）时期由渡日唐人续守言、萨弘恪用基本正确的汉文著述，β 群是在第 42 代文武天皇（683—707）时期由有着新罗留学经验的山田史御方用和音及和化汉文著述，30 卷是在第 44 代元正天皇（680—748）时期由纪朝臣清人著述，此外，三宅臣藤麻吕利用汉籍对上述三类文章进行了润色[3]。

关于润色时所使用的汉籍，小岛宪之氏指出，史书《史记》、《汉书》、《后汉书》、《三国志》(吴志、魏志)、《梁书》、《隋书》；类书《艺文类聚》；文学作品集成《文选》；佛典《金光明最胜王经》；其他如《淮南子》、《六韬》、《古列女传》等在润色时被直接使用。[4]《日本书纪》中的文章涉及汉籍经、史、子、集的所有部类，其出典多源自类书。[5]

---

[1] ［日］上田正昭：『倭国から日本国へ——画期の天武・持統朝』，文英堂，2010 年，第 86—87 頁。

[2] ［日］森博達：『日本書紀の謎を解く——述作者は誰か』，中公新書，1999 年。

[3] ［日］森博达：《《日本書紀》α 群的唐人著述说——兼论成书过程与记事的虚实》，王勇主编《东亚坐标中的书籍之路研究》，中国书籍出版社，2013 年，第 145 页。

[4] ［日］小島憲之：「書紀と渡来書」,『日本史研究』三号，1945 年。

[5] ［日］小島憲之、直木孝次郎、西宮一民、蔵中進、毛利正守校注・訳者：『日本書紀』①，小学館，1994 年，第 522 頁。

五、《日本书纪》与孟子的政治思想

由渡日唐人以及新罗留学归国者等著述、专人利用汉籍润色过的《日本书记》中，可以散见孟子的思想。此处通过对森博达氏分类为 α 群的卷第十六·武烈纪以及森博达氏分类为 β 群的卷第十一·仁德纪和卷第二十二·推古纪的具体分析，探讨孟子的政治思想在当时日本的受容情况。

（一）仁德纪

卷第十一是第 16 代仁德天皇的一代记，开头部分记述了第 15 代应神天皇驾崩后，因为太子·菟道稚郎子（母为妃·宫主宅媛）和其异母兄大鷦鷯尊（后即位为仁德天皇，母为皇后·仲姬命）就皇位继承互相谦让，以致皇位空缺三年，最终菟道稚郎子以自杀的方式表明其辞让的诚意。据《日本书纪》卷第十·应神天皇十五年八月壬戌朔丁卯条、应神天皇十六年二月条、应神天皇四十年正月辛丑朔戊申条以及甲子条记载，菟道稚郎子师从由百济渡日的阿直岐和王仁学习典籍，深受父皇宠爱，虽上有兄长却被立为太子[1]。受到儒学教育的菟道稚郎子称“今我也弟之、且文献不足”[2]，以应该遵循长幼之序以及自己资质不足为由坚决推辞继承皇位。对此，大鷦鷯尊称“先皇谓、皇位者一日之不可空。故预选明德、立王为弍、（中略）我虽不贤、岂弃先帝之命、辄从弟王之愿乎”[3]，以不能违背先帝的命令为由拒绝了弟弟的请辞。在这一部分的记述中，始终贯穿着以儒家的德治主义和嫡长子继承为理想的观点。

菟道稚郎子自杀以后，大鷦鷯尊即位并定都难波。天皇在宫屋的装饰上力求节俭，因为他认为“此不以私曲之故、留耕绩之时者也”[4]，不能因为个

[1] ［日］小島憲之、直木孝次郎、西宮一民、蔵中進、毛利正守校注·訳者:『日本書紀』①，小学館，1994 年，第 482、484、494—496 页。

[2] ［日］小島憲之、直木孝次郎、西宮一民、蔵中進、毛利正守校注·訳者:『日本書紀』②，小学館，1996 年，第 18 頁。

[3] 同上书，第 20 页。

[4] ［日］小島憲之、直木孝次郎、西宮一民、蔵中進、毛利正守校注·訳者:『日本書紀』②，小学館，1996 年，第 30 頁。

人的私利而剥夺人民耕作和机织的时间。不仅如此，仁德天皇四年[1]二月己未朔甲子条记载，天皇登高台远望，没有看到炊烟，下诏曰："朕闻，古圣王之世、人人诵咏德之音、家家有康哉歌。今朕临亿兆、于兹三年、颂音不聆、炊烟转疎。即知、五谷不登、百姓穷乏也。"[2]得知自己治理国家三年，依然出现五谷不登、百姓穷乏的情况，与"圣王之世"相去甚远后，天皇于同年三月己丑朔己酉再次下诏"自今之后、至于三载、悉除课役、息百姓之苦"[3]，免税三年，以解百姓之苦。免税三年之后的仁德天皇七年四月辛丑朔，天皇再次登高台远望，从"烟气满国"判断百姓生活变得富裕，于是谓皇后道："其天之立君、是为百姓。然则君以百姓为本"[4]，表明了君主应以百姓为本的政治理念。

上述《日本书纪》卷第十一自仁德天皇即位前至仁德天皇七年的一系列记事，充分展现了仁德天皇以百姓为本、以德施行仁政的圣帝形象。笔者认为，这一圣帝形象与孟子视为理想的君子形象高度契合。孟子在《孟子》卷一"梁惠王章句上"中称"王如施仁政于民。省刑罚。薄税敛。深耕易耨。壮者以暇日。修其孝悌忠信。入以事其父兄。出以事其长上。可使制梃。以挞秦楚之坚甲利兵矣"[5]，具体阐释了应该如何施行仁政。孟子认为，即使是纵横各一百里的小国，只要施行仁政，就可以仅仅依靠棍棒抗衡拥有坚固的盔甲、锐利的兵器的秦楚军队了。孟子所列的各项仁政举措中就包括减轻赋税，仁德天皇为解百姓之苦悉数免除三年的课役这一做法无疑就是孟子所谓的仁政。此外，前文所引仁德天皇语"其天之立君、是为百姓。然则君以百姓为本"的前半部分应该是取自《荀子》大略篇第二十七中的"天之立君，以为民也"，后半部分应该是取自《礼记》缁衣篇第三十三中的"民以君为心，君

[1] 关于仁德天皇的在位年，学界尚未有定论，因此本文未标注仁德天皇在位各年的公元纪年。

[2] ［日］小島憲之、直木孝次郎、西宮一民、蔵中進、毛利正守校注·訳者：『日本書紀』②，小学館，1996年，第32頁。

[3] 同上书，第32页。

[4] 同上书，第34页。

[5] （清）焦循：《孟子正义》，诸子集成一，中华书局，1986年，第40页。

以民为本”。此处虽未引用《孟子》，但是其所表达的政治理念就是孟子所主张的“民为贵。社稷次之。君为轻”。

仁德纪记载，天皇的仁政取得成效，仁德天皇七年九月，诸国百姓纷纷提出对宫室进行修理并缴纳赋税，天皇拒绝，直至三年后的十年十月才终于允许。于是，百姓自发地扶老携幼、不分昼夜地建造宫室，宫室很快就修建完成。正如“故于今称圣帝也”[1]一文所示，仁德天皇被称为圣帝。百姓主动要求修理宫室、缴纳赋税，自发地修建宫室，说明仁德天皇赢得了民心，充分印证了孟子所说的“所得天下有道。得其民。斯得天下矣。得其民有道。得其心。斯得民矣。得其心有道。所欲兴之聚之。所恶勿施尔也”。

（二）武烈纪

卷第十六武烈纪是第 25 代武烈天皇的一代记，在《日本书纪》中，武烈纪与卷第八的仲哀纪是篇幅最短的两纪。武烈纪的前半部分主要记述第 24 代仁贤天皇驾崩后太子（即武烈）命令大伴金村讨伐意欲篡国的大臣平群真鸟、平群鲔父子后即位，后半部分主要记述武烈天皇的暴虐。武烈天皇是仁贤天皇之子，母亲为春日大娘皇后，被称为小泊濑稚鷦鷯天皇。其中“泊濑”源自其宫号“泊濑列城”，相对于宫号为“泊濑朝仓宫”的第 21 代雄略天皇的“大泊濑幼武天皇”，所以称“小泊濑”，而“稚鷦鷯”则是与第 16 代仁德天皇的“大鷦鷯”相对，昭示着武烈与仁德、雄略之间的渊源。

如图 1 所示，武烈天皇是仁德天皇的玄孙，而武烈之母春日大娘皇后为雄略天皇之女，所以武烈天皇也是雄略天皇的外孙。据《日本书纪》卷第十四雄略纪记载，第 20 代安康天皇被杀后，雄略天皇杀害包括第 17 代履中天皇之子市边押磐皇子（参照图 1）在内的多名皇族男子，最终继承皇位，因

[1] ［日］小島憲之、直木孝次郎、西宮一民、蔵中進、毛利正守校注·訳者:『日本書紀』②，小学館，1996 年，第 36 頁。

为“天皇以心为师、误杀人众”，所以被天下人称为“大恶天皇”[1]。武烈继承了外祖父雄略残暴的一面，从武烈纪开头部分的“长好刑理、法令分明、日晏坐朝、幽枉必达、断狱得情。又频造诸恶、不修一善。凡诸酷刑、无不亲览。国内居人、咸皆震怖”[2]一文即可看出，虽然武烈有着如汉明帝刘庄（28—75）一般通晓法律、秉公持正的一面，但是同时也有着因为滥用酷刑而令国人闻风丧胆的一面。武烈即位后，其残暴的一面陆续展现：二年秋九月，剖开孕妇的肚子观看胎儿；三年冬十月，把人的指甲拔掉后令其人徒手挖山芋；四年夏四月，把人的头发拔光后令其人爬到树顶，然后砍断树木看人活活摔死，以此为乐；五年夏六月，令人伏在池塘的栅栏处，看到其向外流出后用三叉矛刺杀，以此为乐；七年春二月，令人爬到树上，然后用弓箭将其射落，以此为乐；八年春三月，令女性裸体与马交配，如果阴部沾湿则杀掉，不湿则纳入宫中为婢女[3]。如上所述，武烈天皇共在位八年，年年行暴虐之事，“衣温而忘百姓之寒、衣美而忘天下之饥”[4]，与其高祖父仁德天皇处处考虑百姓疾苦的形象形成了鲜明的对比。

武烈的暴虐行径，与中国历史上有名的暴君夏桀、商纣王十分相似，有学者指出，关于武烈纪的著述和润色参照了《吕氏春秋》《古列女传》《艺文类聚》等汉籍[5]。在记述武烈暴行的过程中，《日本书纪》还穿插了一条武烈四年（503）百济的末多王因为暴虐无道被国人推翻而新立武宁王的记载[6]。夏桀、商纣王和百济的末多王的共同之处在于，三者都因为不仁而失去民心，被革了命，武烈与他们不同，但结局也并不美满。武烈纪记载，天皇无子，也就是说，自第16代仁德以来连绵不绝的仁德的血统在第25代武烈天皇驾崩后断绝。如图1所示，第26代继体天皇并非出自仁德系，而是出自仁德之

[1] ［日］小島憲之、直木孝次郎、西宮一民、蔵中進、毛利正守校注·訳者：『日本書紀』②，小学館，1996年，第156页。

[2] 同上书，第268页。

[3] 同上书，第276—280页。

[4] 同上书，第280页。

[5] 同上书，第277—281页。

[6] 同上书，第278页。

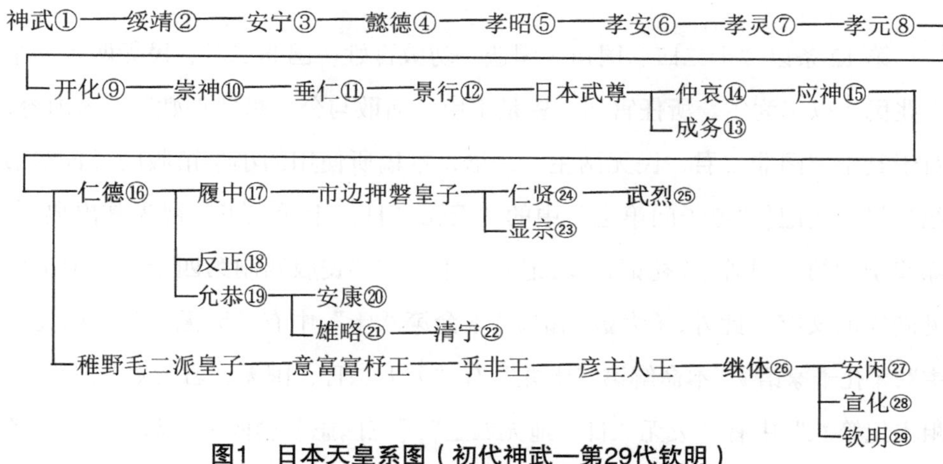

图1　日本天皇系图（初代神武—第29代钦明）

弟稚野毛二派皇子一系，继体是稚野毛二派皇子的玄孙，“继体”之名也反映出其继承了断绝的皇统。

统观仁德纪与武烈纪，笔者认为，将孟子在卷七“离娄章句上”中“三代之得天下也以仁。其失天下也以不仁”的论断展现得淋漓尽致，正是因为仁德天皇施行仁政，以百姓为本，赢得了民心，仁德得到天下，之后其皇统连绵不绝。也正是因为武烈天皇在即位后沉溺于享乐，置人民的疾苦于不顾，失去了民心，再加上其外祖父雄略天皇对皇族男子的大肆杀戮使得仁德一系后继乏人，最终导致皇统发生了更迭。

（三）推古纪

卷第二十二是第 26 代继体天皇之孙女第 33 代推古天皇的一代记，天皇任命圣德太子为摄政，所以推古纪中包括很多圣德太子的政治活动。圣德太子的政治活动中，以制定“冠位十二阶”和“宪法十七条”最为知名，两者均受到了儒家思想的影响。潘畅和氏指出,“宪法十七条”中的第 1 条、第 3—7 条、第 9—17 条运用了儒家思想[1]，笔者认为，第 12、14、16 条中包含着孟子思想的要素。

[1]　潘畅和：《东亚儒家文化圈的价值冲突——以古代朝鲜和日本的儒家文化比较为中心》，中国社会科学出版社，2012 年，第 50—51 页。

第12条以“十二曰、国司·国造、勿敛百姓。国非二君、民无两主。率土兆民、以王为主。所任官司、皆是王臣。何敢与公、赋敛百姓”[1]为内容，对于其中“国非二君，民无两主”一语，本稿所使用的小学馆版的《日本书纪》将《礼记》“曾子问第七”中的“天无二日，土无二王”视为其出典[2]。除曾子问第七以外，《礼记》“坊记第三十”和“丧服四制第四十九”中也可见同样的文字。此外，《大戴礼记》“本命第八十”中有“天无二日，国无二主”，《孔子家语》“本命解第三十九”有“天无二日，国无二君”，《史记》“高祖本纪第八”中有“天无二日，地无二王”，《三国志》卷四十三蜀书十三“黄李吕马王张传第十三”、卷四十五蜀书十五“邓张宗扬传第十五”及卷六十四吴书十九“诸葛滕二孙濮阳传第十九”中有“天无二日，土无二王”。笔者认为，除了上述汉籍的文字之外，《孟子》卷九“万章章句上”中的“孔子曰：天无二日。民无二王。（中略）诗云。普天之下。莫非王土。率土之滨。莫非王臣”[3]也应该在作者著述、润色时的参考文献之列。理由有二：第一，《孟子》在记述孔子的思想时，并非如《礼记》《大戴礼记》《孔子家语》一般用“王”“土”，而是用“民”。如前所述，孟子主张“民为贵。社稷次之。君为轻”，尤为重视“民”，有学者统计，《孟子》全书使用“民”字达209次之多[4]。第二，“天无二日，民无二主”之后，《孟子》还引用了《毛诗》“小雅·谷风之什·北山”中的“普天之下。莫非王土。率土之滨。莫非王臣”一文，而《宪法十七条》第12条中在“国非二君、民无两主”之后有“率土兆民、以王为主”之语，两者行文相似。

第14条以“十四曰、群臣百寮、无有嫉妬。我既嫉人、人亦嫉我。嫉妬之患、不知其极。所以、智胜于己则不悦、才优于己则嫉妬。是以、五百之

[1] ［日］小島憲之、直木孝次郎、西宮一民、蔵中進、毛利正守校注·訳者：『日本書紀』②，小学館，1996年，第546—548頁。

[2] 同上书，第548頁。

[3] （清）焦循：《孟子正义》，诸子集成一，中华书局，1986年，第376页。

[4] 陈德述：《儒家管理思想论》，中国国际广播出版社，2008年，第330页。

乃今遇贤、千载以难待一圣。其不得贤圣、何以治国”[1]为内容，其中“五百之乃今遇贤”一文称五百年可遇一贤人，这一思想源自《孟子》。《孟子》卷四“公孙丑章句下”中有“五百年必有王者兴。其间必有名世者”[2]之语，称每过五百年一定有一位圣君兴起，其间还一定会有名世之才出现。《孟子》卷十四“尽心章句下”还明确列出了每过五百年出现的圣贤的名字，即“孟子曰：由尧舜至于汤。五百有余岁。若禹皋陶则见而知之。若汤则闻而知之。由汤至于文王。五百有余岁。若伊尹莱朱则见而知之。若文王则闻而知之。由文王至于孔子。五百有余岁。若太公望。散宜生。则见而知之。若孔子则闻而知之”[3]。

第 16 条以“十六曰、使民以时、古之良典。故、冬月有间、以可使民。从春至秋、农桑之节、不可使民。其不农何食、不桑何服”[4]为内容，其中“使民以时、古之良典”一文值得关注。小学馆版的《日本书纪》的注释者认为，此文取自《论语》卷一“学而第一”的“子曰：道千乘之国。敬事而信。节用而爱人。使民以时”[5]，但是,《论语》并未深入探讨“使民以时”的方法。与此相对,《孟子》卷一“梁惠王章句上”有“不违农时。谷不可胜食也。数罟不入洿池。鱼鳖不可胜食也。斧斤以时入山林。材木不可胜用也。谷与鱼鳖不可胜食。材木不可胜用。是使民养生丧死无憾也。养生丧死无憾、王道之始也”[6]一文，将“使民以时”作为施行仁政的一环详细论述了其方法和可期待的效果，指出如果能够真正做到“使民以时”，便是王道的开始。因此，笔者认为，此条很有可能在著述时参考《孟子》或者利用《孟子》进行了润色。

---

[1] ［日］小島憲之、直木孝次郎、西宮一民、蔵中進、毛利正守校注·訳者:『日本書紀』②，小学館，1996 年，第 548 頁。

[2] （清）焦循:《孟子正义》，诸子集成一，中华书局，1986 年，第 183 页。

[3] 同上书，第 608—609 页。

[4] ［日］小島憲之、直木孝次郎、西宮一民、蔵中進、毛利正守校注·訳者:『日本書紀』②，小学館，1996 年，第 548—550 頁。

[5] （清）刘宝楠:《论语正义》，诸子集成一，中华书局，1986 年，第 7—9 页。

[6] （清）焦循:《孟子正义》，诸子集成一，中华书局，1986 年，第 32—33 页。

六、结语

关于日本第38代天智天皇的汉风谥号“天智”，一般认为取自《韩非子》解老第二十中的“聪明睿智。天也。动静思虑。人也。人也者。乘于天明以视。寄于天聪以听。讬于天智以思虑”[1]一文。但是，明治、大正时期的小说家、评论家森鸥外（1862—1922）以其深厚的汉文素养著成《帝谥考》，关于“天智”的出典，森鸥外将《周书》世俘中有关深受商纣王喜爱连自杀时都佩戴在身上的“天智玉”的记载列在上述《韩非子》解老第二十的引文之前[2]。基于森鸥外的研究，历史作家井沢元彦氏认为，天智天皇的汉风谥号取自商纣王所持的“天智玉”，而天武天皇的汉风谥号“天武”源自伐纣的“周武王”，两个谥号意欲表达即将成为下一任君主的有德诸侯等对失德的君主进行放伐之意[3]。

通读《日本书纪》卷第二十七·天智纪和卷第二十八·第二十九天武纪可以发现，对于两位天皇，书纪的作者进行了对比性的描写，这一描写方法与前文所述的仁德纪和武烈纪的对写法存在一定的相似之处。但是，我们还不能就此判断孟子的汤武放伐思想已经被《日本书纪》的作者所吸纳，还需要进行更加严密的论证。通过本文的考察可以看出，孟子的政治思想中的“仁政”“民本”等要素已经被融入日本第一部国史的相关记事中，这种融入仅凭类书或史书很难实现。因此，笔者认为，在《日本书纪》成立的奈良时代，即使《孟子》一书尚未传入日本，但是孟子的政治思想的相关内容已经通过某种形式传入日本，并被部分有识者用于国家的建设当中。换言之，至少在这一时期，孟子的政治思想的相关内容并未成为禁忌。

（潘蕾：北京外国语大学日本学研究中心副教授）

---

[1]（清）王先慎:《韩非子集解》，诸子集成五，中华书局，1986年，第101页。
[2]［日］森林太郎:『鴎外全集』，岩波書店，1973年，第101—102頁。
[3]［日］井沢元彦:『逆説の日本史2·古代怨霊編——聖徳太子の称号の謎』，小学館1994年。

多元视域下日本江户时代的孟子思想

——以“义利之辨”为中心*

张晓明

儒学东传日本后有一个接受、批判与再阐释的动态发展过程，它的本质表现为儒学的日本化，具体体现在它形成了儒学逐渐日本化的轨迹。

《孟子》东传日本可以追溯至奈良时代（710—794），后又经镰仓·室町（1192—1575）五山禅林得到进一步传播，直至江户时代（1603—1868）朱子学、古学、阳明学思潮迭起，日本对《孟子》的阐释也进入了百家争鸣的时期。但是，学界对“日本思想与孟子问题”的思考却几乎定格在一元化的思维规则中。[1]一方面，过去的研究试图通过江户时代儒学的日本化过程，从“他者”的身份中寻找日本对孟子思想的普遍认同；另一方面，不少学者则尝试分析作为本体的日本儒学强调其对《孟子》重释的特殊性。[2]尽管上述研究从不同角度探讨了日本江户时代的孟子思想，但是它们都未能摆脱一元思维

* 本文为2019年度国家社科基金青年项目“日本江户时代《孟子》文献的整理与研究”（项目批号：19CZX031）的阶段研究成果。

[1] 关于“日本思想与孟子问题”的思考是野口武彦在《革命与王道之间——日本思想与孟子问题》一书中提出的，该书是从日本儒学的发展过程探讨江户时代日本对孟子思想的接受。参见［日］野口武彦：《革命与王道之间——日本思想与孟子问题》，筑摩书房，1986年，第4—5页。

[2] 中日学界主要从普遍性和特殊性两个不同角度对日本的孟子思想进行了研究，在普遍性方面，如吴伟明：《德川日本的中国想象》，清华大学出版社，2015年；张晓明、庞娜：《东亚儒学视域下〈孟子〉在日本的传播：接受、批判与再阐释》，《大连理工大学学报》，2020年第1期。在特殊性方面，郭连友：《孟子思想与日本》，《国学学刊》，2013年第4期；［日］日松本健一：《孟子的革命思想与日本》，昌平黉出版会，2014年；张晓明：《山鹿素行对孟子思想的诠释研究——以〈孟子句读大全〉为例》，《日语学习与研究》，2020年第3期。

的局限。实际上，日本江户时代的孟子思想是一个在中国儒学日本化与日本儒学迭代的交互过程中的产物，它具有高度复杂性的特征。

毋庸赘言，一元的思维模式难以窥见江户时代孟子思想的全貌。基于江户时代孟子思想的复杂性，本文试图从多元视域将孟子思想从中国儒学日本化与日本儒学的一元思维中解放出来，通过探讨《孟子》中兼具政治和道德双重哲学意蕴的“义利之辨”，分析日本江户时代孟子思想的特质。

一、作为“方法”的多元视域与日本江户儒学

关于从多元视域思考日本思想的主张源自孙歌《作为方法的日本》一文。该文是在对竹内好“以中国现代文化为参照系思考日本问题”和津田左右吉“抽象原理色彩”“多元化世界观”等观点进行深刻反思的基础上，对沟口雄三《作为方法的中国》中“呼吁把中国作为独立的对象研究，注意中国文化自身的规律，摆脱欧洲的衡量尺度与日本的文化混淆，在多元性世界文化格局中重新认识中国”的呼应，进而提出了“当我们真正承认日本有自己的文化逻辑并且肯对我们迄今为止视之为理所当然的研究前提重新推敲时，那将意味着多元时代的真正开始”时代呼唤。[1]虽然孙歌在《作为方法的日本》中并没有指出要用多元视域对待日本江户时代的儒学，但这种多元思维却为笔者思考过去江户儒学的研究提供了“方法”。

中日学界对于江户儒学的研究由来已久，在这些研究中最值得玩味的是“儒学的日本化”与“日本儒学（儒教）”问题。[2]对此，吴震在《当中国儒学遭遇日本：19 世纪末以来“儒学日本化”的问题史考》中认为“日本儒教”会给人一种“似有一贯通整个古今日本历史的‘日本儒教’之实体”的印象，他指出：“本文仅在儒教‘日本化’这一宽泛意义上，使用‘日本儒教’，具

[1] 孙歌：《作为方法的日本》，《求错集》，生活·读书·新知三联书店，2003 年，第 1—14 页。

[2] 在本文日语语境中的“儒教”亦称为“儒学”，但引用相关研究部分仍然沿用原文的“儒教”称谓。

体指 17 世纪以降的近世日本，以及 1868 年至 1945 年的近代日本，至于中世以前及近代以后，儒教在日本社会文化中是否占据核心地位，在我看来是颇为可疑的，特别是把当代日本社会说成是‘儒家资本主义’或将日本文化归属为‘儒家文化圈’，则完全是一种想象而已，若在当今‘东亚儒学’研究中，仍把日本视作‘儒教国家’则应慎之再慎”。[1] 对于上述“儒学日本化”与“日本儒学（日本儒教）”的区分，张崑将认为吴震企图切割“儒教日本化”与“日本儒教”，其依据有三。第一，以是否占据“核心地位”否定“日本儒教”的说法值得商榷；第二，不仅在近代有诸多学者使用“日本儒教”，甚至在江户时代已有学者使用“我邦儒学”“我邦儒林”；第三，日本儒学的“工具性作用”或“实学”特色。他指出“儒学的日本化”强调了与母体“儒学”的渊源，寻求“转变”“转化”则无法凸显“日本主体”，而“日本儒学”则是一个“完整主体”概念，主体是“日本”。因此，张崑将认为吴震书中的“儒教日本化”已包含“日本儒教”当中，明治维新到战前学者所使用“日本儒教”往往与皇国道德结合，战后迄今的当代学者所使用的“日本儒教”则是一种思想史的发生历程。[2]

诚然，张崑将已经明确指出吴震书中“儒学日本化”与“日本儒学”之间的问题，但是这并不意味着吴震没有意识到张崑将论述中的“主体”危机，他在探讨丸山真男分析日本思想史的“近代化”与“日本化”双重视角时，就丸山弟子平石直昭的《构建德川思想史的新图像的可能性——指向“近代化”与“日本化”的统一》指出：“日本化”这一视角的设定显示出问题的复杂性，因为它既可以指向德川儒学，又可指向近代日本儒教（儒学）的发展历史，甚至可以与帝国时期的“国民道德论”“日本精神论”等观念挂起钩，

[1] 吴震：《当中国儒学遭遇日本：19 世纪末以来“儒学日本化”的问题史考》，华东师范大学出版社，2015 年，第 7 页。

[2] 张崑将：《“儒学日本化”与“日本儒教”之间——与吴震教授商榷》，《外国问题研究》，2019 年第 1 期，第 4—16 页。

所以“日本化”一词往往需要根据具体的语境来调整其所指陈的含义。[1]由此观之，在吴震与张崑将的论述中，“儒学日本化”和“日本儒学”的区别所表现出的并不是“主体”的危机，而是对江户儒学作为中国儒学日本化与日本儒学迭代的交互过程的困惑。这种困惑并不是只发生在当代学者的身上。

在《日本阳明学派之哲学》《日本古学派之哲学》《日本朱子学派之哲学》中，井上哲次郎不仅强调“若欲知我邦国民道德心之如何，则要领悟熔铸陶冶其国民心性之德教精神，即如此书所叙述日本阳明学派之哲学”[2]、“古学派……是盖日本民族特有之精神”[3]的同时，还指出朱子学“德川氏三百年间为我邦之教育主义，及国民道德之发展上伟大之影响”[4]。从井上哲次郎的“日本哲学”（日本儒学）身上，我们可以清晰地看到当代学人在探讨“中国儒学日本化”与“日本儒学”所遭遇的困惑，即在强调“日本哲学”中对“我邦”主体性、特殊性的同时，无法摆脱来自中国儒学普遍性道德意义的影响。同时，井上哲次郎的“日本哲学”所造成的突出的特殊性与无法切割的普遍性的困惑也体现在了朱谦之《日本的朱子学》《日本的古学及阳明学》《日本哲学史》中。或许是参考了井上哲次郎“日本哲学”的原因，乍看之下“日本的”朱子学、古学、阳明学、哲学的字里行间中无一不透露出对日本“主体”的重视，但是朱谦之却坚定地认为“中国哲学对于日本的影响，亦为中国学者研究日本哲学史特别主要的任务之一”[5]。这也正是朱谦之自认为“关于哲学史方面，古学派及阳明学派尚少专著，唯井上哲次郎所提供资料尚可用，而立场、观点不同”[6]的原因所在。由此可见，井上哲次郎与朱谦之关于“日本哲学”的终极困惑不同，井上哲次郎是企图通过切割与中国儒学的普遍性来凸显日本儒学本体的特殊性；但朱谦之则是在尝试承认日本儒学特殊性的前

[1] 吴震：《当代日本学界对“儒学”日本化问题的考察》，《社会科学》，2016年第8期，第122—130页。

[2] ［日］井上哲次郎：『日本阳明学派之哲学』，富山房，1901年，第2—3頁。

[3] ［日］井上哲次郎：『日本古学派之哲学』，富山房，1902年，第4頁。

[4] ［日］井上哲次郎：『日本朱子学派之哲学』，富山房，1905年，第5—6頁。

[5] 朱谦之：《日本的朱子学》，人民出版社，2000年，第1页。

[6] 朱谦之：《日本的古学及阳明学》，人民出版社，2000年，第21页。

提下，借助日本儒学的普遍性强调中国儒学本体对他者的影响。

这种有意识地对“日本哲学”的解释极容易陷入一元思维，而在一元思维下，中国儒学对日本儒学的特殊性显示出惊人的冷漠，日本儒学则试图忽略中国儒学所带来普遍性影响。不过，在井上哲次郎与朱谦之的“日本哲学”解释中也存在另外一种客观事实，那就是不管主体是中国儒学还是日本儒学，他们仍然承认与他者彼此的存在价值，笔者以为这也是多元的视域。因此，本文无意怀疑井上哲次郎、朱谦之、吴震、张崑将及其他关心“儒学日本化”和“日本儒学”问题学者的论述，但是笔者仍然试图借助孙歌所提倡的多元启示摆脱一元思维的束缚，通过多元视域，站在第三者的立场上对待江户儒学的发生过程。

二、朱熹的解释与林罗山遭遇的困境

《孟子》作为江户儒学中的重要课题屡屡为中日学者所论及，而《孟子》中的“义利之辨”也是江户儒学者所关注的焦点。“义利之辨”在《孟子》首章“梁惠王”就以对话的方式被提出，梁惠王问孟子：“叟！不远千里而来，亦将有以利吾国乎？”孟子回答说：“王，何必曰利，亦有仁义而已矣。……未有仁而遗其亲者也，未有义而后其君者也。王亦曰仁义而已矣，何必曰利。”[1]

在对“义利之辨”的解释中，朱熹的《孟子集注》成为典范，他说：“仁者，心之德、爱之理。义者，心之制、事之宜也”“言仁者必爱其亲，义者必急其君。故人君躬行仁义而无求利之心，则其下化之，自亲戴于己也”“此章言仁义根于人心之固有，天理之公也。利心生于物我之相形，人欲之私也。循天理，则不求利而自无不利，殉人欲，则求利未得而害已随之”。[2] 朱熹要

[1] 杨伯峻：《孟子译注》，中华书局，2005 年，第 1—2 页。
[2] （宋）朱熹：《四书章句集注》，中华书局，2012 年，第 201—202 页。

求“人君”应该推行仁义且不能有求利之心，同时他还认为“仁”是一种道德品质，可以通过符合规范的行为体现其所蕴含的道理，而“义”是道德评价的标准，是衡量行为是否符合规范的准绳，“仁义”是人心所固有，都来自“天理”，“利心”则生于“物我之相形”，是“人欲”。朱熹的这种解释兼具政治与道德哲学的思考，但更重要的是他从本体论的角度构建了“理气”与“义利”之间的联系机制，即“义”即“天理”，从属于“理”的范畴，而“利”是“人欲”，属于“气”的表现。

朱熹的《孟子集注》大约在镰仓时代（1192—1334）传入日本，目前日本最早的《孟子》写本是现藏于宫内厅书陵部的、天授五年到六年（1379—1380）时的朱熹注《孟子集注》，亦称为“朱孟”。然而，真正对朱熹《孟子集注》显现出无比热忱的是江户时代初期的林罗山（1583—1657）。为了推广朱熹的注释，他曾为朱熹的不少著作添加训点，直到现在仍然存有大量被称为“林点”或“道春点”（林罗山号道春）的《四书集注》。因此，可以说林罗山对朱熹著作的点校在江户时代的日本产生了深远的影响。关于“义利之辨”，林罗山首先通过“孟子说仁义”进行了解释：

> 仲尼曰仁不曰义，曰义不曰仁，未尝有并言焉。前乎仲尼之圣贤言晤，亦未有并言仁义者。仲尼系易唯曰立人之道曰仁与义耳。至于孟轲开口每称仁义，何也。仲尼时人知仁中有义，义中有仁欤。孟子时战国人唯驱功利而不仁不义耶。欲闻孔孟所言之归于一揆。[1]

林罗山对“仁义”的认识是出于他对孔子、孟子所处不同时代背景的判断，他认为孔子之时世人尚且能够知晓仁义，但到了孟子之时世人则陷入唯利是图、背离道德的危机当中，而为了拯救这种危机，则是他认为孟子“开口每称仁义”的原因。关于“仁义”的内涵，林罗山并没有做更多解读，他引用朱熹《孟子集注》的解释：“孟子梁惠王集注云，仁者心之德、爱之理，

[1] ［日］京都史迹会：『羅山先生文集』，平安考古学会，1918 年，第 380—381 頁。

义者心之制、事之宜也。又云仁义根于人心之固有，天理之公也。利心生于物我之相形，人欲之私也。”[1]实质上，林罗山已然认识到朱熹的解释中“理气”与“义利”的体用关系。但是，他并没有对这一体用关系做更加深入的形而上的剖析，而是强调了“仁义”在主体以外作用层面的意义，他认为：“仁义之起，是恻隐羞恶也，到彼此人物之上，见爱见宜，故云爱之理，宜之理。”（《性理字义》，第21页）毋庸赘言，林罗山接纳了朱熹“理气”的解释；但是，即便如此，较之于朱熹这种形而上的解释，他更愿意从《孟子》“恻隐之心，仁之端也，羞恶之心，义之端也”（《孟子译注》，第72—73页）的原典解释“仁义”的发生机制。在“义利之辨”的问题上，林罗山在朱熹的解释与《孟子》原典之间陷入了既要继承“理气”的解释，又要遵从文本句意的困境。这种困境还出现在《童蒙抄》中，林罗山将《论语》“君子喻于义，小人喻于利”（《论语译注》，第38页）中的“义利”明确解释为：“义乃天理也，利乃人欲也。君子循天理，故若为义可为之事，则杀身必为。小人殉人欲，故有得利之事，则亡身必求也。喻贤其道，云君子贤义理；小人贤得利。”[2]他不仅明确地肯定了朱熹“理气”的解释，而且还通过作为区分“君子”“小人”道德标准的“义利”表达了对追求利益的鄙视。然而，林罗山又说：

> 子罕言利，孟子不言利，然孔子为政则曰富庶，孟子论王政则曰井田，而细之于曰五母彘五母鸡，不可曰不言利也。若不然与王衍曰阿堵物何以异哉。孟子不然，圣人亦曰因民之所利而利之，所谓以义为利者是欤，故圣贤之言利不为私也，不为桑弘羊也，不言利为公也，不为王衍也，圣贤或言利，或否否者，常而言者少。故曰罕言利以其有害。[3]

林罗山在原典解释中寻求足以令人信服的证据，他通过《论语》“子适卫，

[1] ［日］林羅山：『性理字義解』刊本，東洞院通六角下ル町山口市郎兵衛，1659年，第21頁。
[2] ［日］林羅山：『童蒙抄』刊本，武村三郎兵衞刊行，1666年，第7頁。
[3] ［日］林羅山：『性理字義解』刊本，東洞院通六角下ル町山口市郎兵衛，1659年，第404頁。

冉有仆，子曰：庶矣哉。冉有曰：既庶矣，又何加焉。曰：富之”[1]和《孟子》“使毕战问井地”“五亩之宅，树之以桑”“鸡豚狗彘之畜，无失其时”[2]的原文，指出孟子并非反对追求利益，而是提倡为民之“公利”，反对追逐“私利”。

在“义利之辨”中，林罗山所面临的困境是在朱熹解释与《孟子》原典之间的两难抉择。对此，本文试图从林罗山对《孟子》扎实的点校功夫来理解他的困境。在“论孟注疏跋”中，林罗山记录了为赵岐注释添加训点的过程：“论《孟》旧注加训点了，而孟子十四篇《经》并赵注，先年以古倭本一校之，顷日以足利学校所藏旧写本孟子疏一校了。乙未二月二十六日”[3]；在《〈四书集〉注点本跋》中他又详细记载了为朱熹注释做训点的经过：“右《孟子》合部七篇，自梁惠王至尽心，借我家之点本于龟三，以令写朱墨，初自《学》《庸》《论》而于此，终“四书”之功云。元和四年戊午。先生初加训点于《四书章句集注》，其后就宋儒传说点《五经》，又加点于《十三经》并注，未终朱句于疏以授恕也，晚年得《十三经》白纸善本而《经》及注疏悉点朱句了，未暇墨点其心以为授靖也，不幸罹丁酉之灾，固可惜也。”[4]从上述两篇跋文来看，他对《孟子》的认识来源不仅有朱熹的《孟子集注》，还包括赵岐的注释。这两种注释对林罗山认识《孟子》所带来的冲击是不同的，赵岐注释平实质朴的训诂式语句解释显然要比朱熹注释探究义理的思维更容易令人接受。由此可见，同样作为《孟子》的注释，赵岐与朱熹注释对于江户时代初期的林罗山而言，所达成的普遍意义上的共鸣也不对等。不仅如此，林罗山还曾在朱子学与阳明学之间犹豫不定[5]，朱熹的解释对林罗山思想上所造成的困境可见一斑。

不过，与上述困境相比，林罗山面临的更大困境是让已经冲击不对等的《孟子》解释在江户时代的日本社会更具有普遍性。最终他不再纠结朱熹“理

[1] 杨伯峻：《论语译注》，中华书局，2009 年，第 134—135 页。
[2] 杨伯峻：《论语译注》，中华书局，2009 年，第 5、108 页。
[3] ［日］京都史迹会：『羅山先生文集』，平安考古学会，1918 年，第 186 頁。
[4] ［日］京都史迹会：『羅山先生文集』，平安考古学会，1918 年，第 187 頁。
[5] 龚颖：《林罗山理气论的思想特色》，《中国哲学史》，2018 年第 4 期，第 105 页。

气”的解释，而是着重为“士农工商”四民确立明确的道德准则，从“重农轻商”的立场上鄙视追逐“私利”，从幕藩体制的维护上提倡“公利”。于是，在内外困境中孕育了林罗山的“朱子学”，虽然这种朱子学与中国朱子学在普遍道德上达成了妥协，但是却形成了“似而非”[1]的日本朱子学的特殊性。

三、古学思潮与“三学”迭代重释

在“义利之辨”问题上，当林罗山面对抉择朱熹解释与《孟子》原典的困境时，他选择了朱熹解释的道路。正是这一选择的决定孕育了江户初期的朱子学思潮。但是，也恰恰是这一选择，给那些选择回归原典的江户儒学者的出现创造了可能，这股力量被称为古学思潮。在古学思潮中最具代表性的主要是山鹿素行的圣学、伊藤仁斋的古义学、荻生徂徕的古文辞学。

井上哲次郎将他们三者的学术思想统称为“古学派”。[2]丸山真男则把从山鹿素行的圣学到伊藤仁斋的古义学，再到荻生徂徕的古文辞学的形成看作是朱子学思维方法的分解过程。[3]站在分解朱子学到产生国学的思考模式下，很难令人对丸山真男的结论质疑；但是在经历过“儒学日本化”与“日本儒学”的困惑之后，重新审视这一结论就会发现另外一个问题，即古学思潮所批判的朱子学到底是中国的朱子学还是日本的朱子学。

为了回答上述问题，本文首先探讨一下山鹿素行对“义利之辨”的阐释。关于“义利”，山鹿素行说：“太史公注书好利之弊。只好利乃误也，忘义与欲得也。好利乃人情也，故忘义有失。孔子云放于利而行多怨。若利乃天下之所求，与天下共时则可也，与天下共此则为义。”[4]他认为“义”是天下人的需求，“利”则是个人的情感。这种对普遍意义上“公私”的阐释使得山鹿素

[1] 龚颖：《“似而非”的日本朱子学——林罗山思想研究》，学苑出版社，2008年。
[2] ［日］井上哲次郎：『日本古学派之哲学』，富山房，1902年。
[3] ［日］丸山真男：『日本政治思想史研究』，東京大学出版会，1980年。
[4] ［日］広瀬豊：『山鹿素行全集』第十一卷，岩波書店，1940年，第534頁。

行与朱熹、林罗山的解释具有相似性。

但是，在《孟子句读大全》中，山鹿素行进一步系统性地阐释了他对“梁惠王章”的认识。值得关注的是山鹿素行阐释的依据来自朱熹的《孟子集注》、马端临的《文献通考》以及胡广的《孟子大全》。特别是他在引用朱熹《孟子集注》时，还明确标出是“出林子之抄”。[1]在文献的关联性上，山鹿素行的阐释并没有表现出排斥中国朱子学的倾向。当然，这也并不意味着山鹿素行完全能够接受了朱熹的解释。比如，在对“王，何必曰利，亦有仁义而已矣”的阐释中，山鹿素行既没有采用朱熹《孟子集注》的解释也没有引用胡广《孟子大全》的注释，而是在《孟子》“仁，人心也。义，人路也。舍其路而弗由，放其心而不知，哀哉”“仁，人之安宅也。义人之正路也。旷安宅而弗居，舍正路而不由，哀哉”“君仁，莫不仁，君义，莫不义”“亲亲，仁也。敬长，义也”“居恶在，仁是也。路恶在，义是也。居仁由义，大人之事备矣”[2]的原典基础上，得出“言以仁义则不必利，而利自全也”[3]的结论。山鹿素行认为只要主张仁义即便不追求利益也会带来更大的利益。在这一点上，与朱熹“理气”的解释不同，他采取了“以孟解孟”的文本解释方法，回归了文本的原典。对于“义利”的态度，山鹿素行指出：

> 愚谓，言上节并说仁义，此节先说利之大害。仁乃人心而人之道，义乃臣事君之本，有所不为任已之情意，自谦于心而不疚于内，对利之名也。下节又以仁义结两节之全意。按，上节乃并说，故句读仁义相对且解全意，此节专一说仁义，而后义先利，不夺不餍者，此禽兽之行，非人之道。故此节，仁者，道也。义者，臣事君之本，而有所不为，自谦于心之谓，对利之言也。[4]

[1] ［日］山鹿素行先生全集刊行会：『孟子句読大全』，国民書店，1920 年，第 1 頁。
[2] 杨伯峻：《孟子译注》，中华书局，2005 年，第 157—292 页。
[3] ［日］山鹿素行先生全集刊行会：『孟子句読大全』，国民書店，1920 年，第 2—3 頁。
[4] ［日］山鹿素行先生全集刊行会：『孟子句読大全』，国民書店，1920 年，第 5—6 頁。

在山鹿素行看来，“仁”是人的道德规范，“义”是君臣关系的根本，“仁义”与“利”相对，先利后义者是禽兽的行为；而“仁义者，圣人之道”[1]。山鹿素行在“义利”之间试图凸显道德与政治哲学意蕴的结合点——仁义，他认为“仁义”不仅是道德规范，也是政治准则，也只有具备“仁义”的人才可以成为“圣人”。如此一来，作为“仁义”对立面的“利”不仅是追求违背道德规范的利益，也包含了有悖于政治准则的利益。很显然，这种兼具道德与政治哲学意蕴的论述，在林罗山的解释中并没有出现，反而与朱熹的解释比较接近。因此，当有人问起与林罗山志趣的异同时，山鹿素行坚决地回答“与其（林罗山）志大异，唯记诵之为，非志于克己复礼”[2]。通过山鹿素行的回答，他自认为圣学兼具了道德与政治哲学的双重意蕴，而林罗山的学术作为只是为儒学经典添加了训点。相良亨曾经评价山鹿素行的学术思想史“在朱子学的地盘与朱子争”[3]，或者从上文的提问来看，可以说山鹿素行是在中国朱子学的地盘与林罗山的朱子学争。

与此同时，古义学学者伊藤仁斋则强烈地反对追求利益的行为，他认为：“仁义二字，乃王道之体要，而七篇之旨，皆莫不自此细绎焉。夫上行下傚，速于影响。上好利，则下亦好利，而必有簒弑之祸。上好仁义，则下亦好仁义，而自成忠孝之俗。故欲求利，则未必得利，而害必随之。至于仁义，则求无不得，而有益于得。”[4]伊藤仁斋把“仁义”作为孟子思想的核心，他从政治哲学的角度指出君主在仁政中应然的责任，认为仁义可以带来一切福祉。对此，他在《大学非孔氏之遗书辨》中补充说：

> 又曰，此谓国不以利为利，以义为利也，是亦以利心言之者也。孟子曰，王何必曰利，亦有仁义而已矣。夫君子之行道也，惟义是尚，而

[1] ［日］山鹿素行先生全集刊行会：『孟子句読大全』，国民書店，1920 年，第 9 頁。

[2] ［日］広瀬豊：『山鹿素行全集』，第十一卷，岩波書店，1940 年，第 342 頁。

[3] ［日］相良亨：『近世日本儒教運動の系譜』，弘文堂，1955 年，第 94 頁。

[4] ［日］関儀一郎：『日本名家四書註釈全書：孟子古義』，東洋図書刊行会，1926 年，第 2—3 頁。

不知利之为利也。苟有以义为利之心焉，则其卒也莫不舍义而取利也。盖战国之间，陷溺之久，人皆悦利，而自王公大人，以至于庶人，惟利之欲闻，故虽被服儒者，每忧其术之不售，必以利啗人，所谓生财有大道，又曰，以义为利，盖用此术也。[1]

针对《大学》"生财有大道""以义为利也"的观点[2]，伊藤仁斋认为《孟子》中"义利之辨"就是要强调"义"的重要性，既不能为了追求利益而追求利益，也不能把仁义作为利益，否则最终只会舍义取利，与孟子所舍生取义的主张背道而驰。伊藤仁斋的古义学以仁义为"意味"，强调孔孟之血脉，通过确立《论语》和《孟子》在其古学思想中的绝对权威以抵抗朱子学的"四书"体系。在"义利之辨"中，伊藤仁斋反对追求利益与"仁义"的关联，将"仁义"与"利"绝对对立，遵循了《孟子》原典的直接意义。从他将"仁义"与"利"看作绝对对立的关系来看，古义学对"义利之辨"的阐释更倾向于一种理想的道德主义。显然，伊藤仁斋的古义学与山鹿素行的圣学不同，他将批判的矛头直指中国的朱子学。尽管如此他思维中对孔孟原典的依赖仍然无法切割与中国儒学的关联。

但是，伊藤仁斋的观点遭到荻生徂徕的反对，他认为："后世道学先生，又据孟子之言，每谓唯在义理如何而已矣，而利害非所问也，徒洁其身，而不知其为道远于人者，亦不善读孟子之失已，如仁斋先生信孟子之深，而谓大学以义为利者，战国人以利啖人之故，智者亦不知孟子言止不欲以利为名耳，乃坐不识字，而谓孟子绝口于利故也。"[3]在荻生徂徕看来，伊藤仁斋将"仁义"和"利"绝对对立的观点只是基于《孟子》字面的意思，过于理想主义。关于"义利之辨"，荻生徂徕指出：

义利之辨，先如以为孟子开卷第一义。夫舜之三事，利用厚生居其

[1] ［日］関儀一郎：『日本儒林叢書第六卷：語孟字義』，鳳出版，1978年，第82頁。
[2] 王文锦：《大学中庸译注》，中华书局，2017年，第14—15页。
[3] ［日］荻生徂徠：『孟子識』刊本，板倉勝明版，1856年，第5頁。

二。文言曰，能以义利利天下，不言所利，大矣哉。故圣人之道，利民为先，道而无所利，岂足以为道乎。故虽孟子亦以安富尊荣为言，而此章首辨义利者，说之道也。……仁义并称，先王孔子所不言，六经论语所无也，亦以吾道标异于百家之言也。书曰，礼以制心，义以制事。古之教，诗书礼乐，略而言之。君子之道，唯礼义足以举之，而孔门之教依于仁，故仁与礼义三者 。[1]

荻生徂徕通过《尚书》记载舜之三事“正德、利用、厚生惟和”[2]和《易经》“乾始能以美利利天下，不言所利，大矣哉”[3]，指出圣人之道首先要“利民”。荻生徂徕思想中的圣人之道是指政治社会的制度[4]，也就是说他认为为民谋福祉理应是政治社会制度的一部分。而且，荻生徂徕还认为孟子对“义利”的辨析不过是他提出的一套说辞，无论是先王孔子还是六经论语都不曾将“仁义”并称，合乎先王之道的是仁、礼、义。在这里，荻生徂徕是将“利”看作“利民”，即全民之福祉，所以也就肯定了以义为利的观点。不过，实质上，荻生徂徕仍然是从“公利”的角度解释“义利之辨”，并没有超脱朱熹《孟子集注》“惟仁义则不求利而未尝不利也”、林罗山“圣贤之言利不为私也”的观点。荻生徂徕否定了《孟子》“仁义”并称的做法，他认为“礼义”才符合圣人之道。在《辨名》中，荻生徂徕解释说：

义亦先王之所立，道之名也。盖先王之立礼，其为教亦周矣哉。然礼有一定之体，而天下之事无穷，故又立义焉。传曰，诗书义之府也，礼乐德之则也。礼乐相须，乐未有离礼孤行者。故曰礼义也者，人之大端也。礼以制心，义以制事，礼以守常，义以应变，举此二者，而先王

[1] ［日］荻生徂徠：『孟子識』刊本，板倉勝明版，1856 年，第 4—5 頁。
[2] 李民、王健：《尚书译注》，上海古籍出版社，2010 年，第 26 页。
[3] 王弼撰，楼宇烈校释：《周易注校释》，中华书局，2013 年，第 5 页。
[4] 王青：《日本近世儒家荻生徂徕研究》，上海古籍出版社，2005 年，第 52 页。

之道庶乎足以尽之矣。[1]

在荻生徂徕的阐释中，所谓“先王之道”（圣人之道）是指礼乐，“礼”的外在表现是“义”，而“义”进一步弥补了“礼”在事物中所起的作用，所以“礼义”也是“先王之道”。在用“礼义”否定“仁义”之后，荻生徂徕将批判的矛头指向朱子学中“义”的解释，他认为“朱子曰：义者，心之制，事之宜。是皆不知义为先王之义，乃取诸臆以为义也。夫取诸臆以为义，是非义之义所由生也。……然先王之意为安民故也”[2]。荻生徂徕直接指出朱子学中的“义”不过是毫无根据的臆想，完全没有考虑“先王之道”安民的政治意图。在荻生徂徕“义利之辨”的阐释中，他一方面肯定了以义为利的观点，指出“义”在“利民”，进而批判了伊藤仁斋道德的理想主义；另一方面，通过用将“礼义”看作“先王之道”，否定了“仁义”，指出“先王之道”在“安民”，批判了朱子学。在“义利之辨”的辩论中，荻生徂徕既没有接受朱熹理气的解释，也没有回归《孟子》原典，而是直接追溯“六经”以及《论语》，从而构建了“先王之道”的体系，即政治社会制度。在这一前提下，“义利”之中的“仁义”道德意味被替换成“礼义”的政治哲学，成为“先王之道”体系的一部分。由于在哲学意义基点上的分裂，无论是中国的朱子学还是伊藤仁斋的古义学都成为荻生徂徕古文辞学攻击的对象。

从山鹿素行到伊藤仁斋，再到荻生徂徕，古学思潮中“三学”试图通过重新阐释“义利之辨”确立复古的学说，而这种复古的表层下是他们对江户时代儒学的迭代式重构。他们有的复古周孔之教，有的回归孔孟血脉，有的以六经论语作为思想来源，但是“三学”的阐释都无法切割与中国儒学本体的关联。日本的古学思潮潜藏着中国儒学所带来的普遍影响意义。在这种普遍意义下，山鹿素行通过批判林罗山的朱子学解释标榜自己不同于中国朱子学，伊藤仁斋则真正高举批判中国朱子学的大纛，而伊藤仁斋与中国朱子学

[1] ［日］荻生徂徕：『弁名』刊本，昌平坂学問所藏版，1789 年，第 30 頁。
[2] 同上。

却一并成为荻生徂徕抨击的对象。从“三学”阐释的普遍性来看，三者都将中国朱子学作为参照系，强调了以日本儒学作为本体的特殊性。古学思潮下“三学”对“义利之辨”的阐释充分地显现出中国儒学日本化与日本儒学交互迭代的特质。

四、大阪怀德堂与折中解释

伴随着江户中期商业经济的繁荣，大阪地区的“町人”越来越重视商人的文化教育，于是享保九年（1724）在大阪“町人”的资助下，初代学主三宅石庵（1665—1730）创立了商人私塾——怀德堂。享保十一年（1726）在第二代学主中井甃庵（1693—1758）等学者的努力下，怀德堂得到了德川幕府的承认，成为官办学堂大阪学问所。

“士农工商”身份制度下，对于从事商业活动的“町人”而言，追求经济利益与朱子学“重义轻利”的思想背道而驰。对此，怀德堂的初代学主三宅石庵认为：“若深好利之心，则失仁义之良心，终失家国天下，以至失其身。君子小人之分，亦仁义与利欲之间也。”[1]关于“义利”，三宅石庵首先指出“利”的危害，他认为过于追求利益则会丧失仁义之心，也会失去国家甚至自我，所以“仁义”与“利欲”是君子和小人道德规范的标准。在这一点上三宅石庵的观点与朱子学的解释比较接近。从这个角度来看，三宅石庵仍然是从道德哲学角度来思考“义利之辨”的。但是，他觉察到：

> 若纯一之仁义则无利欲之心也，若利欲之心甚焉则无仁义之心也。故圣贤君子，仁义之心纯一也。为中位者，仁义之心各有一方，又若如此随意云恶之利欲之心亦各有一方，此处为学问之事也，此处为用功夫之事也。若见世上人人皆有义理之心者也，则可随意为善事也。故有利

[1] ［日］西村時彦：『懐徳堂五種：万年先生論孟首章講義』，松村文海堂，1907 年，第 10 頁。

> 欲之念也。由此二条内，易强引于利欲之念方。纵使如此世上之人，皆浊如尘，而此方之利不为彼方之义抑，彼方之利亦不为此方之义抑，此亦势均之中，尘乃浊，若此一拍子错，则危矣。一人之心有此，一方之心思义理，一方之心思利，则易为利强引，难回义理之方，此甚危也。故修身之人，不可不以仁义之心，活用利欲之念。治国之人不可使利心流行，而当使仁义流行于世上。而胸中仁义与利欲相战不可不用功夫甚也。纵如子夏之贤者有此病，亦当谨慎用功夫也。[1]

三宅石庵发现圣贤君子的内心是纯正、唯一的仁义之心，但是对于大多数“中位者”也就是一般人而言，“仁义之心”与“利欲之念”各占一半，他把这种对一般人“心”的认识看作“学问”和“功夫”的关键。三宅石庵指出“仁义之心”与“利欲之念”同时存在于人心之中，虽然两方整体处于势均力敌的状态，但是往往仁义会被利欲一方所吸引，如此一来，危害极大。因此，三宅石庵提出作为一般人修身需要以“仁义之心”活用“利欲之念”，这也就是他“学问”的“功夫”。换句话说，在三宅石庵的论述中，圣人的内心只有唯一的“仁义之心”；而一般人的内心既有“仁义之心”又有“利欲之念”。因此，三宅石庵肯定了商人作为一般人追求利益的合理性和正当性。不过，他也明确指出不能轻易打破“仁义之心”与“利欲之念”的内在生态平衡，如不能以“仁义之心”活用“利欲之念”，则会被“利欲”所反噬。按照三宅石庵的解释，“町人”不属于圣人、君子之列，也不归于“小人”的范围，而且通过他“学问”的“功夫”是可以合理地解决“义利”之间的矛盾。他的这种解释不仅为中国儒学在江户“町人”中传播创造了条件，还为“町人”接受中国儒学提供了可能性。

虽然怀德堂倡导的是朱子学，但是通过三宅石庵对“义利之辨”的论述，可以看到怀德堂并没有完全承袭朱子学的观点，它的学风更加自由、活泼，

[1] ［日］西村時彦：『懐徳堂五種：万年先生論孟首章講義』，松村文海堂，1907 年，第 10—11 頁。

能够针对“町人”的特殊性有弹性地探讨“义利之辨”。同样，怀德堂的另外一位学者中井履轩（1732—1817）在朱熹《四书章句集注》的基础上重新注释了“四书”，他的《孟子逢原》系统解释了孟子思想。

在《孟子逢原》中，中井履轩针对朱熹“言仁者必爱其亲，义者必急其君。故人君躬行仁义而无求利之心，则其下化之，自亲戴于己也”的解释，他提出了不同的理解。中井履轩解释说：“不遗亲，不后君，此国顺治而无篡弑之患而已，未可指此为厚利，注此不当题利字，且经文明分义利为二物，注乃隐然欲合之，何也。若夫易元亨利贞，利者义之和，所指自别，故文同而义异。”[1] 在中井履轩看来，《孟子》中关于“不遗亲，不后君”的解释指的是国家顺治，属于政治哲学；但朱熹的解释却导向“义利”共同显现出来的道德哲学意蕴，因此，他认为在《孟子》原文中已经明确指出了“义利”的区别，不能以“利者义之和”将二者并说。而对于朱熹以“理气”解释“义利之辨”的观点，中井履轩更是直接指出：“天理人欲，是宋贤之见解，与孟子之言，元不符合，不当以解七篇”[2]，他认为朱熹“理气”的解释与原典不符，不能准确解释《孟子》。

怀德堂作为“町人”学术思想的代表，他们不仅要从事与追求经济利益相关的商人职业，还力图从朱子学的解释中寻求构建商人道德体系。也就是说，怀德堂对“义利之辨”的解释必须要在应然与实然之间选择一条折中道路。因此，三宅石庵从大阪商人的生存实际出发，承认了“利欲之念”存在于商人内心的正当性。这就达成了中国儒学道德哲学意蕴中“仁义之心”与怀德堂所承认的“利欲之念”间的和解。但是，这种折中的和解并不意味着完全的妥协，中井履轩就根据《孟子》原典的解释否定了朱熹“理气”的解释。与林罗山的解释所遭遇的困境不一样，怀德堂的折中手段保持了自身解释的弹性，他们不盲从于朱熹的注释，反而利用原典的解释来“修正”朱熹

[1] ［日］關儀一郎：『四書註釈全書：孟子逢原』，東洋図書刊行会，1925 年，第 13 頁。
[2] 同上书，第 14 頁。

的解释，也就顺利摆脱了林罗山所面临的困境，还充分地显示出“儒学日本化”与“日本儒学”交互迭代的复杂性。

五、阳明学与实学性阐释

江户时代末期，在尊王攘夷的时代背景下，阳明学得到迅速发展。其代表学者中不仅有在昌平坂学问所担任儒官的佐藤一斋（1772—1859），还有活跃于幕末政治舞台的吉田松阴（1830—1859）。

不过，由于佐藤一斋担任幕府官僚，因此他不能公开标榜自己阳明学的立场，只能通过“阳朱阴王”的方式，表面上主张朱子学，实际上却提倡阳明学。关于《孟子》“梁惠王”中的“义利之辨”，佐藤一斋基本忽视了“义利”问题的探讨，他在《孟子栏外书》中直接指出“梁惠王”章节的政治哲学意义，他认为：“孟子说到万乘之国弑其君者必千乘之家，眼前事实，惠王闻之，能无悚然耸惧乎。”[1]从佐藤一斋的解释来看，他基本告别了“义利”哲学意义的讨论，反而更加关注孟子思想中的君臣关系。

幕府末期，嘉永六年（1853）美国东印度舰队司令马修·佩里（Matthew Calbraith Perry, 1794—1858）抵达江户湾浦贺冲，史称“佩里叩关”或“黑船来航”。安政元年（1854）佩里抵达下田，吉田松阴欲以“投夷书”外航游历欧美，被拒后押解至江户，又囚禁于长门野山狱，后创立“松下村塾”授业讲学，但是，最终他因谋刺幕府阁老，在安政大狱中被杀。在野山狱期间，吉田松阴为犯人讲解《孟子》，著成《讲孟劄记》。关于“义利之辨”，吉田松阴认为：

> 盖仁义乃道理之所为也，利乃功效之所期也。若以道理为主，则不期功效而自至，若以功效为主，则多至于失道理。且以功效为主者，事

[1]［日］関儀一郎：『日本註釈全書：孟子欄外書』，東洋図書刊行会，1926年，第4頁。

皆苟且而所成遂之事少。假令虽少有所成遂，然不足以保永久。舍永久之良图，从目前之近效。不堪言其害。苟能一向求义理之当然，无始终，无作辍之时，又焉有何事不成之忧也。[1]

虽然吉田松阴一开始仍然用类似朱熹解释的口吻阐释了“义利”的区别，但在他看来，“义利之辨”的关键在于“仁义”所产生的效果要比“利”更加长久。实质上，无论是“仁义”还是“利”，吉田松阴的解释已经完全放弃了朱子学“理气”的解释，也没有像林罗山、山鹿素行以及伊藤仁斋等学者强调“义利”的统一性，而是从最终结果去衡量“义利”的差别，应该说他的“义利之辨”是一种功利主义的阐释。对于朱熹“仁义根于人心之固有”“利心生于物我之相形”的观点，吉田松阴认为：“是所谓利之说也，非至仁义之说。人心所固有，事理之所当然也，无有所不为一。人生而不知人之道，臣生而不知臣之道，子生而不知子之道，士生而不知士之道，岂不当至于耻焉。若有以是为耻之心，无有外术之学读书之道”。[2] 在吉田松阴看来，人臣子士生下来是不知道有道德的，但是会感到羞耻和厌恶，所以人臣子士要通过读书来学习道德，也正因此，他指出人心所固有、理所当然的应该是对利益的追求，而不是仁义。在这里，吉田松阴阐释的原理来自《孟子》中所强调的“羞恶之心，义之端也”，由于羞耻和厌恶之心是人“义”的发端，当人臣子士因不知道道德而感到“羞恶”，自然要通过学习去认识“道”。

如上所言，《讲孟剳记》是吉田松阴在野山狱期间为犯人讲解《孟子》的讲义，他在《讲孟剳记》中说：“今且与诸君在狱中论讲学之意……云有何之功效耶。”[3] 由此可见，吉田松阴讲述孟子思想的听众是野山狱的一众犯人，他既不可能像朱熹一样通过“理气”来阐释“义利”的关系，也不可能像林罗山、山鹿素行等学者辨析“义利”的公与私，更不可能像伊藤仁斋一样追求

[1] ［日］吉田松陰：『講孟箚記』刊本，松下私塾版，1869 年，第 3—4 頁。
[2] 同上书，第 4 頁。
[3] 同上书，第 4 頁。

理想的道德。吉田松阴不承认生人固有的“仁义”，他强调人能通过积极的读书认识学习道德，体现了他“义利之辨”中的积极主义。正因为如此，吉田松阴的思想在草莽崛起的幕末时代影响更大。

幕府末期，西方列强迫使德川幕府签订了一系列不平等条约。对此，吉田松阴指出：“癸丑甲寅墨鲁之变，至于屈大体而从陋夷之小丑者何也，朝野之论，战非必胜，不过恐转而滋出变故之事，是亦舍义理而论功效之弊。”[1]这里所说的“癸丑甲寅墨鲁之变”指的是嘉永六年（1853）美国佩里舰来航与安政元年（1854）日本与俄国签订《日俄亲善条约》。吉田松阴认为造成丧权辱国事件的原因在于幕府一方面担心开战没有必胜的把握，另一方面防止发生其他不测变故。实际上，在吉田松阴看来，幕府的忧虑是只看眼前功效而不计长远打算的“舍义理而论功效”行为。吉田松阴对“义利之辨”的阐释主要基于他对客观现实的认识和判断，并利用“义利”来阐释日本幕末的政治形势。吉田松阴的阐释已然超越了过去江户儒学认识论的范畴，他要从孟子思想中找到解决日本危机的方法论，显示出强烈的实学性。这种实学性确切来说是吉田松阴通过中国儒学的普遍性试图解决日本的特殊性危机时的产物。

六、结语

日本江户时代朱子学、古学、怀德堂以及阳明学对《孟子》“义利之辨”的阐释中显现出了各自的特质。朱子学巨擘林罗山陷入了在朱熹解释与《孟子》原典之间的两难抉择的困境；古学思潮下的“三学”则以不同形式的复古迭代展开对“义利”的阐释；怀德堂为了从朱子学的解释中寻求构建商人道德体系，在“仁义之心”和“利欲之念”间选择了折中道路；阳明学学者吉田松阴试图从孟子思想中找到解决日本危机的方法论，显示出强烈的实学

[1] ［日］吉田松陰:『講孟箚記』刊本，松下私塾版，1869 年，第 5 頁。

性。江户时代的这些学术思想与中国儒学之间无一例外都具有普遍性的关联，它们是作为主体的中国儒学在进入他者之境后“日本化”的体现；与此同时发生还有“日本儒学”，它是正在进行的“日本化”在江户儒学者的尝试下所创造出来日本的特殊性，此时的本体发生了根本性的转变。由此可以肯定的是，江户时代的儒学是一个中国儒学日本化与日本儒学迭代的交互、极其复杂过程中的产物。

多元视域作为探讨江户时代儒学的方法正是建立在其接受、批判与再阐释的动态发展过程基础上的，在这一视域中，各个学术思想之间都以自己的独特性丰富了作为主体的“日本儒学”；而它们之间也可以通过相互参照、比较的关系发现中国儒学普遍性的影响意义。正如孙歌在探讨普遍性与差异性（特殊性）间的关联时所说：“在通过相似性进入差异的过程中，另一种普遍性诞生了：它不致力于从多样个别性中抽象出单一前提，而是以多元为前提。”[1]江户时代儒学所显现出的普遍性与特殊性相互交织的过程恰恰需要我们从多元视域厘清当时学术思想的线索，这也正是本文通过“义利之辨”的探讨所要达成的目的，为了摆脱过去从日本儒学身上寻求和中国儒学的普遍性与刻意强调日本儒学特殊性的一元思维的束缚。

（张晓明：北京第二外国语学院副教授）

[1] 孙歌：《思想史中的日本与中国》，上海交通大学出版社，2018 年，第 11 页。

作为赠与悖论的孟子问题
——以日本近世的国儒论争为中心

［日］山泰幸

一、何谓“孟子问题”

1995年，日本发生阪神、淡路大地震，这一年被称作日本的“志愿者元年”。许多志愿者探访灾区，投身于支援灾民的活动中。其后，历经2011年“3·11东日本大地震”，救灾志愿者逐渐固化为日本市民文化的一部分。令人颇感兴趣的是，在日本，在诠释“志愿者精神”时，“恻隐之心”一词被视为其依据而频繁被提及。

众所周知，所谓“恻隐之心”乃《孟子》中所谈及的人本来具有的“仁”之“端”，通过扩充“恻隐之心”，人即可到达“仁”之“德”的境界。以两千多年前的孟子之言来解读极具现代性的志愿者精神着实令人兴趣盎然。在道德颓废之势存在已久的现代社会，众多志愿者的出现唤起人们对人类道德性回归的期待，并由此想到作为其依据的“恻隐之心”一词。

同样关注孟子“恻隐之心”这一观念的还有现代法国哲学者弗朗索瓦·于连（Francois Jullien, 1951—　）。他在著作《道德奠基》中尝试对现代人的——自尼采对道德持怀疑态度之后，便已经无法将道德建立在道德本身的固有基础之上了——认识进行了果敢的挑战。也就是说，他通过让那些试图以道德为基础的康德、卢梭等西方 18 世纪具有启蒙思想的哲学家与东方古代思想家孟子进行跨时空对话的形式，尝试重新进行“道德奠基”[1]。著作中，于连所关注的便是孟子所谓的“恻隐之心”。

在本书开头，于连论及《孟子·梁惠王（上）第七章》中有关齐宣王的一段逸话，相传宣王曾将用于祭祀之牛放生，并以羊代之。孟子使齐宣王回想起此事，并对宣王自身并未意识到的行为动因进行了细致剖析。并且，孟子进一步论述指出齐宣王目睹其不忍心之物并即刻做出的反应本身正是对王之德行的充分证明。继而，于连论及《孟子·公孙丑（上）第六章》中欲助将落井的孺子之人的逸话，并指出其并非“想借此得到孩子父母的更大感激回报”“想在乡邻友人中博取名声”而有如此反应。这便是孟子所谓“恻隐之心”，即面对他者之不幸的不忍之情，其中不掺杂任何关于利害得失的计较，是不经思考而做出的本能反应。

所以，一方面，于连将自我与他者相互作用中此种感情的波动称为“道德的试金石”（de pierre de touchea la morale），并以此为出发点开始了其“道德奠基”的工程。那么，本文所列举的逸话均是为说明“恻隐之心”而引自《孟子》一书的名篇名段，于连则将其理解为讲述“道德的试金石”的内容。而另一方面，亦可将此一系列逸话理解为在讲述“赠与”。也就是说，我们可将此类逸话理解为是在描绘一种不掺杂利害得失、不求回报的赠与，正如同志愿者精神之所在。

法国哲学家雅克·德里达（Jacques Derrida, 1930—2004）对“赠与”进行了如下讨论：赠与之所以为赠与，若接受方（受益方）进行了回礼，则变成了“交换”，不再是赠与。即使实际并未回礼，若在精神上感觉到负担，亦不可称为赠与。同时，若给予方（施惠方）也期待着获得来自接受方（受益方）的回报，亦不可谓赠与。即使只是被感谢，亦属回礼，不可谓赠与。也就是

[1] ［日］フランソワ・ジュリアン著，中島隆博・志野好伸訳：『道徳を基礎づける』：講談社学術文庫，2017 = Fonder la morale.Dialogue de Mencius avec un philosophe des Lumières., Grasset, 1995。

说，无论是对给予方（施惠方）还是接受方（受益方）来说，“作为赠与的赠与决不以赠与的形式出现”。德里达主张赠与在本质上是不可能实现的。[1]

在如下情形中，真正意义上的赠与或可得以成立，即尽管给予方并未意识到（或者遗忘）其赠与行为，结果上已形成赠与的事实；同时，接受方（受益方）也并未意识到其赠与行为。在“宣王悯牛”的逸话中，作为给予方（施惠方）的宣王忘记且并未意识到自身的赠与行为，而作为接受方（受益方）的牛也对此处于无意识状态。同样，在“孺子将入井”的逸话中，孟子则详细描述了给予方（施惠方）不求任何回报的赠与行为，同时，接受方（受益方）是并未意识到危险而在井边玩耍的儿童，这也是关键的一点。这一系列逸话可谓完美诠释了德里达所谓的“赠与”，文中称之为“纯粹赠与”。

然而，问题就在于赠与常常被描述为给予方（施惠方）从接受方（受益方）那里以剥夺某种东西的形式接受反向赠与的行为。社会学家仁平典宏分析了有关志愿者的言论，并指出志愿者经常被指责其行为是剥夺了被支援者的反向赠与，并将此称为“赠与悖论”[2]。

也就是说，志愿行为可能会引发这样一种说法，即认为志愿者获得了反向赠与。借用“孺子将入井”中孟子的陈述，即其善行可能会引发一系列怀疑，怀疑其“想借此得到孩子父母的更大感激回报”“想在乡邻友人中博取名声”。若要讲本质上是不可能的、无法说出口的“纯粹赠与”的话，那只能在否定反向赠与中去讲。因此，“纯粹赠与”往往伴随着引发“反向赠与”的危险。

在此意义上，可以说《孟子》提出了“赠与悖论”的原型。而本文将围绕《孟子》的注解，探讨“赠与悖论”所引发的思想史问题，而这一问题，我在文中称为“孟子问题”。

本文将以江户时期的国儒论争为中心，探讨日本思想史上的这一“孟子

---

[1] ［日］ジャック・デリダ著，高橋允昭訳：「時間を与える」『他者の言語—デリダの日本講演』，法政大学出版局，1989 年。

[2] ［日］仁平典宏：『「ボランティア」の誕生と終焉—〈贈与のパラドックス〉の知識社会学』，名古屋大学出版会，2011 年。

问题”。[1]

二、伊藤仁斋与《孟子》

在 18 世纪江户时代新社会的胎动中，儒学中分化出“古学”这一新的学问范畴。首先，在伊藤仁斋（1627—1705）的主导下形成了“古义学”，其后，荻生徂徕（1666—1728）的“古文辞学”在与“古义学”的激烈对抗中登场。仁斋与徂徕皆重视“道”这一概念，将其解读为一种普遍的、统摄性的或具有客观性的、规范的概念。此后，针对徂徕弟子太宰春台（1680—1747）的相关主张，贺茂真渊（1695—1769）、本居宣长（1930—1801）、平田笃胤（1776—1843）等国学者进行了反驳，这场“国儒论争”进一步引发了国学派内部的论争。

纵观江户时代，对《孟子》一书给予最高评价的当数“古义学”的创始者伊藤仁斋。随着仁斋“古义学”的成立，《孟子》被给予高度评价及重新定位。以此为契机，作为其对抗学问形态的徂徕“古文辞学”登场，并诱发了以本居宣长为代表的“国学派”的诞生。就此而言，伴随着《孟子》价值再定位而成立，的仁斋“古义学”完全可以称得上是江户思想史上具有转折性意义的关键点。

伊藤仁斋是京都商人之子，不适合继承家业，一生研习儒学。相传仁斋自幼喜读儒教经书，由此可知，当时京都已经存在讲授儒教经书、供商人子弟学习的场所。

近代以前，中国和朝鲜基本上是通过“科举”这一官吏录用考试选拔官僚及政治家，考试内容均基于儒教经书。因此，可以说儒教的经书释义是符合当时统治阶级立场的，其读者是作为统治阶级的士大夫群体。

[1] 本文中关于江户期思想的相关资料引用主要来源：《日本思想大系》岩波书店、《日本斗争史料》名著刊行会、《近世儒家文集集成》鹈鹕社、《日本的思想》筑摩书房。

然而，仁斋生于商人之家，并以商人的身份度过一生。在并不存在“科举”这一官吏录用考试的江户日本，仁斋以商人之身修习作为士大夫阶层之学问的儒教，并成为享誉盛名的儒者，这在当时的中国及朝鲜均无法想象。

仁斋的出现意味着一直以来站在士大夫阶层立场上被解读的儒教经书脱离了既有语境。而在中国和朝鲜，作为统治阶级的士大夫则成为共同享有经书解释权的集团，并且该集团被语言、文化、政治、经济、社会等各种条件重重规定、包围。因此，在其立场之外解读古典，甚至形成独立的学术团体并做出与经书固定化解释相区别的解读，这件事本身几乎是不可想象的。

仁斋登上历史舞台的重要意义就在于他从士大夫集团外部的商人阶级的立场出发解读了曾被禁锢于中国士大夫这一特定集团内部的儒教经书。

从士大夫阶层立场出发的解读是一种从统治阶级视角出发对经书进行再构建的过程。换言之，也可以说是一种从执政者立场出发，以管理、控制被统治者集团为前提的解读。儒教常常被视为过去封建时代的遗物，这一理解也可以说是伴随此种解读而产生的。

而另一方面，站在商人阶级立场上的解读与站在统治阶级立场上的解读截然不同。那么身为商人的仁斋又是如何进行解读的呢？

三、作为通往《论语》阶梯的《孟子》

仁斋曾在其主著《论语古义》纲领中指出，《论语》一书永为儒学之基准，其用语极其正确、妥当、浑然一体，不可增减一字，乃尽善之书。仁斋断言，在儒学经书中，《论语》一书堪称基准之书，并指出《论语》已尽言“道”之内涵，因此儒者学问的终极目标是理解《论语》。进而，仁斋在其著作《童子问》一书中将《论语》称为“至高无上宇宙第一书”。

对于身处现代日本的我们而言，仁斋重视《论语》的一番言论并未引发我们太多的违和感，因为作为人类文化历史上的经典，《论语》比肩西方《圣经》，在东方古典中占有重要位置。然而当时，仁斋最重视《论语》，并称其为“宇宙第一书”并非理所当然。

仁斋说，汉唐以来重视“六经”，而不知《论语》尤尊，在“六经”之上，且以《大学》《中庸》为先，《论语》《孟子》为后。

众所周知，自儒教在中国被视为国家的体制教学以来，孔子之前的经书《诗》《书》《礼》《乐》《易》《春秋》即“六经”被视为正统经书。朱子对其进行了重新建构，将“五经”（排除遗失已久的《乐》）与孔子之后的经书《大学》《中庸》《论语》《孟子》这“四书”并称为“四书五经”。在“四书五经”中，《论语》《孟子》居于下位。

仁斋颠覆了关于经书的传统定位，将《论语》视为“宇宙第一书”，并将《孟子》视为以准确理解《论语》的“津筏”，即“渡船”，将其定位为仅次于《论语》的重要经典。《孟子》作为用以正确理解《论语》的“义疏”而被重视。

仁斋在其著作《语孟字义》中指出，通过熟读《论语》《孟子》，“圣人的意思文脉”即思想脉络逐渐变得明晰，以此为基准方可正确理解字义，即语言传达的信息。仁斋还言及“孔孟之意蕴血脉”，这意味着参照从《论语》《孟子》中发现的“思想脉络”筛选经书正文，唯有符合孔孟之思想脉络的文章方可作为具有正统性的文章而被解读。仁斋提出了一种以思想脉络为基准的文献批判方法。

仁斋通过这种文献批判方法，试图论证“四书”中位居前列的《大学》并非孔子遗著等类似问题。经书本应为不容置疑的圣典，而仁斋的此番言论可谓是对以朱子学的形而上学为基础成立的宏大的经书解释体系提出了挑战。由此，仁斋不再仅仅拘泥于朱子学的解释，而是脱离其桎梏，开辟了直接基于原典进行解读的学术之路。在此背景下，徂徕关于古文辞学的学术尝试便成为可能。

四、人伦日用之道

那么，为何仁斋断言《论语》为具有至高无上价值的“宇宙第一书”呢？仁斋在《论语古义》纲领中将《论语》所记载的孔子之教视为人们在普通日常生活中的理所当然之道，并将其称为“人伦日用之道”。孔子在日常生活中强调“道”的重要性，正因如此，才给予他最高评价，将其誉为“至高无上的宇宙第一圣人”。

此外，仁斋在《语孟字义》中指出，“道”是在日常人际关系中既已实现的部分，而并非受教导后才形成的。同时，无论在何等粗俗野蛮之地，都必然存在君臣、父子、夫妇、兄弟、朋友等人际关系秩序。对于仁斋而言，所谓“道”是人们日常生活中客观存在的规范。

我们或可认为仁斋试图通过对《论语》的解读将江户时代商人日常生活中的秩序感觉语言化、概念化。如此一来，《孟子》一书被仁斋视为用以解读《论语》的“义疏”。究其原因，则是源于仁斋对于《论语》及《孟子》二书文本性格差异及创作时代背景不同的认识。

仁斋在《语孟字义》中指出，孔子的门人弟子们将“仁义礼智”视为日常生活中理所当然之物，认为不必询其字义，而仅向孔子询问如何实践，且孔子也通过向其示范实际做法的方式给予答复。然而，他又论述道，在孟子的时代，人们渐渐变得不再知晓“仁义礼智”的实践方法，不仅如此，甚至不解其意，正因如此，孟子为学习者详细解读了其中含义。仁斋认为，根据《孟子》之诠释体察其意，进而再对照《论语》，便可彻底获得全方位的理解。

在朱子学中，“仁义礼智”是人类内在天生具备的“性的概念”。然而，仁斋将其视为“道德的概念”，并将其解读为天下普遍存在的客观规范，由此产生了解读方式的巨大转变。而这一转变是由仁斋对《孟子》做出的独特解释所带来的。

五、端为本

孟子云："恻隐之心，仁之端也"，其所言"恻隐、羞恶、辞让、是非"的"四端之心"对于试图阐明《论语》中孔子所谓"仁"之意义的仁斋而言，具有重要意义。尤其重要的一点在于仁斋对于"端"一字的理解。

朱子将"端"理解为"头绪"，将其视为人内在之物显露于外部的"线索"。这种理解方式的前提是将"仁义礼智"视为人性之本体，也就是将"恻隐之心"视为人类内在、天生具备之物向外显露的表现。

然而，仁斋认为"端"是"本"，人的内心并无内外之分，人心是与生俱来的，是可因事而动之心。他认为，通过扩充并涵养，人所生来具备的"因事而动之不忍之心"，便可做出与天下普遍存在的"仁义礼智"道德标准相符合的行为。正因如此，恻隐之心是"本始"，是人类得以维持日常生活的天性，是一切的基础。

对于仁斋而言，人是相互交流的"活物"，生来具有构筑并充实人际关系之心。他认为，人类扩充恻隐之心、向仁而行是自然而然的事情。

荻生徂徕对于仁斋这种乐观的想法进行了激烈批判。徂徕在著作《辨道》中指出，心是无形之物，无法对其进行控制。以心治心，则如同狂人自我治疗疯狂之症，不可为。故而先王之道以礼制心。徂徕认为，作为客观规范的道并非是在人日常交往中自然形成的人伦日用之道，而是先王制定的先王之道。人若想要一心向仁，则必须依照先王所定之礼。

仁斋之说主张"恻隐之心"是人与生俱来的性质，并要以此为"端本"进行自我扩充；而徂徕主张由外部体察人心，将其作为教化、控制的对象。仁斋的主张作为一种反作用力，促进了徂徕观点的形成。

六、先王之道

徂徕在《辨道》中指出，知“道”难，言“道”亦难，皆因“道”之大。然而，自子思、孟子以后，儒者皆仅将自己所理解的“道”视为“道，成为‘儒家者流’”，将“道”的概念狭隘化。徂徕则与仁斋主张相悖，将孔子与其后的儒者进行区隔，认为对于“道”的曲解始于孟子。

对徂徕而言，所谓“圣人”是存在于遥远的古代，拥有远超常人的智慧及能力的杰出存在。所谓“先王”，是指尧、舜、文、武等历史上实际存在且推行过理想政治的王。徂徕认为，先王才是圣人，“先王＝圣人”，经过漫长的岁月制作出“道”并将其赋予人类，由此，人类才得以作为真正意义上的人类经营社会生活。然而，徂徕指出，这些杰出的“先王＝圣人”仅存在于遥远的过去，如今，其教义已不复存在，剩下的仅有“诗书礼乐”。所谓“诗书礼乐”是指《诗经》《书经》《礼经》《乐经》四本经书，其中记载了先王＝圣人所制作并赋予人类的学问艺术、祭祀礼仪。同时，徂徕常使用“礼乐刑政”一词，指代用以教化人的广义的制度。徂徕重视“诗书礼乐”，外加《易经》及《春秋》的“六经”，认为其中具体记载了“先王之道”。

徂徕主张仁斋在《论语》中发现的“孔子之道”实际上是“先王之道”，将孔子定位为“先王之道”的学习者。孔子善于学习“六经”中记载的“先王之道”，并将之发扬光大，从这种意义上来讲，他是圣人，且是与先王不同的圣人。

徂徕所谓“孔子之道，先王之道也”这句话的意思是孔子卓越的道之教义并非孔子所创造。仁斋对于《论语》及孔子作出“至高无上宇宙第一”的极高评价，并重视“人伦日用之道”，这引发了徂徕对其的批判，提出先王＝圣人制作“道”的这一学术主张。

七、国儒论争

徂徕的弟子太宰春台（1680—1747）继承了徂徕所倡导的“道”学，并将其思想进一步贯彻到底。春台在《辨道书》这一论“道”的著作中指出，日本本无“道”，自中国传来圣人之教后才产生“道”。首先，春台指出，最初日语中并不存在表达“仁义礼乐孝悌”这类儒教道德目标的词汇，不存在这类词汇就意味着并不存在相应的道德条目。进而，春台举出了日本古代亲子、兄弟、叔侄间通婚的例子，以此来印证日语中无“礼义”相关表达的事实。然而他指出，后来随着与中国的交流，中国的圣人之道传入日本，受其积极影响，此前禽兽般的行为现象逐渐消失。

对于春台的主张，国学者们进行了强烈反驳。在《国意考》中，针对春台提出的“仁义礼智”四个汉字无对应和训，故日本无“道”的主张，贺茂真渊指出，“仁义礼智”与“四时”即“春夏秋冬”四季一样，是随处可见而理所当然的存在。然而，他又指出，尽管存在“春夏秋冬”四个季节，但因四季徐徐变化，我们无法明确对其进行区别、划分。同理，尽管我们将其命名为“仁义礼智”，却不能将其固定不变。也就是说，在从中国传来以前，日本原本已有“道”，却无表示“道”的词汇，这是因为正如人类无法准确把握天地自然一样，反倒是无名而保持天地自然的本然之心更好的缘故。同时，真渊反驳道，在古代日本有这样的规则：兄弟姐妹有别，同母兄弟姐妹属于真正的兄弟姐妹，若母亲不同则可通婚。继而，他又将矛头指向中国，批判中国因拘泥于不可娶同姓之妻的繁文缛节，导致历代王朝或被外人夺取王位、或被蛮夷抢占城池。其主张明确表现出否定中国的态度。

真渊的弟子本居宣长在《古事记》的注释书《古事记传》的序论中有一篇名为《直毘霊》的文章，该作品批判了儒教“圣人之道”及基于其“道”的思考方式，试图阐明与其不同的日本之“道”究竟为何物，极具争议性。宣长指出，在日本古代并未特别提到“道”这一概念，当时，所谓“道”仅仅意味着“通往某处的路径”，是“道路”之意。他指出，将人应遵循的各种教义一一命名为“某某道”是中国的做法。尽管日本并未刻意大肆宣扬“道”之教义，迄今为止，依旧天下太平，这才是最优越的大“道”，正所谓无“道”之名而有“道”之实。

同时，宣长认为中国之乱始于往昔，中国人将善于狡黠善骗、精于驯服之术、勤于思考夺人之国而不被攻城略地之法且试图实现政治上有效支配之人称为“圣人”。宣长将圣人看作为谋取自身利益而欺骗、支配民众的存在，是善用权术、善于欺瞒之人。

在对抗荻生徂徕、太宰春台等学者关于“道”的相关论述的过程中，国学通过其主张的差异化形成独特的话语体系，这便是“国儒论争”之始。不久，这场争论的范围进一步扩大，将众多儒学者及国学者卷入其中。

八、汤武放伐

真渊及宣长批判的对象是《孟子》的汤武放伐论，这在松本健一的著作《〈孟子〉的革命思想与日本》中已有论述。[1]

如前所述，仁斋和徂徕对《孟子》的态度虽然不同，但有一个共同点，那就是对《孟子》中描写的“汤武放伐”的评价。仁斋在《孟子古义》中，关于汤武放伐，无条件赞扬道：“仁之至，义之尽”，又说：“汤武放伐，即道也。”徂徕在《孟子识》中指出，道是圣人建立的，其心在于“仁”。汤武是圣人，因此，汤武放伐是“仁”之举动。

在仁斋看来，既然桀纣是反仁义的存在，将其放伐从道义上讲是正确无误的做法；而在徂徕看来，既然汤武为圣人，其心仁，故其行为应被肯定。

就本文而言，笔者的关注点在于“汤武放伐论”究竟是将“汤武放伐”视为基于“仁”的正当赠与还是将其视为诸侯弑君夺位的反向赠与这一问题，

[1] ［日］松本健一：『「孟子」の革命思想と日本』，昌平黌出版会，2014年。

且笔者认为“汤武放伐论”本身即是具有典型“赠与悖论”的叙事。

子安宣邦在其著作《作为“事件”的徂徕学》中，将徂徕“孔子之道乃先王之道”的言论等同于“事件”来看待，并就该言论在江户思想界引发的一系列或支持或反对的思想波动展开探讨。那么徂徕的言论为何会引发如此轩然大波？在著作《江户的思想斗争》中，笔者曾做出如下判断：在徂徕关于“先王＝圣人”制作出“道”的论述中，“道”被视为“先王＝圣人”制作并赋予民众之物，即被解读为一种“赠与”，由此便不可避免地引发了对其进行批判的“反向赠与”的言论。进而，笔者就“国儒论争”展开探讨。

现在，让我们从“赠与悖论”的观点出发来进行梳理。仁斋认为“恻隐之心”中包含着纯粹赠与的成分，而徂徕则与其观点相左，认为圣人制作“道”的行为中包含着纯粹赠与的成分。究其原因，是徂徕认为“恻隐之心”的扩充不过是形成“仁”之“端本”而已，而圣人则体现了尽善尽美之“仁”，其行为可被视为基于“仁”的“纯粹赠与”。徂徕通过批判仁斋引出了其关于圣人施行尽善尽美的“纯粹赠与”的言论。然而，其言论又进一步引发了国学者对圣人的激烈批判。国学者将“圣人之道”与“神之道”作为两个对立范畴，进而引出平田笃胤关于日本诸神施行纯粹赠与的言论。关于这一点，详情请参见拙著[1]。

九、结语

野口武彦在著作《王道与革命之间——日本思想与孟子问题》中，围绕日本关于《孟子》的解读，描绘出一幅宏大的全景图：从中华普遍主义（朱子学）到中华中心主义（徂徕学），再到对其持否定态度的日本中心主义（宣长学），其后历经日本普遍主义（笃胤国学），最终形成幕末的儒教民族主义。野口将《孟子》“汤武放伐论”中存在的“王道抑或革命？”这一悖论称为

[1] ［日］山泰幸：『江戸の思想闘争』，角川選書，2019 年。

“孟子问题”，并对其在日本问题化的过程进行了追踪。[1]

本文继承了野口所描绘的宏大的全景图及其关于“孟子问题”的问题构造，仅仅是从社会学视角出发，以“赠与悖论”为切入点，聚焦“国儒论争”，对野口提出的课题进行了再建构。

然而，若论及本研究的原创性，或许就在于本文明确提出了《孟子》中包含着关于“纯粹赠与”的原型话语。一方面，诸如于连这类现代哲学者从《孟子》“纯粹赠与”的描述中发现了“道德的试金石”；而另一方面，诸如仁斋这类近代日本儒学者则从中发现了“仁”之“端本”。然而，这却成为引发徂徕之后诸位学者论争的导火索。

此外，对于仁斋定义为“仁”之“端本”的“恻隐之心”，宣长等国学者站在与徂徕不同的角度进行了批判。关于宣长的“知物哀说”与“恻隐之心”之间的关系暂时超出了本文论述范围，故将择时机再论。

（山泰幸：关西学院大学教授）

[1] ［日］野口武彦:『王道と革命の間—日本思想と孟子問題』，筑摩書房，1986 年。

孟子思想对日本幕末思想的影响

郭连友

一、孟子思想与日本近世思想

孟子（前372—前289），名轲，是战国时代儒家的代表人物。战国时代，各个小国都企图通过“霸道”的形式扩张本国势力，战乱频仍，动荡不安。孟子亲眼看到苦于战乱的人民的惨状，痛感作为一个思想家的责任，于是周游列国，游说时君，向他们宣扬“仁政”“王道”，试图改善这种状况。然而，所到之处，他的这种思想并不为时君所采纳，被认为是“迂远而阔于事情”，被人们敬而远之。对仕途完全绝望的孟子晚年和弟子们一道从事讲学和著书活动。《孟子》一书就是孟子和弟子们一起编纂的。[1]孟子思想中有着浓厚的“民本思想”成分。这种思想在其政治论方面表现为“仁政（王道）”“安民”以及“易姓革命”等形式。在人性论（道德论）方面表现为“性善论”。“性善论”与“仁政论（王道论）”就如同一辆车的两个轮子一样支撑着孟子的思想。在孟子思想中，两者的关系可以这样认为，即人性论（性善说）构成其政治论（仁政）的基础，而政治论是以人性论为根基的。孟子的人性论认为人天生就具有道德上的善性，也就是“仁义礼智”等优良的道德品性。其政

[1] 杨伯峻认为：《孟子》七篇的著者、自古以来就有孟子本人冰（赵岐、朱子、焦循等）、孟子弟子冰（韩愈、张籍等）、孟子与弟子合作说（司马迁、魏源等）三种说法，第三种说法最接近事实。故，笔者采纳这种说法。为了叙述方便，本文只提孟子本人。

治论基本上就是根据人的这种道德上的善性而论述的，具体内容包括政治主体、政治内容、政治目的等。关于政治的主体，孟子主张“有德者为君”，也就是说，具有出色的道德是为君的绝对条件。具有出色道德的人得到民众的支持才有资格成为“天子”，缺少德行的人没有资格成为君主。此外，在政治论方面认为，为政者（君主）的政治必须是“仁政”（不忍之政、善政），也就是说在现实政治中，必须贯彻保障人民的财产、减税、减刑罚和实施教育，这些都是为政者的责任。再说政治目的，为政者施政的根本目的说到底就是使人民在生活上、精神上保持稳定。在政治内容（仁政）和目的（安民）中如果不履行职责，结果对人民不仁的为政者其君主资格就会被剥夺，被追究，于是就会发生“易姓革命”。

孟子政治论的最大特色可以说就在于尊重人民和重视人民，也就是说在其政治论中主张在实际政治运作时应该以人民为政治的根本，以人民为出发点，即所谓的“民本思想”。在中国，这种“民本思想”被后世的儒学，尤其是朱子学（宋明理学）所继承，成为儒家政治论的重要内容。而孟子的“性善论”也特别受到朱子学的重视，以“性即理”的形式成为朱子学“理”观念的重要组成部分。孟子在道德论中除了“性善论”以外，在君臣伦理上还提出了“义合”说，即“相对性的君臣关系”的主张。此种君臣观与他的“易姓革命论”相关联，在后世的中国以及江户时期的日本掀起了轩然大波，与“民本思想”一道成为人们争论的焦点。

关于中国历史上由于孟子的上述思想引发的“排孟”“删孟”等现象已有诸多先行研究做过详细讨论，这里不再赘述。这里重点考察日本江户时代的思想家、思想流派等围绕孟子的“相对君臣观”“民本思想”“易姓革命”等主张展开的争论，尤其是该思想因素对日本幕末思想家产生的影响。

关于日本是如何接受孟子思想的这一问题，在此前的研究中，我们发现有两部专著专门讨论这一问题。

其一是井上顺理的《本邦中世前孟子受容史的研究》这部专著。这部著作通过缜密的实证考察，详细地阐述了日本中世以前接受孟子的情形，其成果之出色，令人瞩目。据井上的考证，《孟子》传到日本，大约可以追溯到奈良时代的天平十年（约 730）以前。据井上的调查证实：当时，《孟子》一书曾作为一般修养之书为贵族阶层的人们所接受并广为流传，甚至连《孟子》一书中的那些最为激进的“民本思想”等也是“作为政治原则甚或作为对君主和为政者的鉴诫之言而被诚挚、坦率地接受下来”[1]。明代著名的随笔札记、谢肇淛的《五杂俎》(全十六卷，卷四“地部记”）中有这样的记载和传闻：“倭奴之重儒之书，信佛法，凡中国经书皆以重价购之，独无孟子。云有携其书往者，舟辄覆溺，此一奇事也。”井上的书证实了上述日本人关于《孟子》的禁忌和批判的传说、传闻等是毫无根据。因此，他得出结论是：中世以前，日本并不存在《孟子》一书由于其思想内容而遭到禁忌的事实。

其二是野口武彦的《王道与革命之间》。这部书重点考察了孟子思想与近世思想之间的矛盾、碰撞和融合。他指出，进入江户以后，情况发生了变化，尤其是《孟子》一书中的“民本思想”“易姓革命思想”等问题成为学者争论的焦点。他举出江户时代具有代表性的思想家和学派与孟子思想的关联，试图从广阔的视角阐明江户时代接受孟子这一问题。他认为，在江户时代诸学派中围绕《孟子》争论的焦点大多集中在对孟子“民本思想”“革命思想”的肯定和否定方面。与此相关联，孟子的“君臣关系论”“尊王贱霸论”等也理所当然成了人们议论的焦点。人们围绕着孟子的“民本思想”“革命思想”的肯定与否议论纷纷，有时还会出现即使是在一个学派中观点也未必一致的奇特现象，甚至会出现激烈交锋的场面。

接下来我们简单梳理一下孟子思想与江户思想之间的关联。

首先，《孟子》肯定“汤武放伐”即“易姓革命”的思想，在德川家康（1543—1616）创立德川政权时，为其夺取天下的正当化发挥了重要作用，得

[1] ［日］井上顺理：《近世邦人撰述孟子注释书目稿》，见池田末利博士古稀纪念事业会实行委员会编《东洋学论集》，昭和五十五年。

到了德川家康的充分肯定。据传1612年（庆长十七年）德川家康与德川家康的侍讲、江户初期思想家林罗山（1583—1657）谈到“汤武放伐”，林罗山对家康说：“汤武顺天命、应人心而伐桀纣，自始亦毫无为自身考虑之意，其本意只在于为天下除暴，救万民于水火，万万不可称‘恶’。”家康对此观点十分赞赏，认为“此说纯正且甚明晰”。[1]

纵观后来在江户时代诸学派中围绕《孟子》展开的议论，我们不难发现其焦点几乎仍然集中在对孟子“易姓革命”的肯定和否定上面。与此相关联，孟子的“君臣观”“民本思想”“王道思想”等也成了争论的核心内容。林罗山以后，山崎暗斋学派、古学派、国学派、后期水户学派等著名学派，也都围绕着孟子“易姓革命”思想展开了或肯定或批判的争论，甚至出现了同一学派中意见分歧甚至争论不休的奇特现象。

山崎暗斋学派围绕孟子问题出现的意见分歧以及争论的事例，不仅说明孟子思想在被日本接受的进程中经历了十分复杂的过程，同时也说明孟子思想中的激进思想与日本近世社会的身份制有着尖锐的矛盾和冲突。

山崎暗斋（1618—1682）是把孟子的“君臣观”“革命论”作为问题提出的著名学者之一。他站在“大义名分”的立场上著有《汤武革命论》(《文笔会录》卷四之一）一文，指责周武王讨伐殷纣王是以臣弑君，是绝对不能允许的，“革命”归根到底只不过是圣人的“大权”，他不承认臣下对君主的放伐（革命)。不仅如此，同时他还强调臣下对君主的单方面的绝对忠诚和恭顺，认为这才是真正的“君臣大义”。这一观点清楚地反映在他的《拘幽操》一文中。然而，关于这一问题，他的三个直系弟子中的佐藤直方（1650—1719）和三宅尚斋（1662—1741)，因与老师的见解不同而被断绝了师生关系。唯独其中的浅见絅斋（1652—1711）则始终恪守师说，忠实地继承着“大义名分”的立场。他在《书〈拘幽操〉附录后》一文中指出：“呜呼，自放伐之事一行，而千万世无穷之下，凡乱臣贼子弑君窃国者，未尝不以汤武

[1] 《新订增补国史大系》第38卷《德川安纪·第一篇》,《东照宫御实纪附录》卷二十二。

为口实。”[1]由此可见，他对“汤武放伐”是持否定态度的。此外，他还在《拘幽操师说》中这样写道：“上下尊卑各有名分，万古不动。如同天地之位，无论何时何地，君率臣，臣从君忠心不二，各有当然之道理。”[2]然而，同为暗斋直系弟子的佐藤直方却和三宅尚斋却持有不同观点。直方在与尚斋合著的《汤武论》中充分肯定“汤武放伐”并以引用《孟子》中的原话为根据，指出“尧舜汤武其揆一也”[3]。不仅如此，他还在《汤武论》中写道：“由汤武看桀纣虽为君臣，然由天看来，桀纣如‘家老’（即家臣的头目——引用者注），汤武如‘管家’。然天命放伐，不可不从。”[4]由此可见，他的“汤武放伐”思想是以中国传统儒家思想中的“天命观”为根据的。此外，他还在《中国论集》中表示：“为天下之主者，应是有德之人也。无德之人不该为天下之主。”此论虽说是因批判浅见絅斋的所谓“正统论”而发，但却反映出他对中国儒家“有德者为君”思想的忠实继承。三宅尚斋也基本上和佐藤直方站在同一立场，充分肯定“汤武放伐”，批判暗斋《拘幽操》中的绝对君臣观念。他在《汤武论》中说：“文王泰伯有文王泰伯之理，汤武放伐亦有理之事也。”[5]由此可见，对于“汤武放伐”的认识，他也是本着宋代朱子学的所谓“合理主义”观点的。在《汤武论》中他还这样写道：“自崇尚、主张吾邦皇统相续，无易姓革命以来，推崇文王泰伯，重《拘幽操》之意，终不深探汤武放伐之意，妄将汤武诬为大贼。是穷理不精，蔽于一偏所致。”[6]明确指出其师暗斋之说流于偏颇。但是，到了后世，由于政治、社会、文化等方面的影响，直方、絅斋的所谓“合理主义”思想在日本社会并未形成主流，而暗斋强调的“绝对君臣观”与“尊王论”相结合，在以后的思想史中影响越来越大，一直波及到幕末。

[1] ［日］西顺藏等编：《日本思想大系》31《山崎暗斋学派》，岩波书店，1980 年，第 222—223 页。
[2] 同上。
[3] 同上。
[4] 同上。
[5] 同上。
[6] 同上。

下面让我们再简要地看看日本江户时代具有代表性的几个思想学派——古学派、国学派、后期水户学派对《孟子》"君臣观""革命论"所持有的态度。

在古学派中，与山鹿素行（1622—1685）荻生徂徕（1666—1728）相比，伊藤仁斋（1627—1705）最重《孟子》中的"易姓革命"思想，同时也对其给予了极高的评价。他在《孟子古义》《语孟字义》中认为，"汤武放伐"并非朱子所说的"权"而是"道"，他指出，"道者天下之公共也"（《语孟字义》卷下"权"条），汤武是为天下除"残""贼"，绝不是出于个人私情。然而，仁斋的这种思想最终只停留在理论认识阶段，并未发展成对体制的批判。

国学派对《孟子》的"君臣观""革命论"分明采取了否定和批判的立场。国学派的集大成者本居宣长（1730—1801）继承了古学派复古主义的侧面，对外来思想尤其是来自中国的儒家思想进行了严厉的批判和排斥。他在《玉胜间》中严厉批判《孟子》的"汤武放伐"观、"君臣观"，他写道："'民为贵，社稷次之，君为轻'，此乃甚过之恶言也。而《孟子》终篇，只屡言对亲该孝，却无一言云对君该忠。又，孟子告齐宣王曰：'君之视臣如手足，则臣视君如腹心；君之视臣如犬马，则臣视如国人；君之视臣如土芥，则臣视君如寇仇。'……以此一章，可知孟轲之大恶。此虽为人君教人之语，实乃过于信口之恶言也。此书非为人臣者可读之书，实乃教人臣不忠不义之物也。"[1]可见，《孟子》在宣长眼里是一本教臣下"不忠不孝"的书。

在考察江户时代《孟子》是如何被日本接受这一问题时，江户时代的兵学家山县大贰（1725—1767）也是值得一提的人物之一。他在学统上不属某个特定学派，但却与暗斋学派有关，是三宅尚斋的门生。他由于批判社会现状、有志于社会变革而被幕府处死。他在其代表作《柳子新论》中明确肯定"汤武放伐"，并试图以武力实行社会变革。对于变革的主体，他认为亦可由诸侯以下的所谓"群小者"来承担。对于讨伐危害天下的国君，他认为那是

[1] ［日］西顺藏等编：《日本思想大系》40《本居宣长》，岩波书店，1980 年，第 471 页。

仁义之举，因为那样做是“与民志同”[1]。这一主张几乎可以说是接受了孟子的“易姓革命”思想而形成的。

除了上述代表性的思想家和学派之外，还可举出许多围绕着孟子的“君臣观”“革命论”争论不休的事例及观点鲜明对立的著述。如荻生徂徕的《孟子识》，其弟子太宰春台（1680—1747）的《孟子论》《圣学问答》，中山城山的《崇孟解》，藤泽东垓的《思问录》，伊东蓝田的《汤武论》，佐久间太华的《和汉明辨》等都对孟子“君臣观”“革命论”采取批判的立场。与此相反，高濑学山的《非圣学问答》（批判太宰春台《圣学问答》中的诋孟论调）、薮孤山的《崇孟》等，都是站在崇孟的立场上与排孟者大唱反调。除了这些观点鲜明对立的著述之外，江户时代还出现了许多《孟子》注释书，著名的有中井履轩的《孟子逢原》、冢田大峰的《孟子断》、佐藤一斋的《孟子栏外书》、赖山阳的《孟子评点》等，据井上顺理调查，仅江户时代，《孟子》注释书就多达456种以上。[2]

通过以上的简要概述，我们不难看到《孟子》被近世日本接受并非一帆风顺，而是经历了十分曲折的过程。从学术上彻底搞清江户时代《孟子》是怎样被接受的这一曲折复杂的问题绝非易事。因此，作者在此聚焦日本幕末思想，尤其是幕末革命家、思想家吉田松阴（1830—1859），重点考察孟子思想对其思想形成产生的影响。

二、孟子思想对幕末思想的影响

在开始考察孟子思想对吉田松阴思想形成产生的影响之前，我们有必要首先对后期水户学派以及著名朱子学家、洋学家佐久间象山的孟子认识做一

[1] ［日］井上哲次朗等编：《日本伦理汇编》七《朱子学派之部》，育英会，明治四十一年版，第611页。

[2] ［日］井上顺理：《近世邦人撰述孟子注释书目稿》，见池田末利博士古稀纪念事业会实行委员会编《东洋学论集》，昭和五十五年。

简短梳理和回顾。

后期水户学派代表人物之一的藤田东湖（1806—1855），由于其提出了“尊王攘夷论”而在幕末志士中发挥过领导作用。他在《孟轲论》一文中对孟子的“名分论”，尤其是基于其本身的尊王立场对孟子的“君臣论”“革命论”乃至“王道论”等进行了严厉批判，认为孟子的“王道论”与孔子思想相互矛盾，他写道：“轲之王道决不可用于神州”[1]，认为这种思想不适用于日本，但同时也主张孟子的“存心养气之论”“治国安民之说”“辨异端邪说之说”等不应全部否定。后期水户学主张的“安民论”中也并非全无“仁政”的要素，但是后期水户学派集大成者会泽正志斋的《新论》一书中主张的“安民论”并非站在孟子“民本思想”立场上的“安民论”，而是希望通过天皇的“祭祀”来实现所谓的“安民”。其“安民说”中含有许多“神秘”因素，人民在这种“安民说”中只不过是政治操纵的对象，其“安民说”是基于“愚民观”的产物。对于这种基于“愚民观”的“安民说”，吉田松阴曾做过如下批判：“虽云下民愚，云人君尊，如一诚之贯通影响。然，若上无诚心，虽云税敛薄徭役轻，民尚不知以上为德，以上为恩。不可不慎。”（《讲孟札记》）[2]

除了后期水户学之外，幕末的朱子学家、洋学家、吉田松阴的军学之师佐久间象山也是喜爱孟子的学者之一。据松阴证实，受松阴“下田事件”的牵连而被关押在江户传马町监狱里的象山，每天都朗读孟子的文章。记录象山狱中生活的《省訾录》（安政元年）中收有一篇称作“读孟子”的短文。在国家危机日迫一日的幕末时期，象山认为过去和平时期儒学者们那种脱离现实的孟子理解已经落后于时代，主张应用能够应付眼前危机的新的眼光看待孟子。站在这一立场上，他认为“腐儒”不察时势之变化，盲目借用孟子的“仁义说”来反对引进西式武器和“富国强兵”，这种观点是“不审天下之形

[1] ［日］菊地謙二郎编：《東湖全集》二三五，博文馆，1909 年。

[2] ［日］日本山口县教育委员会编：《吉田松阴全集》（普及版）第 3 卷，岩波书店，1938—1940 年，第 389 页。以下省略为《全集》第 3 卷。同时，以下注释中《全集》全部指《吉田松阴全集》。

势”，对其保守性给予谴责。同时他还指出，造成不能抵御西方列强的压迫、国家衰弱、不得不蒙受耻辱的状况，那些保守的儒学者也应难咎其责，并力陈积极引进西方军事技术的必要性，强调富国强兵。[1] 在象山的孟子认识中，兵学家注重现实的思维方式对松阴的思想也产生了影响。只是在这篇短文中，象山没有表现出对孟子“民本思想”的强烈关注，这与松阴重视民众的立场有所不同。笔者认为这一点恐怕与他的政治抱负有关，即象山始终抱有希望通过幕府的强有力的政治来实现建设强大近代国家的理想，因此，对于“霸道”政治他也没有产生任何怀疑。

如前所述，江户时代在接受孟子思想问题上，如何处理和接受孟子的“民本思想”乃至“革命思想”始终是思想家们的一大课题。在幕末这个“内忧外患”的时代背景下，兵学家出身的下级武士吉田松阴肩负起了这一时代课题，他通过积极吸收孟子思想中的“民本思想”等要素，逐渐形成了独特的“倒幕革命思想”。

三、孟子与《讲孟札记》

吉田松阴接受孟子的基础恐怕应该说是他幼年时代伴随他的“半农半士”的生活环境。天保元年（1830），松阴出生在长州藩荻松本村家禄 26 石的下级武士杉百合之助家。自幼年时起，通过“半农半士”的生活体验培养了他对农民生活的理解。五岁那年（1834），他被过继给了世代侍奉藩主毛利家的山鹿流兵学教官、叔叔吉田大助贤良家做临时养子。六岁那年，由于养父吉田大助病没，他便正式继承了兵学教官吉田家的家业。从幼年时代开始，一方面接受成为一个军事教官所必需的兵学方面的教育，同时作为教养，儒学经典是必读书目。“四书”中的《孟子》也是他喜欢读的书之一。从他

[1] ［日］信浓教育会编：《象山全集》第 1 卷，信浓每日新闻株式会社，1931 年，第 23—26 页。

二十六岁即安政三年（1856）写的“余自受孟子之读二十年”(《讲孟札记》)[1]的记载看，他首次接触《孟子》可以追溯到他六岁，即正式继承吉田家的那一年。

那时候的《孟子》素读（不追求对意思完全理解的读法——著者注），与其他儒学经典一道，作为一个武士必备的教养科目，是一个半强制性接受的必修课目。

其后，随着作为一个兵学家在思想上的成长以及社会实践，我们可以在松阴的著述中随处可见引用《孟子》的词句。从他对《孟子》词句的引用中我们可以窥见他对“性善论”“仁义说”“忠诚观”“井田制”等孟子思想的诸多方面都表示出了浓厚的兴趣和共鸣，并试图使其在现实中发挥作用。

然而，更切实也更紧迫地使松阴把目光转向孟子的是在“培理来航”（1853）后，尤其是其思想转变之后的安政二年（1855）前后。松阴的思想在日美和亲条约签署后的安政二年发生了很大变化。这一时期，他从克服国内危机、统合和稳定人心、建立举国一致的护国体制等观点出发，一改过去的主张，大声疾呼放弃军备、高唱民政和内治。

这一时期，松阴被主张“民本思想”的孟子思想所吸引，开始显示出强烈关注，同时明确表示对孟子的深深倾倒。他在《狱舍问答》中这样写道：“今之须务者莫如厚民生正民心，使民养生丧死无憾，亲上死于长而而不背。无务是而云砲云舰，舰砲未成而疲弊随是，民心背是。策莫失之如是。此事孟子先生已言尽。今又云何？”[2]（《狱舍问答》，载《野山杂著》，安政二年四月六日）在完成自己的思想转变的同时，明确表明对孟子的深深倾倒。

《狱舍问答》完成大约一周后，松阴正式开始讲授《孟子》。最初，他给一同关押在一起的武士囚犯和看守讲授《孟子》，结束后又和囚犯一道轮流讲读《孟子》。中途因病获假释出狱，在杉家的幽室继续给亲戚们讲授《孟子》。

[1] 《全集》第3卷，第456页。
[2] 《全集》第2卷，第270页。

松阴的《讲孟札记》[1]就是由一边和囚犯、看守轮流讲读《孟子》一边记录下来的所思所想构成的。这部书的书名最初叫《讲孟札记》，但是在脱稿时，松阴认为自己的作品不值得称作《札记》，于是改名为《讲孟余话》，后来，根据友人土屋萧海的建议，又把原书名改回《讲孟札记》，关于这一点近藤启吾曾经有过详细考证。[2] 因此，在此我们使用《讲孟札记》这一称呼。

在松阴庞大的著述中，《讲孟札记》是他短暂的一生中最着力的作品，无论从量上看还是从内容看，都可以称作他的代表作。我们从因时势的刺激而写就的这部书中看到了他对孟子的感情以及对孟子的积极评价和接受。当然书中也记载了他对孟子的批判。

"把《孟子》而讲之，非精其训诂，非喜其文字，唯其一忧一乐、一喜一怒尽寓之于《孟子》耳。故当其喜乐也，讲《孟子》而复益喜乐，当其忧怒也，讲《孟子》而复益忧怒。忧怒不可抑，忧怒不可遏，随话随录，积而成卷者即此著也。"[3]（《讲孟札记》跋）这一段话很好地道出了松阴对孟子的态度。也就是说，松阴不像普通儒学者那样只是一般性地注释孟子，而是把自

---

[1] 松阴为同时关押的囚犯讲解《孟子》是在安政二年四月十二日深夜，同年六月十二日结束，大约持续了两个月时间。松阴单独讲授《孟子》结束的第二天，即六月十三日开始和囚徒们轮流讲读《孟子》。在轮流讲读《孟子》的同时随笔记录下了这部《讲孟札记》。从他完成这部书稿后写的自跋中我们得知这部书的写作期间为安政二年六月十三日开始，由于十二月十五日假释出狱而一度中断，后在松下村塾继续讲授《孟子》，安政三年六月十三日初稿成，六月十八日最终脱稿。据说松阴讲授《孟子》使用的教科书为《四书集注》。近藤启吾根据松阴本人的笔迹尤其多，而且在各章的开始标注有第一章、第二章或者一、二、三等符号断定，松阴在讲授《孟子》时的教科书应为松阴神社（荻）所藏、印有"天保八岁丁酉曙春再刻"字样的小松板《四书集注》中《孟子》（三册）。（近藤启吾全译注《讲孟札记》（下）解说、六四五页、讲谈社学术文库、昭和五十五年）

《讲孟札记》从明治时代就已出版发行，包括本版本在内，有多种版本。作为理解松阴的"第一必要文献"（玖村敏雄著《吉田松阴》，第 179 页，岩波书店，昭和十二年）一直为研究者所重视，并有大量研究成果。

[2] 近藤启吾在自注《讲孟札记》[全译注（上下），十二讲谈社学术文库]解说中指出迄今收录在已出版的三种《吉田松阴全集》的《讲孟札记》的书名是不准确的。据他认为，松阴最初把该著起名为《讲孟札记》，在安政三年六月完成之际，经过再次通读全文，认为自己写的这部书不值得称作札记，出于谦虚，把这部书改成《讲孟余话》，在跋中也记载了原委。后来由于友人土屋萧海的建议，又把名字恢复为《讲孟札记》，后来再也没改动过。近藤列举松阴《野山狱读书记》的相关记录，认为《讲孟余话》的书名只在安政三年六月脱稿时的跋文中使用过，后来就把书名恢复为《讲孟札记》，文章中的"札记"一词也没有修改过。因此，正确的应该叫《讲孟札记》。笔者认为近藤氏的解释比较自然，故同意此说，在此使用《讲孟札记》这一书名。

[3] 《全集》第 3 卷，第 518 页，《讲孟札记》跋。

己对国家的忧虑、情绪以及喜怒哀乐寄托在孟子身上，并在当前形势下重新审视孟子，试图从中寻找摆脱眼下危机的良方。

那么，松阴读孟讲孟并撰写《讲孟札记》的动机到底何在?

在与美国等西方列强签订了一系列不平等的“和亲条约”的安政二年前后，如何防止内乱的发生，统合人心，以及如何以一种举国体制实现日本的统一和独立对松阴来说是最紧迫和最重要的课题。他认为，要想实现君民一体的国防和政治体制，民心的统合和民众的自觉协助是必不可少的先决条件。于是，松阴对孟子给予了很高的期待。他写道：

“鄙见处置之急莫如《孟子》。其要有二，在于安万民，得天下之才，来多士。其规模使六十六国成为一块石，剿抚万国夷辈，除五大洲之陋名，赐天朝之佳名。”《与兄杉梅太郎书简》安政二年四月二十四日）[1]；“人正严武备疲民力。吾正弛武备厚民生。一旦有事，大旆所向无不箪食壶浆出而迎者。”(《狱舍问答》)[2]；“得民心者的善守也”(《讲孟札记》)[3]；“得民、德心者孙子所谓‘使民与上同意’(《孙子》始计篇）之意也。民心如上之思者也。上，方恶夷狄欲想征伐，则民心亦如斯。上，欲想筑城郭、造炮舰以备寇贼，则民心亦如斯。若上之所思与民心有少许违戾，则不可云得。”(《讲孟札记》)[4]；“《讲孟札记》六卷，彻头彻尾，无一条非自守之道”(《讲孟札记》之《〈讲孟札记〉评语反评》)[5]；“防长之臣民应死于防长，皇国之臣民应死于皇国”(《讲孟札记》)[6]。

如上所见，松阴最大的期待是通过善政下的民众的自觉协助来度过国家眼下的危机，于是他便把实现这种期待寄托在《孟子》的政治论（“民政论”“安民论”）上了。这就是他讲读《孟子》的最大动机。

---

[1] 《全集》第 2 卷，第 273 页。
[2] 《全集》第 2 卷，第 273 页。
[3] 《全集》第 3 卷，第 61 页。
[4] 《全集》第 3 卷，第 180 页。
[5] 《全集》第 3 卷，第 573 页。
[6] 《全集》第 3 卷，第 468 页。

他继续写道："顷在狱，与二、三子讲《孟》作札记，颇修其学，邃其思。关键是切于事情，身心取实而已。[1]"(《与道太示〈讲孟札记〉书》,(安政二年十一月,《野山狱文稿》)

"关键是切于事情"这句话，表明松阴确信孟子思想中蕴含着能够满足他的期待，有助于解决幕末日本的现实问题的内容。这种实学式的解读和接受《孟子》的姿态始终贯穿于《讲孟札记》一书的始终。松阴读《孟子》的最大特点就在于他把《孟子》思想与幕末日本的实际状况紧密地联系在一起并使其对现实发挥作用。

综观《讲孟札记》，我们不仅可以看到对孟子的接受，同时也能看到对孟子的批判。他在序言中说："读经书之第一义，不阿圣贤者要也。若少有所阿，道则不明。"[2]松阴对孟子的批判，主要集中在孟子主张的具有双向义务的"君臣观"不适用于君臣关系无法自主选择的日本社会这一点上。对照日本社会的实际情况来解读孟子恐怕可以说是松阴讲读孟子的一大特色。

在《讲孟札记》中表现出的对孟子的关注和接受涉及诸多方面，接下来，我们将重点通过吉田松阴的"民政论"来考察和分析孟子思想对松阴的思想产生的影响。

四、孟子思想对吉田松阴"民政论"形成的影响

（一）"培理来航"以前松阴的"民政论"

松阴对孟子的深深倾倒以及对民政论的积极接受是在"培理来航"以后，尤其是安政二年前后达到了高峰。那么，"培理来航"以前如何？让我们先看一看他的"民政论"是在什么背景和情况下出现以及它与孟子的"民政论"

---

[1] 《全集》第4卷，第84页。
[2] 《全集》第3卷，第18页。

之间有什么关系。

对于松阴来说，保护国家是一个出身于兵家的人不得不肩负的使命。在“培理来航”之前，其思想以及实践活动也是站在这种角度开展的。他作为兵学家继承了山鹿素行的“三鹿流”兵学。正像有学者指出的那样，松阴的兵学思想“不仅停留在战术和军事技术的层面，而且包含了伦理和政治。他的道德观和政治论构成了其兵学的基础”[1]。因此，作为兵学思想的一环，他十分重视政治和道德。他在著述中以一个兵学家的立场讨论《孟子》的地方随处可见。

在松阴的著述中对孟子民政论表现出关注的事例最早见于弘化三年（1846）松阴 17 岁五月写的《夷贼防御之策》这篇文章。这篇文章是松阴鉴于中国在鸦片战争中的失败教训，为警惕西方列强侵犯日本而写的一篇对策建议：

> 方今，远西猖獗也，我有何之所恃，而后恃此耶？曰，有四：人才能辨，器械能利也。操练有法，战守有术。凡此四者，国家之急务而不可缺一者也。(《未忍焚稿》)[2]

对于藩来说，作为燃眉之急的事情，他列举了“人才、器械、操练、战守”等四项急务并主张要想解决好这些问题就要做到“上有好贤之实，则不忧无人”[3]，对君主的用人方法提出意见，并在君主的仁义之心中寻求“人才能辨”的根本。他还引用《孟子》中的一段话来说明：“若推其本，则惟君心之仁义耳。孟子曰：‘君仁无不仁，君义无不义’(《离娄上》)，余深信之。”[4]贤才（德才兼备的人才）的录用是孟子仁政论的重要组成部分。松阴站在兵学

[1] ［日］前田勉：《吉田松阴的兵学与对朱子学的扬弃》，载前田勉著《近世日本的儒学与兵学》，鹈鹕社，1996 年，第 450 页。

[2] 《全集》第 1 卷，第 138 页。

[3] 《全集》第 1 卷，第 139 页。

[4] 《全集》第 1 卷，第 146 页。

家的立场上，对孟子的“仁义说”表现出强烈的共鸣，为了解决聘用人才的现实问题，他期待并要求君主具备“仁义之心”。这种想法直到后来撰写《讲孟札记》时也没有改变，成为松阴“民政观”的重要组成部分。

松阴站在兵学者的立场将重视人民的观点引入自己的视野是在嘉永元年（1848）前后。受鸦片战争清朝失败的刺激，当时日本的海防论者围绕着是否引进西方先进的武器装备和建造大炮军舰而展开了激烈争论。松阴在嘉永元年时，虽然对西方的现代军事技术的先进性有一些了解，但与佐久间象山等同时代的兵学家先驱们相比，其认识相对落后。他的思想核心与其说是在引进西方现代武器和技术方面，莫如说更倾向于探索为防备侵略的国防体制和反侵略的担当者方面。这一时期，他开始把人民纳入自己的视野，并认识到人民对于国防具有的重要意义。

“夫人民乃国之精气根本也。精气耗而四体衰，根本摇而枝叶凋。人民逃，则虽战胜，虽坚守，又暂耳。何以能永久乎？”（《护民策一道》嘉永元年五月）[1]

由此可见，松阴对民众在国防上的意义给予了高度评价，认为他们才是事关国家生死存亡和国防的基本力量。这种重视民众的观点是他从鸦片战争与英军浴血奋斗的三元里人民的义勇行为中获得的启发而形成的。关于这一点，嘉永元年，他得到了记录中国广东三元里人民誓死与英军决一死战的檄文《粤东义勇檄文》。松阴读了这篇檄文，写下了《书〈粤东义勇檄文〉后》，他这样写道：

> 清岂无人哉？张浚、岳飞（均为南宋时的忠臣，抗金的民族英雄——引用者注），如后之称为忠臣者，其言如斯，其志如斯耳。清之义勇，余虽未详其为人，固知足以与为。若使道光爷亲延此辈切问其策，阻和戎之议，锐意战守，则将帅之惰可振，前日之辱可雪也。然而出金

[1] 《全集》第2卷，第43页。

请和，腆然无耻者何也？奸佞之言诬耳而义勇之论不闻也。呜呼，以万乘之尊自居，曾不如粤东之黎庶。莫不可叹之甚也。[1]

松阴对于在鸦片战争中大胜英军，取得了鸦片战争中唯一一次胜利的中国人民的义勇行为拍手称快，给予了高度评价。同时对以道光皇帝为首的统治者的投降行径大加鞭挞。在认识到"肉食者卑"的同时，松阴更进一步认识到了在反侵略斗争中最值得信赖的力量就是"黎庶"身份的人民。然而，此时松阴虽然认识到人民在反侵略中的重要性，但思想上也没有完全放弃对统治阶层内部力量的期待。他写道："吾邦中自存有可恃者。封建制侯伯也，世禄之将士也。"（《琼杵田津话书后》嘉永元年）[2] 由此可见，松阴在嘉永元年（1848）就已经清楚地认识到在反侵略问题上仅仅依靠统治阶级内部的力量是远远不够的，必须要重视人民发挥的作用。

这种重视反侵略战争中人民的力量和作用的观点是松阴"民本思想"的早期体现。值得注意的是这种"民本思想"的观点与后来的接受孟子思想以及提出"草莽崛起"论是一脉相承的。

松阴通过游学九州［嘉永三年（1850）8月25日—12月29日）］，获得了大量关于鸦片战争的情报，同时也接触到了介绍外国社会情况的书籍。此时，他进一步认识到西方强大军事力量的背后是良好的社会制度、民政措施、富有的人民以及人民的凝聚力，为此，他更加清醒地认识到构建举国一致的反侵略体制，其根本就在于人民的凝聚力。他再次提出重视民政的主张就是始于这一时期。这一时期，他的"民政论"的内容主要集中在稳定人民的生活、发展生产方面。值得注意的是，作为民政的根本措施，他对孟子十分重视的"井田之法"表现出了极大兴趣。松阴尤其重视鸦片战争中出现的"汉奸"问题，认为"汉奸内部之勾引"是导致中国在鸦片战争中失败的重要原因之一。他在嘉永三年写的《随笔》中这样写道：

[1] 《全集》第2卷，第50—51页。
[2] 《全集》第2卷，第49页。

“余，观满清鸦片之乱，大患在于汉奸内部之勾引。盖，由邻里乡党之制废、伴助扶持之教荒耳。吾邦宗门之制令，伍组（五人组之法——引用者注）精明而尤不仅足以防邪教之染，万一出现变故也应无汉奸勾引之虑”。(《未焚稿》)[1]

可见，受“邪教”（指基督教——引用者注）蛊惑而转化为“汉奸”的情况更加激发了松阴的危机意识。他认识到“汉奸”问题是当时晚清中国社会经济矛盾的一种反映，这些生活在社会底层的民众随时都有可能转化为“汉奸”。他清醒地意识到，民众的动摇和分裂是关系到国家存亡的重大问题。为了解决这一问题，他一方面关注传统的“五人组”——江户时代庶民的邻里互助组织和成员之间相互帮助的系统[2]的同时，对孟子的仁政思想的主要着眼点“井田之法”也给予了极大关注。

“井田之法”也就是田宅之制，是孟子“民政论”的重点。原本据说这是一个在周朝时实行过的土地制度和共同耕作的方法。形式是耕地公有，将九百亩的正方形等分成“井”字形，中央部分的公田通过共同耕作将收获充税，周边的八个区为八家的私田。通过平等土地权来实现人民生存权的平等，其目的就在于确保耕地、宅地和防止出现贫富差距。

然而，松阴着眼于“井田之法”的目的并不在于孟子说的“井井区划”这种形式，在于“井田之法”所指向的目的，即人民之间的和睦相处以及相互扶助。他在《随笔》中这样写道：

儒者论井田，或曰“可行于后世”；或曰“不可行于后世”；或曰

[1] 《全集》第1卷，第107页。

[2] 五人组，也写作“五人与”或“五人组合”。是江户时代庶民的邻里互助组织。在古代最早见于“五保之制”。战国时代，在下级武士的军事编制及丰臣秀吉的京都治安维持组织中也可见到“五人组”。但作为民间组织被系统化是在江户时代。江户幕府成立后不久，为了禁止基督教和取缔浪人，出于维持治安的目的，这一做法被强制性地实施和制度化。从组织上，村庄是以正式农民，镇则以地主和户主的五户一组为原则，其长称为“五人组头”。组的功能是通过相互监督来防止和揭发异教徒以及犯人，同时也用于担负连带责任和确保贡纳。后来，重点转到传达领主的决策和成员之间的互助方面。(《日本史事典》，角川书店，第373页)

“可行于吾邦”；或曰“不可行”。夫若指井井区划，每家治百亩同养公田为井田，岂可行于吾邦乎？抑抑末也。乃如九一之征亦非可行。何为？国用有常，俸禄有制也。然是何伤王政乎？王者爱民之心固无极。而二十取一，孟子以为貉（《孟子》《告子下》，北方夷狄之国——引用者）之道。唯征税画一而不使暴君污吏时将聚敛附加于正税之外，则今之征犹如古之征。夫如出入相伴，守望相助，疾病相扶持，以致斯民之亲睦，则王政之要也。然俗儒或视为支流亦未可知。余观鸦片之乱，知宗门之制固不可苟，井田之法亦有可行者。以表出之。[1]

在这里松阴认为“井田之法”的“井井区划”的形式和“九一”的税制不符合日本现在的国情，不主张引进，但是对于“井田之法”所指向的人民之间的和睦、相互协助、相互扶助等“安民”的政治目标却十分重视，作为一项可以防止出现贫困无助阶层的策略而给予积极的肯定。

这一时期（嘉永三年），正像松阴所说的“国用有常，俸禄有制”那样，处于无法取消国用（国家费用）和俸禄，所以他也不否认当时推行“四公六民”的税制。但是，从防止“暴君污吏”暴敛的观点出发，他还是赞成征税的划一。因此，更进一步的减税还没能作为一个切实可行的方法进入他的视野之中。

（二）“培理来航”以后松阴的“民政论”

然而，“培理来航”以及随之出现的国内局势的急剧变化促使松阴对《孟子》的“民政论”表现出更加强烈的关注。

随着西方列强向日本的逼近以及鸦片战争中国的失败所带来的冲击，军事方面（炮术、军舰、军队编制和组织的改编等）的现代化成为日本海防所面临的紧要课题。然而，幕府在海防费用的筹集方面依然沿袭传统的年贡增

[1] 《全集》第1卷，第107—108页。

征和御用金政策[1]等财政手段。这给地方财政增加了很大负担。捉襟见肘的财政状况与燃眉之急的海防之间的矛盾在"培理来航"以前就变得十分尖锐，[2]"培理来航"之后其矛盾更加凸显。此时，各地纷纷出现的"农民一揆"（即"农民起义"）从某种意义上说也可以视作这种矛盾的具体体现。由于与"培理来航"几乎同时发生的盛冈南部大一揆使松阴强烈地意识到了人心正越来越走向分裂。在这样的形势中，如何挽回和统合民心进而创建出能对抗西方列强的、举国一致的体制成为松阴当前的紧要课题。为此，"培理来航"之后，松阴对《孟子》"民政论"的关注比以往更加强烈：

> 外患内乱常相因者自古不寡其例。……然今日外患之事诚迫，人人无不云海防海防。然未闻有言民政民政者。若夫外患内乱必相因，则海防民政固可兼举也。……此度南部之民变，若寻其由来，由废立之不顺而起事，虽事体艰难，然重税暴敛失民心事，此亦其一大端也。察镰仓边之民情，若农民苦于军役怨上者众多，天下一旦成战争之秋，民之动摇如何可制乎？如是之事岂独镰仓耳。满天下可为一般也。……余认为，无论如何，厚仁深泽、得人心为方今至急之务。……孟子答梁惠、齐宣之说甚切时务，望使当路之大臣深察领会。（《与兄杉梅太郎书》嘉永六年九月十四日）[3]

从这段资料可以看出此时的松阴认为孟子的"民政论""甚切事务"，并认识到孟子"民政论"是一种有助于解决"得人心"这一眼前紧要课题的有效方法。此时，为了克服"培理来航"导致的国家危机，松阴明确提出了"民政与海防"的对策。"培理来航"与"农民一揆"等促使他认识到军备与民政之间的矛盾，为此他提出"民政""海防"要不偏不倚，即"民政、海防"

[1] 为了弥补财政亏损，命令御用商人的一种暂时的、不定期的赋课金。

[2] ［日］藤田觉：《海防与东亚——对外危机与幕藩国家》载讲座日本近世史 7 · 青木美智男等编《开国》，有斐阁，1985 年。

[3] 《全集》第 8 卷，第 214—215 页。

兼举的主张，并没有完全向“民政论”倾倒。

然而，日本与西方列强各国签署“和亲条约”后的安政二年初，他更加清醒地认识到了军备与民政之间的深刻矛盾。加之，中国发生的太平天国运动更加深了他对日本国家存亡的危机感，使他的思想发生了急剧的变化。鉴于因军备而导致的人民对生活的不安以及人心离散这样担忧，他在提出终止军备的同时开始高调主张“内治”“民政”。其思想由“民政海防”倒向“民政”之后，松阴开始对孟子表现出特别关注，正式开始讲读孟子并以一种全新的眼光评价孟子，试图借此找到解决国内现实问题的良方。

松阴在安政元年欲搭乘培理舰队赴国外考察计划败露，被遣送回到老家长州荻藩，囚禁在野山狱，失去了人身自由。松阴以回答野山狱中囚犯提出的时势问题而写的《狱舍问答》也显示出他对《孟子》的强烈关注。总而言之，他是站在孟子“民政论”的立场上，把矛头对准了无视民众疾苦及导致人心离散的“海防论”。

松阴之所以强烈关注民政问题，首先是因为他对日本社会现实的认识和判断。他认为，导致“农民一揆”的根本原因不是处于被统治地位的广大人民与生俱来的反叛性格，而是“连年苛虐所致”（《与兄杉梅太郎书》嘉永六年七月二十八日）[1] 以及“由民穷而起事也”（《与兄杉梅太郎书》嘉永六年八月晦日）[2]，他认为这些都是为政者的恶政尤其是重税所招致的。这一认识与他对中国在鸦片战争中的失败以及太平天国的“一大变乱”的认识重叠在一起，更强化了他的危机感。松阴认为，鸦片战争中清军薄弱的军事力量固然是导致失败的原因之一，但是更重要也是更根本的原因是清朝政治的腐败。

“曾见西洋人记清国有可云事。“支那”国内虽人民繁衍极盛，而贫困之徒最伙。……然汉土虽具存圣人之典籍，而王政已扫地。遂以至招西洋夷辈之非议。亦可悲耳。”（《讲孟札记》）[3]

---

[1] 《全集》第 8 卷，第 191 页。
[2] 《全集》第 8 卷，第 201 页。
[3] 《全集》第 3 卷，第 54—55 页。

这里可以看到，松阴认为清朝在鸦片战争中失败的主要原因是没有推行“仁政”造成的。关于太平天国的爆发，他认为是“以洪秀全等为首诸流贼之起，由于暴敛苛税，民，手足无所措”(《清国咸丰乱记》注[1])所致，尖锐地指出太平天国发生的根本原因，同时严厉追究对当权者的为政责任。恶政不仅带来农民贫穷，招致农民对政治的不信任，同时还是事关一个国家存亡的根本问题。为了解决人心离散的问题，松阴以一种崭新的视角把目光转向了孟子的“民政论”。在《讲孟札记》中有这样一段话：

> 魏之为国也，西为秦压，南为楚逼，东为齐窥。其自立之难不待言。为魏策者，宜应言修兵戎，储粮饷，练卒伍，撰将领等。然孟子则不然，唯言仁政耳。言使制梃以挞秦楚之坚甲利兵耳。宜乎？当时以孟子之说为阔于事情。然是大有切于事情者，唯未深察耳。(《讲孟札记》)[2]

这句话是对《孟子》中的“施仁政于民……可使制梃以挞秦、楚之坚甲利兵矣。……王请勿疑”(《孟子·梁惠王上》)这句话所做笔记。当时孟子向梁惠王一个劲地鼓吹“仁政”“王道”，而时君却将这种想法视为“迂远”。而松阴反而对此给予高度评价，认为孟子的“仁政论”哪里是什么“迂远”，分明是“大大切于事情”。在这段结尾处，松阴写道：

> 请勿疑之义，非功利者流所知。故余非惜梁王不能用此策，切惜今人之不用。并望后人之用也。(《讲孟札记》)[3]

认为只有在当前，才正应该实施孟子的仁政论。此外，关于孟子向齐国的国君建议实施“井田法”和“仁政”那一段，松阴这样写道：

> 孟子满腹尽是王政，尽是与天下同忧乐。故触事必发露如斯。抑今

[1] 《全集》第2卷，第252页。
[2] 《全集》第3卷，第29—30页。
[3] 《全集》第3卷，第32页。

人虽闻孟子之大论，而毫毛无所彻于心者何事乎？……鳏寡孤独之事，余所绻绻也。(《讲孟札记》)[1]

对“民政论”的重要性再次给予充分强调并对人们的无动于衷表示忧虑。

（三）松阴“民政论”的措施

在《讲孟札记》中，松阴在孟子提倡的“民政论”的各项措施中，尤其重视减税措施。与此同时，他也就发展生产、富国富民、保护弱者、发展教育等问题发表了自己的看法。

作为“民政论”的主要内容，孟子不断向时君建议用以曾在唐虞三代实行过的“九一”或“十一”税制为标准减税。“薄税敛”(《梁惠王上》)“关市讥而不征”“耕者九一，仕者世禄”(《梁惠王下》)等就是其代表言论。

“减税”也是松阴“民政论”的重点。先于其他人察觉到“民政”与“海防”矛盾的松阴在呼吁“减税”方面最为着力。

“余常谓，孟子的定策在于田宅之制，然在当今，田宅之制断断不可改。若问要务，则在于薄税轻敛。”(《讲孟札记》)[2]

在松阴看来比起“井田之法”，税制改革，即减税更为重要。

“余生得之迂人，民产之事一向不辨，然唯嗜经史通达古今，民之憔悴，莫不甚于今之时。资用之伙多，莫不甚于今之时，而资用所支出莫不出自民之膏血。井田之法九一税也，盖比今轻。……若不得已也需使民等缴纳时，则应尽可能不至使民受伤害缴纳、储备。”(《储糗话》安政二年 11 月)[3]

嘉永三年，这时减税问题还没有作为一个切实紧迫的问题进入松阴视线。而到了安政二年，松阴的思想出现了很大变化，开始大力主张减税的重要性。一方面松阴认为孟子主张的田宅之制即“井田之法”无法适用现在的日本，

[1] 《全集》第 3 卷，第 54 页。
[2] 《全集》第 3 卷，第 474 页。
[3] 《全集》第 3 卷，第 3—7 页。

另一方面对与此关系密切的税制给予高度评价，试图使其在幕末日本得以实现。如“重税暴敛失民心事，此亦一大端也”（《与杉梅太郎书》嘉永六年九月十四日）这句话所述，松阴自“培理来航”时起已经清楚地认识到了各地频繁爆发的农民起义就是由于税重而导致的。那么，导致税重的原因何在？他写道：

> 民政之事余所甚暗也。然封建之世农民必苦。汉土三代虽称仁政犹征十之一，至汉始征二十之一。我王朝之制比二十之一轻。降至武门渐成封建之势。方今冗兵众多古今所未有，僧之多商之多又过于古，则农民之苦不言可知。且钜商豪农亦国之富也。故圣人之政损上而利下。(《狱舍问答》《野山杂著》) [1]

他举出造成税重的原因首先是冗兵，然后是僧侣和商人的存在。不过，这一时期，他一方面承认“钜商豪农”对国家的有益性，但基本上也没有跳出“贵谷贱金”以及“重农轻商”框框。

更值得注意的是，他认识到封建制是加重税收的元凶。

“至于方今邦国之税虽云四公六民，然比十一更重。是其故何耶？盖封建之制，官员有司众多而谷禄亦重且世袭。会同朝觐、仪卫盛礼文繁。是唐虞三代所以税重也。特如当今无用之武士，无用之僧侣，无用之工商甚伙，之上，奢侈淫逸之风甚，加之，江户参勤年年兴大役。是税之所以更重也。”（《讲孟札记》）[2]

基于这一认识，从护民的角度，松阴在批判暴敛和不断呼吁减税的同时，对封建制也大加鞭挞，对实行过比唐虞三代的十分之一的税制还轻的“征三十之一”的日本古代王朝的“仁政”充满了向往。

怎样才能减税？松阴指出：

---

[1] 《全集》第2卷，第281页。
[2] 《全集》第3卷，第355页。

吾试论孟子之策之本末。施仁政于民，省刑罚，薄税敛，是其第一下手之处，由夫撤封疆诸城，兵尽归于农，（松阴注：天下之费，比兵甚者无。不省兵何以薄税敛乎？）政之便于民者不论难易必举行，士之堪于治民者，无论远近必擢用，努力使与民休息，使民信戴我而不休。(《讲孟札记》) [1]

作为减税措施，他列举了缩减军备和冗兵。在呼吁减税的同时，松阴还说“民政之要务在于节俭与储蓄”(《讲孟札记》) [2]，主张节约和储蓄。

除了减税，为了改善农民的贫苦状况，他还对孟子的“制民之产”产生共鸣，主张富民论和发展生产。

为了谋求经济上的稳定，孟子提出了“制民之恒产”的主张：

不违农时，谷不可胜食也。数罟不入洿池，鱼鳖不可胜食也。斧斤以时入山林、材木不可胜用也……鸡豚狗彘之畜、不失其时……七十者可以衣帛食肉、黎民不饥不寒。(《梁惠王上》)

对此，松阴在《讲孟札记》中写道：

至于衣帛、食肉、不饥不寒等事，亦自可有几多切实当今措施。其说甚长，今不敢赘。(《讲孟札记》)[3]

同时，他还提出了独特的“富民论”主张。

“凡富民者政之本也，赈恤民者政之末也。以本制末善政也，以末伤本弊政也。”(《储糗话》安政二年十一月）[4]

在他看来，“赈恤”只是一时的弥缝之策，无法调动人民的积极性，是

[1] 《全集》第 3 卷，第 30 页。
[2] 《全集》第 3 卷，第 482 页。
[3] 《全集》第 3 卷，第 27 页。
[4] 《全集》第 2 卷，第 316 页。

一种导致生产力低下的政治，只有使人民富裕起来才是政治的根本。松阴的“富民论”也是其“民政论”的主要组成部分。嘉永三年，松阴在九州平户游学期间，就曾从叶山佐内处借得《经世文编抄（乙集）》（贺长龄原辑，津藩斋藤谦撰，嘉永元年出版）。书中收有明末清初实学思想家顾炎武（1613—1682）写的《杂论史事》。当时他就其中的“无富民，何以成邑，宜予之休息、曲加保护、毋使奸人蚕食”（《西游日记》嘉永三年九月二十六日）[1]，从中我们可以看到松阴对富民重要性的认识。松阴的“富民论”是以确保人民的恒产和发展生产、进行国内贸易为主要内容。他说：

王者之政如孟子每每所说，以五亩之宅、百亩之田等制民之产，唯预先做到无碍仰事俯畜耳，而赈恤等则属第二义。赈恤虽一时大骧虞于民间，然毕竟为治末之论，非常之金谷入手，民心不由得缓，一时用尽，过后却难涩也。……如制民产，虽目前民间甚不悦，然至永久而自无穷民无告者，得乐太平也。(《讲孟札记》) [2]

把确保人民之恒产放在首位的松阴的“富民论”是与他的“富国论”联系在一起的。《狱舍问答》中的一节明确地表达了这个意思：

余之所策为省武备之冗费，下膏泽于民也。四穷无告者王政之所先，如西洋夷亦设贫院、病院、幼院、聋哑院等，匹夫匹妇亦无不得其所者。况我神国之御宝而如犬马土芥为可乎？亦有邻国之流民来此国者，宜晓谕为人所以不可离本土，与路费还。若有深慕我化不欲去者，可为开一村落与田产置是，尤赐三年或五年之复除（免租税——引用者）。若苦于田地少人民众时，或为涂师、番匠（木工——引用者）、锻冶等诸工作，使其制硝石、漆、蜡、纸、诸药物，供国用，有多余者，向他国卖出宜不禁，专务利下而不务利上。如是则民富且庶而国从而旺盛。重是，仰而

[1] 《全集》第10卷，第45页。
[2] 《全集》第3卷，第390页。

事父母俯而育妻子之道，若以亲上死于长之义，如与夜叉以铁棒，锦上以添花。是民政之要，修本之论也。……欲相共谋天下振国威，乃欲强此国力，养国本也。(《狱舍问答》《野山杂著》安政二年（1855）四月六日）[1]

这里可见松阴主张的发展生产是以富国为目的的。

关于民政与富国强兵之间的关系问题，安政五年（1858），松阴认为周朝王业的兴起是重视民事的缘故。他这样写道：

周家后稷（周之祖号，爱民，常教民稼穑——引用者）、公刘（周的第三代王，修祖业，受到百姓怀念——引用者）常勤民事，于诗经之生民、公刘等篇可知。亶父亦修二君之余业。故其効如此。然则今日所可重者，岂非民事乎？富国强兵之基、莫若是大。(《读纲鉴录》安政五年九月）[2]

松阴重视民事的目的就是为富国强兵打下基础。从这个资料中，我们可以看到，在幕末“内忧外患”的危机状况中，松阴并没有反对曾经因阻碍“王道政治”而被孟子否定的“富国强兵”。他所反对的，是无视人民利益，以海防为借口对人民的暴敛。

除了上面谈到的内容以外，作为“民政论”的一部分，松阴还写道：“四穷无告者王政之所先”(《狱舍问答》)[3]，“鳏寡孤独之事，余之所绻绻也”(《讲孟札记》)[4]，主张救助弱者和穷人，确保他们的生活稳定。同时，他还十分重视教育，这样写道：“余常于制民之产，以鳏寡孤独为先，兴救贫恤病育幼之政，谨痒序学校之教等事，最为绻绻。”(《讲孟札记》)[5]不仅如此，他认为：

[1] 《全集》第2卷，第275—279页。
[2] 《全集》第6卷，第15页。
[3] 《全集》第2卷，第275—279页。
[4] 《全集》第3卷，第54页
[5] 《全集》第3卷，第40页。

"所谓教民乃教民礼仪，使知亲上死于长之义，又，使习战斗军旅之法也。是已庶而又富上之教也。"(《讲孟札记》)[1] 即他认为教育应该在人民得到物质上的稳定之后必须做的事。松阴这里所说的"教"中，不仅包含孟子说的"道德教育"和"学校教育"，还包含保卫国家所必需的军事知识。

五、松阳"民政论"的特色

通过上述考察和分析，我们不难看出松阴主张的"民政论"基本上和孟子的"民政论"是一致的。不仅在内容上一致，孟子主张的"民政论"所指向的政治目的——"安民论"也在幕末这一非常时期被松阴所接受。松阴的"民政论"经常与人民在物质和精神上的稳定、民心的凝聚和人才的选拔等相结合，松阴的"民政论"所指向的"安民"这一政治目的，在幕末的特殊状态下理所当然与国家的完整和统一这一至高无上的政治课题关联在一起。可以说他所志向的"民政"（政治内容）→"安民"→"保全国家"（政治目的）的思考路径与孟子的"王道"政治路线颇为接近。换言之，不是通过增强军备，而是通过"仁政"（道德政治）来把人民组织和凝聚起来，以此来谋求国家的统一和独立，这种来自于孟子的王道思想再次获得了松阴的评价，并作为当前的急务运用到了他的改革实践之中。

家永三郎曾在《日本道德思想史》中，就江户时代武士的仁政爱民思想做过如下论述：

> 所谓武士的仁政爱民思想，归根结底也只不过是通过武士力量统治的框架内部的现象。所谓爱民的理由都是"民之力强，则自然不会为主人谋利"(《劝农固本录》) 反过来说，"百姓渐困穷，户口岁岁减，毕竟为国本蹙财用不足之源也"(《藤田幽谷书简》)。保护农民，并不是爱护

[1] 《全集》第 3 卷，第 348 页。

农民本身，无非是保护自己的财源。就像妻子只不过是维持家计的手段一样，农民的主要任务只不过就是向武士提供贡租，成为维持武士生活的手段。“在命令下面收租时要统一认识做到让百姓不死不活”（《落穗集》）、“百姓犹如湿手巾一样，越拧越出水”（《百姓盛衰记》）等想法中武士们的民众观昭然若揭。在这些赤裸裸地揭露武士的民众本质面前，儒学的爱民仁政的思想无法与这些思想正面交锋。[1]

与此相比较，我们可以说松阴的“仁政观”与上述武士们的“仁政爱民”的思想有着巨大差别。

还有一点值得注意，那就是前田勉所指出的，松阴在主张“仁政”时，并没有像过去儒学家那样站在抽象道义立场上否定“功利”并以此为基础主张“仁政”这一点。他认为实行“仁政”本身就是最具有现实效果的“时务”，反过来说，他认为仁政对于获取民心这个政治目的而言是最大的“功利”。[2]

“古今论兵者皆以利为本不顾仁义。至今时其弊极矣。其实，莫有比仁义更利者，又，莫有比以利为不仁不义而更不利者。依近日鲁（俄国——引用者）、墨（美国——引用者）之事而可知。”[3]《讲孟札记》中的这段话直截了当地说明了这一悖论。

此外，还有就是孟子的“民政论”还为松阴批判海防论、批判现行幕藩体制及其措施（封建制、武士阶层、三勤交代等）以及追究为政者的失误（由于重税而导致的人民的叛离）提供了理论根据。对于江户时代最高权力组织的德川幕府，松阴从“培里来航”时起，就对其不履行攘夷的政治责任进行过抨击，认为“幕府失天下之心久矣”（《与兄杉梅太郎书》嘉永六年七月二十八日[4]），并通过搬出天皇而把幕府的存在相对化。在《讲孟札记》中，

[1] ［日］家永三郎著：《日本道德思想史》，岩波书店，1991 年，第 140—141 页。

[2] 关于这一点，详细请参照前田勉《吉田松阴对兵学与朱子学的扬弃》，载前田勉著《近世日本的儒学与兵学》，鹈鹕社，1996 年，第 454—455 页。

[3] 《全集》第 3 卷，第 332—333 页。

[4] 《全集》第 8 卷，第 189 页。

松阴从原则上明确提出了如果幕府不履行保卫国家独立的职责的话，可以废掉它的“倒幕革命思想”。这基本上都是以孟子上述重视人民，即“民本思想”为依据的。他写道：“若征夷大将军之类，天朝之所命，唯称其职者得居于是，故若使征夷如足利氏之旷职，直废是亦可也。是与汉土君师之义甚相类。”(《讲孟札记》) [1]

在对将军相对化的同时，他对天皇的尊崇和期待急速升温。于是便形成了他的所谓“尊王倒幕”思想。松阴的“尊王倒幕”思想，形式上并不是照搬孟子的“汤武放伐”思想，但是实质上却受到孟子“易姓革命”思想的深刻影响。

六、结语

以上我们重点考察了孟子思想对吉田松阴的“民政论”的形成产生的影响。

通过考察和分析我们可以看到，松阴积极地讲读和诠释孟子，渴望从中找到救国的良方。松阴为了克服国家面临的危机，大声呼吁关注民生，实行“仁政”。他这样做的目的是想通过施行“仁政”来集结民心，从而解决维护国家统一和完整的政治课题。

然而我们也发现，孟子思想对吉田松阴的影响不仅局限在“民本思想”“王道思想”“易姓革命”等政治思想方面，其“性善论”也对松阴主张人人平等的“人性观”产生了深刻影响。

此外，除了思想因素外，孟子提出的“浩然之气”之说，对志在通过“尊王攘夷”实现国家独立的幕末志士们的独立自尊精神的形成也产生了深远影响，由于篇幅所限，关于上述内容的考察留做日后的课题。

（郭连友：北京外国语大学教授）

[1] 《全集》第 3 卷，第 59 页。

横井小楠对孟子思想的继承与发展

周　江

前言

横井小楠（1809—1869）是幕末重要思想家，与佐久间象山并称为日本“开国论”者的“东西双璧”。他站在实学思想的立场上，主张“讲三代之治道，取西洋之技术”的“制度开国论”，可谓超越了象山“东洋道德，西洋艺术”的“技术开国论”。小楠从小接受儒学教育，其思想的形成深受儒学的影响，比如他在其著作《国是三论》等作品中提出为政者当“施仁政”“以至诚恻怛之心治黎庶”“专属民意，为民谋利”等主张，与孟子思想中的“性善论”“民本思想”“仁政思想”等观点渊源颇深。学者北野雄士曾论道：“横井小楠可以称得上是幕末的孟子。孟子于公元前 4 世纪末遍历诸国，向诸侯广言王道政治（仁政）。小楠也是基于王道思想对肥后藩政及之后的越前藩政、幕阁等建言献策。”[1] 著名学者源了圆也曾说：“小楠的政治思想是学习《大学》，以‘新民’的重新解读作为其核心内容，他的社会思想是主要学习《孟子》，从‘恻隐之情’和‘仁’的角度进行展开。”[2] 由此可知，小楠的思想与孟子乃至儒学有着割舍不断的联系。故本文欲在前人研究的基础之上，进一

[1] ［日］北野雄士：「横井小楠 30 代における『三代』理念の形成」，『大阪産業大学論集　人文・社会科学編』16，2012 年，第 35—57 頁。

[2] ［日］源了圓：「横井小楠の『公』をめぐる思想とその『開国』観」，『国際基督教大学学報 アジア文化研究』27，2001 年，第 1（272）—42（231）頁。

步探究横井小楠对孟子思想的继承与发展，以期为横井小楠研究添砖加瓦，也可在一定程度上推进“中华文化走出去”的宏伟事业。

在日本，对横井小楠的研究多集中在儒家思想研究、实学思想研究、公共思想研究、政治·经济·教育思想研究等领域。其中，在儒家思想研究中，以松浦玲[1]、本山幸彦[2]、北野雄士[3]为代表的研究者均从儒家思想视角对小楠如何突破传统儒学的框架转向实学进行了解读和探究，小楠以朱子学为思想基点，后受古学、阳明学和后期水户学的影响而产生了思想的转变和深化，为他后来成为“开国论”者奠定了一定的思想基础。需要我们关注的是，关于横井小楠与孟子思想在日本方面的先行研究是不多的，学者北野雄士的论文《「人に忍びざるの政」を目指して—横井小楠の政策論と『孟子』引用》可以看作该研究领域的典型代表，文中就《孟子》中的仁政思想（或称王道思想）与横井小楠的政策论的关系进行了考察，小楠频繁引用《孟子》语录，为他“施行仁政”之政治主张的提出提供了思想源泉和有力佐证。

在中国，目前为止并没有专门研究横井小楠的著书，有关书籍皆是有内容涉及而已，如盛邦和[4]、马国川[5]等研究者，都是有专门章节介绍或者评论小楠的思想。另外目前也尚无关于小楠的博士学位论文，有寥寥几篇硕士学位论文[6]

[1] ［日］松浦玲：『横井小楠：儒学的正義とは何か』，朝日新聞社，2000 年。

[2] ［日］本山幸彦：『横井小楠の学問と思想』，大阪公立大学共同出版会，2014 年。

[3] 北野雄士关于横井小楠儒家思想研究的主要论文如下：「『人に忍びざるの政』を目指して—横井小楠の政策論と『孟子』引用」，『大阪産業大学人間環境論集』9，2010 年，第 23—40 頁；「横井小楠 30 代における『三代』理念の形成」，『大阪産業大学論集　人文・社会科学編』16，2012 年，第 35—57 頁；「横井小楠における『三代』理念の展開」，『大阪産業大学人間環境論集』12，2013 年，第 1—23 頁；「横井小楠と『近思録』：『三代』理念の受容を巡って」，『大阪産業大学論集　人文・社会科学編』19，2013 年，第 83—104 頁；「横井小楠と『書経』：なぜ『二典三謨』の篇を重んじたのか」，『大阪産業大学論集　人文・社会科学編』23，2015 年，第 25—43 頁。

[4] 盛邦和：《东亚：走向近代的精神历程 近三百年中日史学与儒学传统》，浙江人民出版社，1995 年，第 217—233 页。

[5] 马国川：《国家的启蒙：日本帝国崛起之源》，中信出版社，2018 年，第 238—242 页。

[6] 相韩婀瑛：《横井小楠的新“国家像”——“传统”与“近代”的交缠》，广东外语外贸大学，2018 年；王洪浩：《横井小楠的实学思想》，吉林大学，2014 年。

探究小楠的国际政治思想、实学思想等。需要注意的是陈毅立[1]是现在国内研究横井小楠的代表人物，其著书和论文的主要内容是横井小楠与黄宗羲、朴趾源的比较研究、小楠与儒学的关联研究，另有李少军致力于魏源、冯桂芬与小楠的比较研究。纵观中国方面的先行研究，与日本方面的研究角度多元化且成果丰硕相比，国内研究者的视角多是聚焦在小楠的儒家思想、实学思想、政治思想和经济思想等方面，且平行比较研究较之日本更多。

结合以上中日两国的先行研究可知，两国的研究者多是对横井小楠的单方面或多方面思想进行横向单一研究，或是在某一方面思想上与他人的平行比较研究，或是某人某思想对横井小楠的影响和反影响研究。但是鲜少有人涉足横井小楠与孟子思想的关联研究，眼下只有国内的陈毅立探讨过中庸思想对横井小楠的影响，日本的北野雄士考察过横井小楠对《孟子》的引用，可只是探究了《孟子》之仁政思想对小楠思想的影响，对孟子思想的整体把握和对小楠思想的形成和发展产生的影响并未深入和具体地探讨。故本文着眼于此，以横井小楠的思想转变前后的代表作《时务策》（1842）、《国是三论》（1860）、《沼山对话》（1864）、《沼山闲话》（1865）为主要探讨对象，并结合分析其他诗词、论策等，全面考察横井小楠对孟子思想的继承和发展。

一、横井小楠的儒学素养根底

众所周知，随着汉字由中国传入日本，儒学也成为汉学素养的一部分。朱子学是在中世时期经清原宣贤（1475—1550）等博士世家传入日本，江户时代一直以来以朱子学作为官学。虽然阳明学、古学、国学、兰学（洋学）也相继“开花结果”，与朱子学或对抗或交融，但直到幕末时期朱子学仍未改

[1] 陈毅立相关研究成果如下：《近世东亚儒教的光芒——黄宗羲、朴趾源、横井小楠比较研究》，上海交通大学出版社，2015 年；《论朱子学与横井小楠之思想关联》，《日语学习与研究》，2017 年第 2 期，第 112—119 页；《横井小楠中庸思想之研究》，《日本问题研究》，2015 年第 6 期，第 28—36 页。

变其作为官学的正统地位，因此幕末时期的知识分子们仍要以朱子学作为各自学问的根底。出身于文化六年（1809）下级武士家庭的横井小楠自然也要受到以朱子学为主的儒学教育。

横井小楠是肥后藩（今熊本县）人，“小楠”是其使用的名号之一，还使用过“畏斋”“沼山”“平四郎”等，是横井家的次男，上有长两岁的兄长，名为左平太。小楠七八岁时开始入肥后藩的藩校时习馆学习，入校后先从“句读”“习书”等方面开始学习读汉文、写汉字，接着逐步进入理解和领会的阶段，一般来说中国和日本两国的主要典籍皆会成为藩士们从小升学过程中必读的书籍。据松浦玲的考察，横井小楠的第一个老师是徂徕学的秋山玉山，自会受到荻生徂徕的学问思想的影响。他第二个老师是虔诚的朱子学者薮孤山，第三个老师是孤山的弟子高木紫溟，朱子学亦是对小楠产生深远影响。[1] 横井小楠饱读诗书且勤于思考和实践，据堤克彦对小楠一生所读主要书籍汇总的“一览表”[2] 可知，“四书”（《大学》《中庸》《论语》《孟子》）、“五经”（《诗经》《尚书》《礼记》《周易》《春秋》）、《近思录》《永乐大全》《书经》等儒学经典是反复阅读书籍，直到晚年《孟子》《论语》《大学》仍是小楠的主要读物。可见儒学自始至终是小楠思想中不可或缺的重要部分。

横井小楠在时习馆学习时，勤奋好学、胸怀大志，一直以来对政治甚是关心，且结识了一批志同道合的有识之士，认识到藩校内的学问不能紧跟时代课题和藩政改革，意欲在时习馆进行改革，创建了著名的“肥后实学党”。由此开始批判朱子学在哲学范畴中空谈“性理”，应将“格物致知”理论落实到解决实际问题中去。自此横井小楠开启了把儒学作为学问根底，并逐步超越儒学，追求实学之路。

---

[1] ［日］松浦玲：『横井小楠：儒学的正義とは何か』，朝日新聞社，2000 年，第 18—19 頁。
[2] ［日］堤克彦：『「公」の思想家横井小楠』，熊本出版文化会館，2009 年，第 24—25 頁。

二、横井小楠的“仁政思想”

（一）《时务策》中的“节俭思想”和“仁政思想”

《时务策》具体著于何年目前学界尚无定论，一般认为是天保十三年（1842），被看作横井小楠改革肥后藩藩政的重要论策。他在创作《时务策》之时，正值与同道中人长冈监物、下津休也、荻昌国和元田永孚在时习馆创建“实学党”（或称“实学派”）的时候，而小楠担任时习馆的“居寮长”（相当于最高级别的学生指导员）。根据源了圆的考察，肥后实学党始于天保十四年（1843），几经发展和挫折，于安政二年（1855）以横井小楠与长冈监物的激烈论争导致的绝交事件为导火线而分崩离析。[1] 实学党 12 年的蹉跎历史，塑造了横井小楠和同人们一心忧国忧民、感怀家国天下的雄心壮志，他们在学问上以朱子学为基本立场，贯穿古学派文献实证主义的研究精神，在政治上倾向于后期水户学“尊皇攘夷”的主张，在当时的政治状况下也可称为是“改革派”。他们不以理解领会朱子学的哲学范畴问题为最终目的，而是致力于如何利用所学所得解决现实实际问题，以“讨论、讲学”的开放交流的方式实现真正意义上的“修己治人”的学问（即实学）。

肥后实学党的实学观是为实现“尧舜三代之治”，学习并践行“尧舜之道、孔子之学”。当时时习馆的必读书目有日本方面的荻生徂徕的《政谈》和《钤录》、熊泽蕃山的《集义和书》和《外书》等，还有中国方面的以《论语》《孟子》为代表的“四书五经”。由这些所读书目即可看出《孟子》和孟子思想定会扎根在他们的思想深处，待所用之时，便会以所需方式呈现出来。

根据北野雄士所论，山崎正董记录在《横井小楠下卷 遗稿篇》中的《时务策》，是以德富苏峰（1863—1957）在横井家发现的稿本作为蓝本修编而

[1] ［日］源了圓:「横井小楠の「公」をめぐる思想とその「開国」観」,『国際基督教大学学報 アジア文化研究』27，2001 年，第 1（272）—42（231）頁。

成，内容共分三章，分别是“（天）施行节俭之政”“（地）废止货殖[1]之政”和“（人）制定商家制度”。[2]横井小楠审时度势，认识到当时天保年间的内忧之患。由于天灾人祸，日本大部分地区饥荒严重，米价不断上涨，生活困苦的民众与日俱增。就连经济中心的大阪也是米价高涨，不断有人饿死。“在病态膨胀的民间社会中，富人、豪商都拼命往上挤，下层劳动者则越来越被压在社会底层，并且后者人数还在不断增加。”[3]天保改革自幕府到各藩均在开展，横井小楠也受当时水户藩、肥前藩等藩的藩政改革的影响，提出了一套适用于肥后藩的改革论策，即《时务策》中的“施行节俭之政”“废止货殖之政”等。

他在《时务策》的“（天）施行节俭之政”中说道，藩内已太平度日二百余年，社会风俗自然转向衰落，纲纪法度变得松弛迷乱，如若不施行素朴节俭之政，社会奢靡之风将愈演愈烈，藩内上下将陷入难以统一的困境之中，藩内争斗也在所难免。上下士民皆怀有富有之心，形成衣食住行追求奢侈之风的陋习，从衣服、发饰、饮食到家居装饰等方面都过度追求奢华。因此要依孟子所言的“盖返其本”，返回到“节俭之本”，如若不做，藩内诸法令皆无实际成效且大生弊端。“节俭之本”就是官府要舍弃利己之心，抑制藩内奢侈之风，上下士民共行其道，彻底贯彻“节俭之政”。圣人之道的节俭不是只为谋得上层便利，而使下面的人变得不便利，在如今这种困境之下，治国的根本首先必须要回到“节俭之本”上，不分身份地位，藩内上下人等均要节俭起来。节俭之政是百政之首，第一要务。[4]

---

[1] 货殖：聚积财物，使生殖蕃息以图利。即经商。《论语·先进》有言“赐不受命，而货殖焉。”《醒世恒言 卷六钱秀才错占凤凰俦》有言：“话说两山之人，善于货殖，八方四路，去为商为贾。”汉代班固的《西都赋》有言：“五都之货殖，三选七迁。充奉陵邑，盖以强干弱枝。”横井小楠在此处指代当时藩内施行的高利贷付制度，即“货殖”。

[2] ［日］北野雄士：「『人に忍びざるの政』を目指して—横井小楠の政策論と『孟子』引用」，『大阪産業大学人間環境論集』9，2010 年，第 23—40 頁。

[3] ［日］深谷克己著，梁安玉译：《岩波日本史第六卷　江户时代》，新星出版社，2020 年，第 232 页。

[4] ［日］山崎正董：『横井小楠関係史料一』，東京大学出版会，1977 年，第 65—70 頁。

横井小楠之后提出“废止货殖之政”的政策也是基于“节俭之政”，将节俭思想落实在实际政治中。当时仍在施行的高利贷付制度已使众多武士和农民饱受其苦，“官府若想致富以富国，则必多物，最终势必吸取藩内诸利，使士民共陷困窘，如果只是官府富裕了也无济于事，无益之事日积月累终会酿成祸乱。考量此番道理，皆要改正一切法度政令中的富国之道”[1]。故“废止货殖之政”也是当务之急。

从《时务策》中可看出横井小楠借用了孟子所言来提出自己的论断。《孟子·离娄章句上》第16章中孟子说：“恭者不侮人，俭者不夺人。侮夺人之君，惟恐不顺焉，恶得为恭俭？恭俭岂可以声音笑貌为哉？”[2] 另有《孟子·滕文公章句上》第3章中“贤君必恭俭礼下，取于民有制”[3]，孟子认为恭敬别人的人不会侮辱别人，自己节俭的人不会掠夺别人。有些人一味侮辱别人、掠夺别人，只怕别人不顺从自己，又如何能做到恭敬和节俭呢？恭敬和节俭二德是不可以光凭声音笑貌而做出来的。贤明之君自会恭俭礼下，征收赋税有一定的制度。孟子倡导的不是佛家的无我利他慈悲，也不是道家的无他利我超然，而是儒家理论上的物质与精神双丰收，在不损人的前提下做到利己。孟子一生荣华富贵，但他却非常节俭。诚意正心可致谦虚恭敬，勤俭节约方能不掠不夺。孟子如此的“恭俭思想”对横井小楠来说产生了极大的共鸣，他结合肥后藩当时社会的骄奢之风，以“圣人恭俭”为例，大力推行“节俭之政”，将“节俭思想”运用到实际政治中，有力地推动了藩内改革。

另外，横井小楠提出的“盖返其本”原出自《孟子·梁惠王章句上》第7章。孟子言：“然则小固不可以敌大，寡固不可以敌众，弱固不可以敌强。海内之地方千里者九，齐集有其一。以一服八，何以异于邹敌楚哉？盖亦反（同‘返’）其本矣。今王发政施仁，使天下仕者皆欲立于王之朝，耕者皆欲耕于王之野，商贾皆欲藏于王之市，行旅皆欲出于王之途，天下之欲疾其君

[1] ［日］山崎正董：『横井小楠関係史料一』，東京大学出版会，1977年，第73頁。

[2] 杨伯峻：《孟子译注》，中华书局，2019年，第188—189页。

[3] 同上书，第125页。

者皆欲赴愬于王。其若是，孰能御之？……谨庠序之教，申之以孝悌之义，颁白者不负戴于道路矣。老者衣帛食肉，黎民不饥不寒，然而不王者，未之有也。”[1]孟子认为寡不敌众，弱不敌强，齐国若以九分之一之力与其他的九分之八为敌，就和邹国与楚国为敌是一样的，既然此路不通，那为什么不从根本着手呢？那这个“盖返其本”的“本”又是什么呢？孟子接着说，王如果现在能改革政治，施行仁德，天下的士大夫都想来齐国做官，农民都想来齐国种地，商人都想来齐国做生意，来往的行人也都想取道齐国。如果施行仁政，老人各个穿棉吃肉，百姓们不饿不冻，如此还不能使天下归服的，是从来没有的事。

由此可知，孟子所言的“盖返其本”之“本”是呼吁为政者要施行仁政，安抚民心，以民为本。众所周知，孔子的思想中“仁”是核心，注重的是为人之道和人生哲学，孔子的“仁”体现的是一种人伦思想。如《论语》中反复出现“仁”多达一百多次，提出了“仁者安仁，知者利仁”[2]、“夫仁者，己欲立而立人，己欲达而达人。能近取譬，可谓仁之方也已”[3]、“克己复礼为仁。一日克己复礼，天下归仁焉”[4]等关于“仁”的经典论说，志在传承孔子之道的孟子继而发扬和扩展了“仁”的内涵，在孔子仁者爱人思想的基础上，从人伦思想发展到政治哲学，注重为君之道和政治理论，要求君主从爱人出发，推恩与人，实施仁政，从而实现王道理想。横井小楠同样也继承了孟子的“仁政思想”，并结合当时的社会经济环境提出了要以全民节俭为基础，不行苛政，施以仁政，方可国之发展，民之安顺。《时务策》的字里行间无不透露着“节俭为要，以仁施政”的要义，不但成为他之后思想的转变和深化的思想温床，还为此提供了有力支撑。

[1] 杨伯峻：《孟子译注》，中华书局，2019 年，第 18—19 页。
[2] 杨伯峻：《论语译注》，中华书局，2020 年，第 48 页。
[3] 同上书，第 91 页。
[4] 同上书，第 172 页。

（二）《国是三论》中的“仁政思想”

弘化元年（1844）水户藩藩主德川齐昭以弹压佛教之名被幕府施以“致仕谨慎”（江户时代对武士的处罚，辞官和禁止外出）处分，肥后藩的保守派害怕受到牵连，对一直以来与水户藩保持紧密联系的实学党加大了政治打压，对实学党的藩士们施以“逼塞”（江户时代施于武士与僧侣的刑罚的一种，闭门，禁止白天进出，轻于禁闭）处分。实学党主张的藩政改革几经辗转最终梦空，但横井小楠及其门人仍旧继续讲学，于弘化四年（1847）创立私塾“小楠堂”，进一步推行实学思想。弘化二年（1845）可以称得上是实学党全盛期，横井小楠于同年所作的汉诗文《感怀十首》明确表明了那时的心境和思想。他以“消除经营心，超达即人豪”[1]的超凡脱俗、立志成为人中豪杰的胸怀，继续着“古今天地事，莫不关吾情”[2]的忧国忧民大计，表达了“果知君子学，总在格知功”[3]的“格物致知”之重要性，并强调了“洞通万殊理，一本会此仁”[4]“朝兴仁义生，夕死复何求”[5]的“重仁”思想。

据源了圆的考证，安政二年（1855）是横井小楠思想变化的重要转折点，与兰学医者内藤泰吉一起阅读和谈论《海国图志》的刻本之后，转而成为积极的“开国论”者。[6]他了解了西洋文明的实际情况和优势之处，意识到日本开国的必要性。安政五年（1858）他接受了越前藩藩校的聘请，成为藩校教授，开始讲学并指导越前藩的“殖产兴业”。在明治初期政坛崭露头角，起草“五条御誓文”的由利公正（1829—1909）就在当时师从横井小楠，深受其影响。安政七年（1860），越前藩内改革派与保守派之间的暗斗仍很激烈，“为了防止藩内人心动摇、举藩一致共振藩是，小楠拟定了三条大纲，是为《国

[1] ［日］野口宗親：『横井小楠漢詩文全釈』，熊本出版文化会館，2011年，第142頁。
[2] 同上书，第146頁。
[3] 同上书，第145頁。
[4] 同上书，第143頁。
[5] 同上书，第149頁。
[6] ［日］源了圓：『横井小楠研究』，藤原書店，2013年，第142頁。

是三论》。主要包括富国、强兵和士道三个部分"[1]。小楠主张学习西方科学技术和政治制度，同时也不忘传统儒学的根底，《国是三论》便是在这样"中西合璧"的思想背景下应运而生，成为当时越前藩藩政的指导方针。

在《国是三论》的"富国论"篇中，小楠提出日本要停止锁国、积极开国，要以信义为基础与外国进行通商贸易，达到国富民强的目的。为政者要"养民为本体"，"致富后施教"且要"施仁政"。尤针对越前藩的政治，指出"为祈祷自国丰稔他国凶歉之习气之故，即有明君，亦仅以不虐民为仁政，不致施其真仁术矣。即为良臣，亦只以辟土地实府库为务，不免为孟子所谓之古时民贼[2]。"小楠认为，所谓的"明君"仅把不虐待民众当作仁政，不是真正意义上的施行仁政。而所谓的"良臣"开垦土地只是为了充实自己藩的仓库并以此为要务，这其实是孟子所说的古之"民贼"。"民贼"出自《孟子·告子章句下》中的"今之事君者皆曰：'我能为君辟土地，充府库。'今之所谓良臣，古之所谓民贼也。君不乡道，不志于仁，而求富之，是富桀也[3]。"君主不向德向仁，所谓"良臣""为君辟土地、充府库"，犹如助桀富足，乃是"民贼"。据此可知，小楠深受孟子的影响，在面对越前藩的民众穷困、藩政紊乱的现状，严厉指责以损害民众利益的人就是"古之民贼"。君主应施行真正的"仁政"，为民谋福利以达到真正意义上的"富国"。他接着论道："方今若开交易之道，以外国为范，守信践义，兴通商之利而通财用，则君得施仁政，臣可免为民贼。"[4]如果打开国门，对外国坚守信义并与其开展贸易，便可提高收益、保障收入，于民有利，达到"富国"，那么君主得以真正施行仁政，而臣民也可免为"民贼"。由此可见，小楠在对孟子所主张的为政者要施行仁政的王道思想怀有极大的共鸣，并认为日本在当时内忧外患之际，开国已成必然之势，积极学习西方先进技术和制度的同时，还要以"仁"立国。

[1] 王洪浩：《横井小楠的实学思想》，吉林大学硕士学位论文，2014 年，第 26 页。
[2] ［日］横井小楠著，熊达云、管宁译：《国是三论》，中国物资出版社，2000 年，第 23 页。
[3] 杨伯峻：《孟子译注》，中华书局，2019 年，第 320 页。
[4] ［日］横井小楠著，熊达云、管宁译：《国是三论》，中国物资出版社，2000 年，第 24 页。

可以说思想转变后的他仍然将孟子思想之仁政思想继承和发展起来。

横井小楠始终在他的政治改革中贯彻实施“仁政思想”，他强调为政者“施仁政”要以不损害民众利益为前提来进行，其中也透露出“民贵君轻”“不失民心”“以民为本”和“为民谋福利”的“民本思想”。

三、横井小楠的“民本思想”

众所周知，“民本思想”出自《孟子》，是孟子“仁政思想”的核心内容。在《孟子·尽心章句下》中有言：“民为贵，社稷次之，君为轻。是故得乎丘民而为天子，得乎天子为诸侯，得乎诸侯为大夫。诸侯危社稷，则变置。”[1]正如学者夏海曾指出：“孟子首次在价值判断上把民众放在社稷和君王的前面，既是其性善论的必然结果，又是其政治学说的重要基础。在孟子看来，民贵君轻，国家才能长治久安，意味着得民心者得天下。反之，就会像桀纣那样，失民心者失天下。民贵君轻，老百姓才能安居乐业。”[2]《孟子·梁惠王上》又言：“明君制民之产，必使仰足以事父母，俯足以畜妻子，乐岁终身饱，凶年免于死亡；然后驱而之善，故民之从之也轻。”[3]明君一心为民，施行仁政，民贵君轻，君主与民众方可同心同德，政通人和，以致富国强兵。

横井小楠在《国是三论》的“富国篇”中说道：“政事亦非别事，养民为本。”言明“以民为本”的仁政之重要性。他还指出如今诸藩群雄割据一方，“各守疆域，以相互攻伐为事，视生命如草芥”，“帷幄参谋之名臣悉皆竭心尽志于巩固扩大德川一家一族之基业，不曾以天下生灵为念。自是以迄当今，君相英明者颇多，然皆唯继其遗绪，经营其一家之私事而已[4]。”直言批判只顾“德川一家之私事”，罔顾“天下生灵”（民众）的各藩藩政。小楠紧接着

[1] 杨伯峻：《孟子译注》，中华书局，2019 年，第 363 页。
[2] 夏海：《孟子与政治》，中华书局，2020 年，第 201—202 页。
[3] 杨伯峻：《孟子译注》，中华书局，2019 年，第 18 页。
[4] ［日］横井小楠著，熊达云、管宁译：《国是三论》，中国物资出版社，2000 年，第 41 页。

也论及幕府，“上自幕府，下至各藩，堪称名臣良吏之人杰，皆不免锁国之套局。以其身仕君，以其力卫国，忠爱之情多损好生之德，却招民心逆戾。此所以国之难治者也[1]。”幕府及各藩的名臣良吏皆不能摆脱“锁国”（本藩中心主义）的狭隘窠臼，倾其自身所有奉献给德川家族和所属的藩，这种忠义思想愈强烈就愈损害普通老百姓的幸福，进而还会招致民心背离和民众的反抗，也就难以治理国家。小楠还认同《日本纪行》[2]中培里“视日本无政事之国”，因为德川幕府“罔顾各藩疲敝及于民庶，且自金银货币之事乃至诸般制度，观其布告施行天下者，无不据霸府之权柄，私德川一家之便利者。绝无安天下、子庶民之政教[3]。”他将“幕府”称为“霸府”，其政称为“私政”，犀利指出幕府只顾自家的“私政”，没有为天下苍生施仁政之心。小楠肯定民众的地位和作用自是不言而喻，他将“民本思想”体现在对藩政和幕政的改革建言中。

小楠在《国是三论》的“富国篇”中又进一步论道，美国、英国、俄国等国“政体一秉民情，官无论大小，必尽依民议，随其所便而不强其所恶。……政教悉依伦理，无不急生民之所急，殆符三代之治教”[4]。褒扬西方诸国“尽依民议”的“以民为本”之政，建议仿而学之。在井上毅收录的和小楠的谈话汇集《沼山对话》（1864）中，小楠说道：“六府者，水、火、木、金、土、谷六物之谓也，是乃民生日用财用之不可或缺者。圣人在上，恩顾民生日用，刈六府以尽其用，仕立物产，造作器用，建许大之生道。实乃圣人代天之大作用。朱子不知，乃以五行之气合于谷而作六府之说，大谬也。”[5]他通过批判朱子“空谈性理、不重民生之用”，指出为政者应该以“圣人之德”为目标，“恩顾民生日用”，将“水、火、木、金、土、谷”的“六府”

[1] ［日］横井小楠著，熊达云、管宁译：《国是三论》，中国物资出版社，2000 年，第 41 页。

[2] 《日本纪行》是由 F.L. 霍克斯编集，记录了培里 1852、1853、1854 年三次率舰访问中国沿海及日本时的情形，是一本真实再现幕末日本社会世态的珍贵记录册。

[3] ［日］横井小楠著，熊达云、管宁译：《国是三论》，中国物资出版社，2000 年，第 42 页。

[4] 同上书，第 42—43 页。

[5] 同上书，第 140 页。

之事各尽其用，为天下民众的生活倾其所有。由此可见，小楠重“民生”之意的“民本思想”也已昭然若是。

横井小楠“施仁政”“以民为本”等政治主张，都是为了实现治国最高理念“三代之治”。正如上文所言，他称扬西方国家“政教悉依伦理，无不急生民之所急，殆符三代之治教”，小楠将“三代之治”理念古为今用，与西方民主政治结合在一起，提出了他独具一格的政治理想。而且，他的“三代之治”理念与孟子思想似也有着千丝万缕的联系。

四、横井小楠的“三代之治”理念

“三代之治”理念源自我国古代思想，也是历代统治者追求的理想政治。《论语·卫灵公篇》有言：“斯民也，三代之所以直道而行也。”[1]孔子称赞夏商周三代“直道而行”，是仁义礼的和谐社会。在末章“尧曰篇”中又道：“尧曰；‘咨！尔舜！天之历数在尔躬，允执其中。四海困穷，天禄永终。’舜亦以命禹。”[2]其实这段话出自《虞夏书·大禹谟》，尧禅位于禹时说道：“上天之命已落入你身，天数自在躬亲实践中，并要坚守中道（以不变应万变，亦为中庸之道）。假若四海百姓皆陷于困苦贫穷，则天命终结。”舜禅位于禹时也说了此番话。可见，孔子称扬“尧舜三代之治”，孟子亦继承和发扬了孔子所设定的尧舜以降的文化脉系，并以此为己任。

《孟子·离娄章句上》第1章谈道：“尧舜之道，不以仁政，不能平治天下。”[3]第3章又言：“三代之得天下也以仁，其失天下也以不仁。国之所以废兴存亡者亦然。天子不仁，不保四海；诸侯不仁，不保社稷；卿大夫不仁，不保宗庙；士庶人不仁，不保四体。”[4]孟子认为，尧舜之道即为施以仁政，可

[1] 杨伯峻：《论语译注》，中华书局，2020年，第233页。
[2] 同上书，第289页。
[3] 杨伯峻：《孟子译注》，中华书局，2019年，第172页。
[4] 同上书，第176页。

平治天下，而夏、商、周三代能够得到天下，也是因为推行仁政，后来失去天下，是因为不施仁政。接下来，《孟子·滕文公章句上》第1章开篇即称“孟子道性善，言必称尧舜”[1]，第4章高度赞扬了尧、舜、禹之功绩和尧舜之治，“当尧之时，天下犹未平，洪水横流，泛滥于天下……尧独忧之，举舜而敷治焉。舜使益掌火，益烈山泽而焚之，禽兽逃匿。禹疏九河，瀹济漯而注诸海，决汝汉，排淮泗而注之江，然后中国可得而食也。当是时也，禹八年于外，三过其门而不入。……孔子曰：‘大哉尧之为君！惟天为大，惟尧则之，荡荡乎民无能名焉！君哉舜也！巍巍乎有天下而不与焉！’尧舜之治天下，岂无所用其心哉？”[2]尧择贤禅位于舜，舜举贤使禹治水，尧舜禹时期盛世太平，百姓安居乐业，推及夏商周三代亦有先王之道，自是让孔孟及其后人推崇备至，历代帝王对“三代之治”心向往之。同样熟稔儒学的横井小楠在“三代之治”的理念上与孟子思想一拍即合，并有所发展。且不论在“三代之治”理念上孟子思想是否对小楠起到了决定性作用，但“三代之得天下也以仁，其失天下也以不仁”的上述孟子之说自然也对小楠产生了影响，因为小楠“三代之治”理念的提出也是基于为政者“敬天安民”“施行仁政”的“仁政思想”和“民本思想”。

横井小楠在《国是三论》中有段著名的言论，将西方民主政治视为符合“三代之治”。“锁国之制，割据以自全，相因成习。幸不致祸乱败亡。然方今万国形势丕变，各国大开治教。美利坚华盛顿以来立三大规模：一、天地间惨毒莫过杀戮，故顺天意息宇内战争；二、求知识于世界万国，以裨益治教为务；三、全国大总统之权柄让贤不传子，废君臣之义，专以公共和平为务，政法治术以迄其他百般技艺器械，凡地球上称美善者悉取之为我用，大揭好生之仁风。于英吉利也，政体一秉民情，官无论大小，必尽依民议，随其所便而不强其所恶。战争媾和亦然。……他如俄罗斯及其他各国，文武学

[1] 杨伯峻:《孟子译注》，中华书局，2019年，第119页。
[2] 同上书，第131—132页。

勿论，皆多设病院，幼稚院、聋哑院等，政教悉依伦理，无不急生民之所急，殆符三代之治教。诸国以如此公共之道来日本锁钥之时，日本犹执锁国之旧见，务营私之政而不知交易之理，岂不愚哉？”[1]小楠举美国、英国、俄国三国为例，各国有各国的做法，但都是实施“政教悉依伦理为生民”的“有道之国”。他认为，这样的国家来到日本，以“公共之道”打开日本大门的钥匙时，如若“不知交易之理”，则可谓之愚昧。他还提到美国的华盛顿治国有方，“殆符三代之治”。他把“三代之治”视为治国最高理念，“讲三代之治道，取西洋之技术”是他勾画出的未来理想的政治蓝图。

横井小楠所言的“三代”不单指夏商周三代，还包括尧舜禹时期。[2]如在《沼山对话》(1864)中他曾说道：“我孔孟之道，祖述尧舜三代之道统，尧舜三代，位居天下以治，故其道正大，继天立教。孔孟又以天下正大之理，教传后世。”[3]小楠明确指出他所崇尚的孔孟之道，继承的亦是尧舜三代之道并传于后世。他以“尧舜三代”自居，将“三代”的范围向前追溯至尧舜禹，“三代之治”亦是要效法尧、舜、禹及夏、商、周的先王之道。在庆应元年(1865)元田永孚收录的小楠言论集《沼山闲话》中，有言：“德者，尧、舜、文王亦在，不限周公，三代之治道，至周公而完备。”[4]将尧舜禹包括在内，推及夏商周三代，确定了他的“三代之治”的理念。小楠在《沼山闲话》中还言明将“三代之治”的“格物”与朱子学的“格物”区分开来，批判朱子学的“格物”是“未达民生之用之格物，唯以穷理而格物也”[5]。而“三代之治”的“格物”是力求用尽“六府”之所能，来服务广大民众，在这里民本思想的体现也是显而易见。由此推断，横井小楠超越朱子学提出的“三代之治”理念也是受到了上述孟子思想的影响。但是他不拘泥于儒学范式，开眼看世

[1] [日]横井小楠著，熊达云、管宁译：《国是三论》，中国物资出版社，2000年，第42—43页。

[2] 北野雄士在如下论文的第27页中也阐明了横井小楠所言的“三代”是包括尧舜禹时期在内的圣人建立的理想政治的时代。[日]北野雄士：「横井小楠と『書経』：なぜ『二典三謨』の篇を重んじたのか」,『大阪産業大学論集　人文・社会科学編』23，2015年，第25—43頁。

[3] [日]横井小楠著，熊达云、管宁译：《国是三论》，中国物资出版社，2000年，第133页。

[4] 同上书，第184页。

[5] 同上书，第175页。

界，倡导学习西方文明，将西方治世的成功案例与他构想的“三代之治”理念结合在一起，意欲让日本效仿西方，以保留传统与制度革新相辅相成的方式，提出了一条适用于当时日本国情的治国道路，即“共和政治”的构想。

第15代幕府将军德川庆喜“大政奉还”之后，小楠便向时任要职的松平庆永（公武合体派的中心人物）建言献策，力谏进行新政改革。庆应三年（1867）11月的建议书中他提道：“幕府悔悟，良心发现，诚愉悦之至也。四藩之士，恨不能即刻进京，合力齐心，协商辅佐朝廷之策。皇国治平之根本于兹可立。（中略）但望朝廷亦自省自责，洗濯天下，一统人心。”[1]幕府及各藩辅助朝廷、朝廷统合民心治理国家是横井小楠提倡“公武合体”的最终体现。另有，“时值伟大变革，设立议事院尤为至当也。上院公武各占席位，下院则广举天下人才”[2]。他在建言中首次提出设立“议事院”(相当于“国会”)，由上院和下院组成，将“共和政治”的构想具象化。他早在《时务策》中便有“政治应朝着民之耳目之所向的方向引导”[3]的主张，可窥见他“尽依民议”的政治主张，而且他始终强调“君臣一德、国是一定”，皆可看作他“共和政治”构想的萌芽。之后，万延元年（1860）的《国是三论》更能体现小楠“共和政治”构想的论著，他极力推崇“共和制”国家美国华盛顿的治国方针，“让国与贤”“以公共和平为务”“尽依民议”等主张在他的论说中比比皆是。日本学者林竹二在《构想共和政治的先驱者——横井小楠》[4]一文中也提及横井小楠是志在进行“以共和政治为目标的幕政改革”，其论著《国是三论》体现了他“追求共和政治理想的政治实践过程”，“小楠共和政治的理想并不是照搬美国的共和政治的理想，大统领之位让贤不传子的主张是源于儒教的政治理想”，即力求实现“三代之治”。横井小楠所倡导的“共和政治”构想是大政奉还之后，包括前将军在内的各诸侯联合参与国政的政治体制构想，也

[1] ［日］横井小楠著，熊达云、管宁译：《国是三论》，中国物资出版社，2000年，第106页。
[2] 同上书，第108页。
[3] ［日］山崎正董：『横井小楠関係史料一』，東京大学出版会，1977年，第69頁。
[4] ［日］市井三郎編：『明治の群像1　開国の苦しみ』，三一書房，1969年，第223—245頁。

可称为是“公议政体”构想。

总之，横井小楠的“共和政治”构想与“三代之治”理念可谓是一脉相承，换句话来说，“共和政治”是“三代之治”理念在当时的日本上演的“现实版”，是具有可实现性的政治目标。正如他所说的，华盛顿治国“殆符三代之治教”，因有成功的借鉴范例，日本亦可走上“共和政治”的改革之路，真正实现所谓的“三代之治”。其背后所蕴含的孟子思想也是小楠构想的“共和政治”中不可或缺的关键要素，可以说，基于孟子的“仁政思想”“民本思想”所衍生出来的“共和政治”构想是他“三代之治”理念的现实写照，也是他奔劳一生所追求的最高政治理想。

小楠在实现“三代之治”的政治改革道路上，面对当局幕府和天皇也提出了自己的论断。尤其是通过对孟子“汤武放伐论”的解读，同时结合分析他的相关作品，可看出他对于幕府和天皇是何政治立场，由此也可知晓他构想出“共和政治”的主要内因，进而了解孟子“汤武放伐”的革命思想对小楠产生的影响。

五、横井小楠的“汤武放伐论”

《孟子·梁惠王章句下》有这样一段关于“汤武放伐”的经典对话：“齐宣王问曰：‘汤放桀，武王伐纣，有诸？’孟子对曰：‘于传有之。’曰：‘臣弑其君，可乎？’曰：‘贼仁者谓之‘贼’，贼义者谓之‘残’。残贼之人谓之‘一夫’。闻诛一夫纣矣，未闻弑君也。’”[1]《孟子·离娄章句上》又曾言，孟子曰：“桀纣之失天下也，失其民也；失其民者，失其心也。得天下有道：得其民，斯得天下矣；得其民有道：得其心，斯得民矣；得其心有道：所欲与之聚之，所恶勿施尔也。民之归仁也，犹水之就下、兽之走圹也。”[2]

[1] 杨伯峻：《孟子译注》，中华书局，2019 年，第 43—44 页。
[2] 同上书，第 181 页。

商汤流放夏桀，武王讨伐商纣王，不是以臣弑君，而是诛杀了丧失仁义、失去了民心的“独夫”。此论说也反映了孟子的“仁政思想”和“民贵君轻”的民本思想。好的君主施行仁政，可得民心，亦获天下；不施仁政，失去民心，成为“独夫”。孟子“可诛独夫”的极具革命性的“汤武放伐肯定论”影响了中国的历朝历代，也给邻国日本带来深远影响，横井小楠亦是如此。

《沼山闲话》中有过对“汤武放伐”的评述，而此书于1865年问世之时，正值小楠因不抗刺客的“士道忘却事件”（1862年底）接受处罚、蛰居肥后藩沼山津的时候。当时小楠虽未直接参与政事，但仍然胸怀天下、心系国家，也为他之后恢复士籍和直接参与幕政改革奠定了一定的思想基础。文中说道：“故考之伯夷叩马之谏，决非抗激底模样。三分天下，（周）保其二而事于殷。文王之时既已保其三分之二，到武王，殷益弱益小之事可知也。当此时，以时势云，何及伐殷？如文王，只修德恤民，纣王自以纣王存置，自可弱终。然（武王）自我起事，失人臣之道，数世连绵之国君以我手亡之，大失其道。伯夷于是事真诚明了，故叩马而谏。言之不行，退隐首阳山，停其奉公也。是则‘求仁得仁’之处。此处深可吟味，以其关系万世之故也。此处当吟味孔子‘尽美未尽善’、‘殷有三仁’。”[1]

横井小楠认为，伯夷叩马谏言，劝阻周武王讨伐殷纣王，不是激烈的反抗。武王应像文王那样，修道兴政，爱护臣民，任纣王自然衰亡。而武王却要亲自起兵，背离了臣道，讨伐了自己数世臣属的国君，失去了人臣之道。伯夷清醒地认识到了这点，所以才叩马退谏不以食周禄为耻，隐入首阳山。这也便是“求仁得仁”。

小楠对“汤武放伐”虽未正面评论，但以伯夷之例坦言了其不赞成武王背离臣道、起兵弑君之举。孔子曾言：“子谓韶，尽美矣，又尽善也。谓武，尽美矣，未尽善也，”[2] 舜通过禅让而得天下，其音乐充满和平之气，而武

[1] ［日］横井小楠著，熊达云、管宁译：《国是三论》，中国物资出版社，2000年，第185页。
[2] 杨伯峻：《论语译注》，中华书局，2020年，第46页。

王以武力得天下，其音乐在雄伟壮大中夹杂有杀伐之气，故孔子对武王伐纣并没有极力推崇。另孔子所言“殷有三仁”即“微子去之，箕子为之奴，比干谏而死”[1]。微子屡谏纣王，但王不听则离殷。箕子劝谏纣王，王仍不听，便没身为奴，悲戚余生。比干也力谏纣王，却触怒于王，被纣王所杀。这三人为孔子所言之“仁者”。而与孟子提出的“君有大过则谏，反覆之而不听，则易位”[2]的革命思想有所不同，小楠在此并未继承孟子的“汤武放伐肯定论”，而是继承了孔子的主张，不赞成武王伐纣之举，且肯定了“尽忠之仁”亦是“仁”。他进而还大力赞扬了一生致力于缓解父亲平清盛与天皇的对立的平重盛（1138—1179），因他曾经劝阻其父平清盛囚禁后白河法皇，认为此举有违君臣大义。小楠称他是“非可企及之仁”“大贤以上之人，可资颜子。其处君父之间，举措进退，诚适中机宜”。[3]由此可看出小楠首重“君臣之道”，以下犯上、篡权夺位、进犯天皇之事皆为“不仁”“不义”亦“不诚”之举。

安政四年（1857），横井小楠在前往越前藩赴任之前，“有感古今之事”，创作了《沼山闲居杂诗十首》。其中第四首有言：“君臣尊卑殊，情则如友朋。相信不相疑，未然互劝惩。盛哉唐虞际，君臣道义亲。满廷吁咈声，治化如日升。”[4]第五首也有言：“一遇周王兴，君臣水鱼情。”[5]小楠认为君臣自有尊卑之别，但君臣间的情谊恰如朋友之情、鱼水之亲，应当互相信任、无所猜忌、劝善惩恶。尧舜三代之际，君臣道义之亲，声名远扬，政治教化之盛，如日中天。他早在《学校问答书》（1852）中也曾说过，“三代之际道行之时，君以臣为戒，臣以君为儆，君臣相互匡正非心，推及万事之政，朝廷间钦哉戒哉念哉懋哉，唯有感叹之声”[6]。他崇尚“三代之治”已如前所述，

[1] 杨伯峻：《论语译注》，中华书局，2020 年，第 268 页。
[2] 杨伯峻：《孟子译注》，中华书局，2019 年，第 273 页。
[3] ［日］横井小楠著，熊达云、管宁译：《国是三论》，中国物资出版社，2000 年，第 190 页。
[4] ［日］野口宗親：『横井小楠漢詩文全釈』，熊本出版文化会館，2011 年，第 187—188 頁。
[5] 同上书，第 189 頁。
[6] ［日］山崎正董：『横井小楠関係史料一』，東京大学出版会，1977 年，第 4 頁。

“三代”之君臣关系他也推崇备至，他不否定君臣之间的尊卑秩序，但强调君臣应该情如有朋、相互直言、同进同退。小楠对于天皇至高无上的尊位从未有“非心”，并未继承孟子的“汤武放伐肯定论”的关键原因也源于此。源了圆也曾论证过“横井小楠的天皇观的变迁”，指出小楠在明治初年担任新政府的“参与”一职之前，便已道出“尧舜之禅让、汤武之放伐”是西洋和中国可发生之事，但日本的“国体”不同，故而未曾有之。他担任“参与”一职后，倾力辅佐岩仓具视、大久保利通等在内的明治政府，对明治天皇的“御英相”“御聪明”“御精励”等风采敬仰万分，立志辅助天皇治政。[1]可见，小楠直至参与明治新政府的政事期间尽忠天皇之心也未曾动摇，对天皇也并无“放伐”之意。

但不可否认的是，横井小楠对德川幕府的统治深有不满。他在《国是三论》中曾犀利指出幕府之政乃“私德川一家之便利者”，“罔顾各藩疲敝及于民庶，且自金银货币之事乃至诸般制度，观其布告施行天下者，无不据霸府之权柄”。[2]前文也曾谈到他将“幕府”称为“霸府”，其政称为“私政”。另有《沼山闲话》也曾提道：“方今天下危机诚迫。耆旧名臣不用，列藩贤俊不举，憎长忌萨，一二阁臣，运事会、桑，是诚幕府之私见，所以益至困穷也。”[3]小楠对幕府不施“仁政”进行了尖锐批判。在此基础上，他还否定“将军世袭制”，主张仿效“尧舜禅让”举贤为继。从安政三年到五年（1856—1858）时值将军德川家定的继嗣问题，幕府内有主张“血统论”的“南纪派”和力挺一桥庆喜的“一桥派”的两派对立之争。当时小楠正值“一桥派”的中心人物松平庆永（越前藩主）即将收他入麾之时，咏叹出“人君何天职，代天治百姓。自非天德人，何以惬天命。所以尧巽舜，是真为大圣。迂儒暗此理，以之圣人病。嗟乎血统论，是岂天理顺”[4]这一著名诗篇。小楠在《国

[1] ［日］源了圓：『横井小楠研究』，藤原書店，2013年，第371—377頁。
[2] ［日］横井小楠著，熊达云、管宁译：《国是三论》，中国物资出版社，2000年，第42页。
[3] 同上书，第210页。
[4] ［日］野口宗親：『横井小楠漢詩文全釈』，熊本出版文化会館，2011年，第181—182頁。

是三论》中褒扬华盛顿的治国之法，认为其符合“三代之治”，并提出“全国大总统之权柄让贤不传子，废君臣之义，专以公共和平为务，政法治术以迄其他百般技艺器械，凡地球上称美善者悉取之为我用，大揭好生之仁风”[1]。他言明政权“让贤不传子”，否定将军之位世袭，政法治术宜取万物之精华而为我所用，万事讲求公共和平，亦不忘继承“仁政”之风。但至此小楠也并未形成“讨幕思想”，只是言明其弊端，意欲幕政改革。他提到：“幕府若下维新令，鼓舞固有之锐勇，团结全国人心，定军制，明威令，何啻不足惧外国，且不时航行海外诸洲，以我义勇释彼兵争，则不出数年，反令外国仰我仁风矣。”[2]

横井小楠在大政奉还的前夕，针对当时政局，就新政改革给时任幕府的政事总裁、原越前藩主松平庆永建言《国是十二条》(1867)，其中有一条明确指出“尊天朝，敬幕府”[3]，即确定了自己对天皇和幕府的政治立场。因此，横井小楠面临幕末的复杂时局，并未继承孟子的“汤武放伐肯定论”，尤对天皇一如既往恭敬如初，旨在进行从藩政到幕政的改革，以谋求国家的长治久安。换句话来说，他的“汤武放伐论”体现了他对天皇和幕府的政治立场，也为他构想的“共和政治”奠定了思想基础。虽说小楠并未将孟子的革命思想付诸针对天皇和幕府，但他立志改变日本现状的改革意志亦可看作孟子革命思想的“另类延续”。

六、结语

饱有儒学素养的横井小楠从入学之后与志同道合的友人一起建立实学党，到先后参与肥后藩、越前藩的藩政改革，直至最后参与幕政改革和明治政府新政改革，可谓是倾其毕生所学、呕心沥血地为国为民。他将儒家思想内化

[1] ［日］横井小楠著，熊达云、管宁译：《国是三论》，中国物资出版社，2000 年，第 42 页。
[2] 同上书，第 70 页。
[3] ［日］山崎正董：『横井小楠関係史料一』，東京大学出版会，1977 年，第 89 頁。

于心，结合西方民主思想，根据日本当时所处的国际和国内环境，立志于由上至下的改革事业。尤其在对孟子思想的解读和运用中，充分体现了一个身处国家内忧外患之际时的有识之士是如何敢为人先、身体力行地改革藩内和国家的政治现状。小楠继承和发展了孟子的“仁政思想”，强调为政者要以真正“施行仁政”为己任，同时秉承孟子“民本思想”的宗旨，认为“施仁政”要以不损害民众利益为前提来进行，其论说也无不透露出“民贵君轻”“不失民心”“以民为本”和“为民谋福利”的“民本思想”。他提出的“施仁政”“以民为本”等政治主张，都是为了实现治国最高理念“三代之治”。孟子的“三代之治”之说亦是促进了他“三代之治”理念的形成和发展，他将西方治世的成功案例与他的“三代之治”理念结合在一起，以保留传统与制度革新相辅相成的方式，提出了一条适用于当时日本国情的治国道路，即“共和政治”的构想。在这“共和政治”构想的背后，通过解读小楠的“汤武放伐论”可知，他并未继承孟子的“汤武放伐肯定论”，而是“尊天朝、敬幕府”，旨在进行从藩政到幕政的改革，以谋求日本当局的行稳致远。

总的来说，横井小楠在他的改革生涯中将孟子的“仁政思想”和“民本思想”始终贯彻其中，把“三代之治”作为最高政治理想，提出了适用于日本的“共和政治”道路。虽然他并未继承孟子激进的革命思想的部分，但是从他否定世袭制、政事悉依民议等主张中亦可体现出他不安于现状、推陈出新的政治改革意图。可以说孟子的革命思想虽未直截了当地在他的主张中有所体现，但也可认为他是以一种接近于“革命”的“改革”之法对日本进行由上至下的政治改革伟业。他主张“平息宇内战争”的和平思想，赞成“四海皆兄弟”之说，是客观认识中国传统思想价值的文化哲人，也是对东西精神文化和物质文明采取兼容并蓄、海纳百川之态的有为志士。小楠可谓是名副其实具有世界性和预见性眼光的思想家，他的思想如果在当时的日本被继承和发展下来，日本最终也不会走上那条一去不回的对外侵略的“军国主义”道路，也不会在 21 世纪的今天仍与中国乃至世界有着试图改变却难以改变的国际关系。本文着眼于横井小楠对孟子思想的继承和发展，来真正了解小楠背后的中国传统文化缩影，以期为中日两国的友好交流尽一绵薄之力。

（周江：北京外国语大学日本学研究中心博士研究生；
信阳师范学院外国语学院讲师）

明治时期日本国民教化与《孟子》
——以西村茂树对《孟子》的变容为中心

张　慧

西村茂树作为明六社的创始人之一，在启蒙时期曾与福泽谕吉等一起致力于西洋文明的普及。但同时他还是一位将儒学的伦理道德作为构建明治时期日本的新道德的基础、提出了自己的道德理论并组织修身学社和弘道会等将理论付诸实践的道德主义者。学界一般将西村茂树的思想作为《教育敕语》颁布后所谓的儒教复兴潮流中的一个代表，是封建修身道德的翻版[1]，认为西村的道德论中将儒学思想里的忠孝节义进行保留，虽然经过了西村的取舍，但正如吴震指出的那样，最终儒学思想“几经改头换面，充当了帝国意识形态的工具”[2]，为强化军国主义的国民统制起到了帮助作用。本文将对西村前期、后期不同的思想阶段中其儒学思想的存在样态与作用进行分析，试图呈现出西村不同于其他启蒙思想家的一面：他并没有彻底批判儒学，而是以儒学为基础来进行启蒙，以儒学价值观融入国民教化的实践活动的过程，从而探讨儒学在明治时期的国民教化中是以怎样的形式得以“复兴”再生的，发挥了怎样的作用。

[1] ［日］真辺将之:『西村茂樹研究：明治啓蒙思想と国民道徳論』，思文閣出版，2009年，第89頁。

[2] 吴震:《19世纪以来“儒学日本化”问题史考察：1868—1945》，《杭州师范大学学报》，2015年第1期。

一、江户儒者与明治官僚

西村茂树（1828—1902）于天保之前的文政十一年（1828）出身于“天性严正”的儒士之家。西村自幼专学儒学，在10岁时入成德书院读书习字，12岁时进入藩校温故堂，为“生长”（塾生之长）；14岁师从海野古窗、安井息轩、海保渔村等名儒在佐仓藩的江户藩邸的校舍学习儒学；16岁写下《昭宣公基经论》受到老师安井息轩的称赞，便立志要以文学立于世间。同时，在深厚的儒学基础之上，西村较同时期的人们较早地意识到来自海外西洋各国的威胁，跟随大冢同庵学习西洋炮术。后西村受藩命还进入佐久间象山门下学习西洋炮术，在象山建议下25岁时开始学洋学。西村在晚年回顾自己的求学经历时强调：“余自幼年时专学儒教，以思儒教之外天下无道。十四五岁时读水藩（指水户藩）之《大日本史》与赖山阳之《外史》，大为钦仰本邦古代之事，知欲用儒教于本邦须与本邦历史相对照，为多少取舍。”[1]之后“二十岁许时，会泽正志斋新论始出于世。以其说与余尝所希望相适合深信之”[2]。由此可知，在积极求知的青少年阶段，儒学、水户学对西村的学术思想的基础构成产生了极大的影响。同时他积极学习西洋之“艺术”，接受了兵学、炮术、兰学等西方知识。

27岁之后西村就开始在佐野藩参与藩政，很快在第二年成为“年寄役上席”[3]，成为少年藩主的智囊，辅佐藩政期间给藩主提出的施政建议现收录于《建言稿》中。32岁时为了深入了解西方，在手塚律藏的学塾修习包括兰学、英学等，为日后西村大量的译述活动打下了扎实的基础，这也是西村作为明六社成员之一的启蒙活动的原点。1868年，40岁的西村成为佐仓藩的“年寄役”，同时参与两藩的政治，对藩政改革进行指导。此时面对维新政府的废藩意见，他提出了《郡县议》，希望政府避免操之过急的举措。随着废藩置县的

[1] ［日］西村茂樹：『西村茂樹全集』4，日本弘道会，2006年，第383頁。

[2] 同上。

[3] 年寄役，由经验丰富的年长者担任的职务。

实施，西村辞去佐野藩参事，开始了赋闲著述的生活。

1873年，45岁的西村在堀田家邸开设家塾，独自教授包括荷兰语、英语和德语三种外语，在当时的私塾中极为罕见。1874年，他出任文部省编书课长，开始为明治初期所使用的翻译教科书等启蒙书籍进行编辑工作，以官员身份参加到启蒙活动。同年与森有礼、福泽谕吉等人组成明六社，同时以学者身份推动国民启蒙活动。1876年，48岁时他代替加藤弘之成为天皇的洋学先生（元田永孚与西村茂树同时担任侍读，一汉一洋，此外福羽美静负责讲国学）；同年，辞去侍讲，成立修身学社，即今日日本弘道社之始。1880年，开始担任文部省编辑局长，此时的编辑局包括了编书课与翻译课，负责日本从小学到大学的教科书的编纂、翻译以及辞典的编纂工作，西村以此为契机着手开始进行德育革新，此后便一心投入了德育教化的实践中。此间参与出版发行的修身类的书籍有《小学修身训》（文部省编辑局）、《修身学社从说》（修身学社发行的杂志）以及1883年奉皇后命编纂的《妇女鉴》等。此后西村在官于文部省继续任职，同时以著书、演说等形式致力于国民道德教化活动。

二、西村茂树的儒学观

与福泽谕吉等人相比较，西村出生年代较早，儒学始终是其学问的基础。自幼在儒学传统中成长起来的西村认为“儒学之外天下无道”[1]。十四五岁时西村受到水户学的影响，得知要将儒学用于日本，要根据日本的历史情况加以取舍，这一治学态度影响着西村的一生。福泽等人将儒学视为封建思想的代表进行大力批判，明治政府也为开启民智而大刀阔斧地实施断种政策，将和儒之传统排斥于教育体系之外。但此时西村对于儒学的态度还是相对客观与冷静的。西村对于儒学在中国和日本历史上起到的防止佛教、基督教泛滥这

[1] ［日］西村茂樹:『西村茂樹全集』4，日本弘道会，2006年，第383頁。

一点上起到的作用给予肯定，认为孔孟帮助东方各国避免被佛教和耶稣教所“昏迷”，在道德政事方面东洋的儒学是胜于西洋学问的。同时，他也看到了只修儒学而不管所谓世间俗事的修学态度容易陷入无用迂腐的弊端，因此建议举办学校要扩大学问的范围，“以经学为学问之主本，史子诗文自不必论，兴国学、西洋学、兵学、农田学、水利学、算学、律令学、弄法学、土作学等其他诸学科”[1]，即从实用的角度来对学校的学问加以扩充，除了以儒学为本之外，应该广泛引入各种与时势相应的必要学问。他回顾自己的修学经历，说：“中年学会‘读外国书’，知本邦百物不及欧美诸国，曾起念欲悉以欧美学问工艺代本邦学问工艺。然幸早自开悟，免成误国之贼。”因此，对时下的教育提出了“能爱重本国固有学艺者，养本国独立精神者，恐诸子知不能然也”[2]的希冀。这一点在当时的知识界人士中基本达成共识，即使终其一生批判儒学的福泽亦持此观点。

对于西村来说，东洋道德更是用来帮助人们理解西洋道德学的很好的工具。1874 年，开始编译《求诸己斋讲义》，这是由西村讲授的内容录辑而成的讲义稿，其中包括修身学、政学和经济学三个部分。古川哲史在此篇的解题中指出，《求诸己斋讲义》的内容构成反映出西村所理解的道德不是笼统地由传统儒学中的修齐平治的连续，而是由涉及社会、政治、经济等具体的不同领域构成的综合体系[3]，其中的修身学部分是根据美国劳伦斯·希区克［Laurens Perseus Hickok（1798—1888），西村译作希谷ヒコック］*A system of moral Science* 一书进行翻译编著而成。从严格意义上来说，此书并不能称为是一部忠实于原作的翻译著作，而是西村将其内容进行翻译解说的讲稿。西村在每一章节结尾处，与西洋的相关道德学说相对比，每每引用孔孟等儒家的东洋伦理的论述，通过将二者进行对比，示其异同，并做出点评。从全书的内容看来，此书是日本较早介绍翻译西洋道德伦理学的著作，在一些关键

[1] ［日］松平直亮：『泊翁西村茂樹伝』，日本弘道会，1933 年，第 184 頁。
[2] ［日］西村茂樹：『西村茂樹全集』4，日本弘道会，2006 年，第 473 頁。
[3] ［日］西村茂樹：『西村茂樹全集』8，日本弘道会，2004 年，第 796 頁。

概念的理解与接受时借助了既有的儒学等的概念与思维方式，可以看到西村茂树作为启蒙先驱者，在向日本引入西方的学问体系时所做出的努力。

第一，书名的“求诸己”语出《论语·卫灵公》中“君子求诸己，小人求诸人”[1]以及《孟子·离娄上》中的“爱人不亲，反其仁；治人不治，反其智；礼人不答，反其敬。行有不得者皆反求诸己，其身正而天下归之”[2]。这里的“求诸己斋”是西村的书斋的名字，同时也是西村的号。由此可见西村对于儒学所提倡的反求诸己的做法的推崇。考虑到这本书的内容，西村在译介西方的道德哲学论说的同时，还相应地结合了儒家的相关论述与之做了相表里呼应，进行了有针对性的分析，可以推测西村试图构建日本道德论时向日本的传统寻求思想资源的意图与尝试。

第二，在介绍一些相关重要的概念时，西村往往在相应的译述后，以按语的形式将自己的理解与观点一一开陈，并引入孔孟相关的论述加以比较。仅举一处代表性的例子来看，如在讲到有关上帝之明命是修身学中“心外”法则中的最为重要的法则时，将“上帝”与儒学的“天”的概念进行对照。在介绍了法国笛卡尔与英国达尔文的学说之后，西村说，其实孔孟之学也全部都是取法于天的，所以“孔孟所谓天即西国学士所谓上帝”[3]。接下来引用易之“垂天象示吉凶”、中庸“天命谓之性率性谓之道修道谓教”[4]等来说明笛卡尔与达尔文所说的与孔孟所言的主旨是相同的，当然这样的理解显然并不准确。

在西村看来，西方所说的将自己的仁爱之心扩充到万事万物为至极之善事之主张“与孔孟论仁之旨甚能吻合”[5]；西人所说的仁爱不在于心，而属于儒者所说的“仁之用者”。这里西村指出西洋的修身学中的“仁爱”的观点与儒家所说的主旨十分吻合，但是西方所说的仁爱只是孔孟所谓仁的一种作用而

[1] 杨伯峻：《论语译注》，中华书局，1988 年，第 166 页。
[2] 杨伯峻：《孟子译注》，中华书局，1988 年，第 167 页。
[3] ［日］西村茂樹：『西村茂樹全集』8，日本弘道会，2004 年，第 578 页。
[4] 夏延章：《四书今译》，江西人民出版社，1989 年，第 24 页。
[5] ［日］西村茂樹：『西村茂樹全集』8，日本弘道会，2004 年，第 578 页。

已，并不是根本。也就是说在西村看来，儒家之“仁”才是更为本质的伦理。

由上可以看到西村在译介西方社会科学理论时的视角。一方面，他借用儒学的“格物致知，诚意正心，修身齐家治国平天下”的体系来理解和接受西方的学问，另一方面，在这一过程中按照西方的学问体系对儒学传统的内容重新加以理解与接受，从而赋予新的结构与意义。特别是西村在当时日本举国以欧化为榜样的风潮中能够保持以冷静、清醒且客观的态度来对待传统与现代的文化，这一点应该得到肯定性的评价。当然西村业已注意到了儒学之于明治日本的不适应性与问题点，下文将会详述西村在后来的关于国民道德的论述中做出的有针对性的批判。

三、日本道德论的构想与实践中的《孟子》

早年西村茂树作为明六社的一员，在日本的启蒙活动中起到的作用不容小觑。崔世广将西村的思想以 1883 年为线分为前期和后期，前期主要通过译介来对西方近代思想进行宣传介绍，指出西村这一阶段的思想“具有较鲜明的启蒙性质”[1]，主张进步和文明开化。但是不同于福泽等人的文明开化观，西村眼中文明开化始终是与道德为本的。1873 年，西村在他翻译的《农工三十种家中经济》一书的前言中明确表达“所谓人民的开化在于知道理、务职业、慎言行、正风俗”，而如果开化的结果是“人心轻薄、奢侈、贪欲、狡猾”，那就是“开化的邪路”。当时陷于此种邪路的上至官员下至平民不在少数，西村称之为“开化之贼”[2]。之后还在《明六杂志》发表的“西语十二解”中也同样对文明开化做出了道德式的理解，“文明开化为英国之语，是‘civilization’之译语也。中国人译此语为进礼仪。我邦译为俗语则为使人格变好之事也”，“今拈出‘civilization’考其义，余辈决不思至人民的威势、力量、富贵之事，

[1] 崔世广:《西村茂树思想简论》,《外国问题研究》, 1990 年第 1 期，第 52—57 页。

[2] ［日］顯利哈都何侖（ヘンリー・ハルツホールン）著，西村茂樹訳，『家中経済』，稲田佐兵衛，1873 年，前言。

唯思至人民之人格和人与人相互交际之事"[1]。然后引用穆勒与基佐的话，指出依二学者所说，"civilization"包含两个方面：一是"交际之品位渐渐发展，其全体尽得安昌幸福"，二是"人民各个之品位渐渐发展，同受安昌幸福"，也就是说社会和人民都能安昌幸福就是文明开化。这显然与政府和福泽等人的文明开化有明显的区别。西村看来，野蛮与文明的区别不在于是否"衣食家屋粗陋"，即"文明之所贵不在于衣食家屋之美丽，则在于道德礼仪之焕然"；然而"方今学文明者""弃道德礼仪专学衣食家屋之美丽与风俗之奢侈"，西村对这种舍本逐末的做法表达了极大的忧虑[2]。同时，西村对于所谓的西方文明国家进行了批判，"西人以文明为自己的专有物，蔑视他国，称为半开或野蛮，但西人称雄世界在于富强不在文明。近年欧人对于安南、缅甸、中国、朝鲜之所行决不可称文明。若以此可称文明，那么文明就是暴慢贪欲之异名"[3]。从这段论述中可以看到西村对于西方列强在亚洲的行为的不满，称为恃强，而不是文明。这里批判的恰恰就是明治时期流行的福泽所鼓吹的文明观。

作为一个启蒙思想家，西村与其他明治初期的启蒙思想家一样通过大量的翻译将西方近代政治及学术思想介绍到日本，但西村对于教育中的德育的关注是一贯始终的。早在明治五年（1872）太政官布告颁布学制之时，西村就表示五年学制"以学问为立身之财本"为主旨，只讲"治生兴产"，"无一语教仁义忠孝"，当时还是在野身份的西村"心大疑之"，指出此学制虽然是为了矫正武士教育只重道德之偏，但是如此走向另一极端的话"恐难堪其弊"[4]。很快西村在1873年发表的《陈言一则》中便对"近年以来民之智识日开，工艺技术其等级大进"的同时出现"旧日固有强毅质直之气渐衰减"的

[1] ［日］西村茂樹:「西語十二解」,『明六雑誌』36 号，http://school.nijl.ac.jp/kindai/CKMR/CKMRT-00031.html#7。

[2] ［日］西村茂樹:『西村茂樹全集』3，日本弘道会，2005 年，第 712 頁。

[3] 同上书，第 79 頁。

[4] 同上书，第 458—459 頁。

趋势表示担忧[1]，主张应该以道德主义优先，以确保在各国的虎视眈眈中日本的独立。西村开始着手《求诸斋讲义》的编著，如上文所述，通过编译西村已开始将“修身”这一课题从儒家的“修齐治平”扩展到关系着社会、政治、经济等不同领域的综合体系，这也正是他在《论修身治国非二途》中所主张的，希望明治政府能够把修身作为治国之本，提高人民道德。只有为政者实现了“言为天下则、行为天下法”，成为天下众民的楷模，才能真正实现“文明之光辉四邻”。日本自徂徕以来将儒学的道德教化属性与政治属性分立之后，“德”与“治”被割裂开来，维新的为政者们只顾“趋于世之功利”而不修品行，西村特在明六社的演讲会上强调，要求为政者们在实践上要通过自己的修身，来改良社会风俗，进而实现文明国家的目标。

西村在任职文部省之后，先后被派遣前往第二大学区（静冈、爱知、三重、岐阜、石川五县）巡视学校教育情况，在巡视汇报“学事巡视功成”中对于五年学制存在的问题进行了分析，指出当时的教育只注重表面不落实教育的本旨、人民对于教育投入的时间和金钱过多、小学教则不够实用以及全国统一的教则未能顾及地区差异等四大问题。特别针对修身教育的意见是：

> 凡世界诸国教育皆无不以修身为本。即以欧美言之，耶稣教法即专为修身者也。……本国之教育皆本于宗教，宗教皆无不以修身为主。唯独本邦教育废孔孟之道，又不取耶稣，故今日修身接人之道无所倚信，人人自立其说，邪论典说遂起其间，于世道人心为大害亦难计矣。[2]

西村指出由于日本教育中修身教育既无基督教，又废孔孟学，使得各种邪说乱起，道德状况混乱无所依赖。而在视察中西村注意到小学的修身教育具体存在的问题是教学中只依靠教师以口头讲授的方式进行，建议参考欧美

[1] ［日］松平直亮編、『西村茂樹先生論説集』，松平直亮，1894 年，第 90 頁。
[2] ［日］『日本帝国文部省第四年报』第一册，文部省，1875 年，第 46 頁。

小学中“神教”一科中将“暗诵经典”或“歌诵神歌”加入“修身口授”。同时他对修身科教员中多有不修品行、浅学短识的情况提出了警示。对于当时小学使用的诸如《修身论》《劝善训蒙》等教材，西村认为完全不足以造就日本国民的道德品格。针对以上的问题点，西村的建议是：

> 本邦修身之道不应弃孔孟之说而采他者。如西国“moral（道德）”之书，亦于论孟所言之外，就教训上（虽所说道德之理较论孟之书精微）未见别有卓异之说。如耶稣教，就新旧约书所见，亦未见别有神妙不可测之教说。到底与孔孟所言不过大同小异。如上，今日小学修身书应以用汉籍“四书”为第一。此说虽大违于世论，乃为茂树所自深信不疑也[1]。

然而，西村并不是只以“四书”为要，认为儒学“亦有所不足”，没有权利、义务、自由、爱国等，“在今日决难所缺者”，所在建议小学阶段以“四书”为本，进入中学则以“欧美诸大家之‘道德’书熟读玩味，参考东西之说自有所得”[2]。

经过这一次学事巡视，以西村为代表的各位视察员[3]一致认为继续维持学制具有很大困难，促成了文部省发布明治十二年（1879）教育令，然而西村就修身所提的建议并未得到改善。在明治十三年（1880）的改正教育令中，修身科在教科排序中从明治五年（1872）学制时的第四位提升到了第一位，重要性得到了体现。接下来《小学校教则纲领》和《小学教育心得》《小学校教员免许状授与方法心得》等一系列的制度出台，西村对于修身课的建议提

[1] ［日］『日本帝国文部省第四年报』第 1 册，文部省，1875 年，第 48 頁。

[2] 同上书，第 48 頁。

[3] 当时九鬼隆一和美国顾问穆雷负责第一学区，西村负责第二、三学区，中岛永元和神田孝平负责第六学区，中岛永元与辻新次负责第七学区。巡视自明治十年 5 月至明治十一年 9 月历时 16 个月，明治十一年西村还前往青森岩手巡视学事。结束后以西村为代表的官员们都认为显然继续维持学制是困难的，就此文部省开始以废止学制和制定教育令的准备工作。

议陆续得以体现[1]，西村对此也颇有自负之心[2]。

除了作为文部省官员在政策层面上施加影响之外，西村在民间兴办私塾与结社活动也是他致力于宣扬道德主张的重要阵地，1876 年成立的修身学社就是其“日本道德论”成立过程中较早的举措。他在成立演说中陈述该学社的宗旨是使各个社会角色成为符合其身份的人，各个社会分工能做好其本职，西村的理想社会是由“慈亲”“孝子”“忠臣”“贞妇”“友兄顺弟”“善士”“良农工商”构成的；学社的“修身”方针在于“先修其自身，兼而及人”，由此看来，此时的修身学社追求的还是一个完全在封建制度下的道德规范。后来，西村茂树在回忆录中表示“本邦自古道德之教皆从儒教，然今日西洋学问亦入我邦，言儒教之所未言者多矣。且今日世之识者颇厌儒教末派迂远，却之者亦不少。虽儒教本不应斥，亦不能单以儒教教国民之道德，然今日欲教国民以道，必混合融化东西之教，立一适合时势之新道德学”[3]，可见他认为儒学并不能适应时势的要求，需要将东西方文化加以融合。因此，西村对于国民道德的思考也是一个不断变化的过程，从最初的儒学道德，到西学 + 儒学的折中式，再到最后回归到“纯儒”式，可谓一波三折。正因为这样的一个过程，学界对于西村的评价也是众说纷纭[4]。

---

[1] 此间（明治十三年）3 月，西村所在的编书课经文部省改革与翻译合并成为编书局，西村出任局长后很快着手修身科教材编写，4 月《小学修身训》上下二卷出版，8 月又发表“论修身的教授法”一文阐述了对于修身教授方法的建议。

[2] 西村在明治十七年（1884）日本讲道会的成立演讲中称“朝廷既已发改正教育令，以修身科为诸学科之最先，虽此固非本社力之所兴，社友无不皆喜其志之行也”。即西村认为修身学社早就先于教育令指出修身科的重要性，即使现今政策的实施没有学社的影响力，但学社也乐见自己的愿望得以实现。言辞之间可见西村对此变化有自负之心。

[3] ［日］日本弘道会编：『日本弘道会四十年志』，日本弘道会，1918 年，第 12 頁。

[4] 各种意见主要针对西村思想中的近代与传统、进步与保守而展开。家永三郎：「西村茂树论」，『日本近代思想史研究』，東京大学出版会，1953 年；本山幸彦：「明治前半期における西村茂樹の教育思想」，『明治思想の形成』，福村出版，1969 年；山田洸：「西村茂樹と国家道徳論」，『近代日本道徳思想史研究』，未来社，1972 年；沖田行司：「西村茂樹の初期思想——欧化と伝統」，『季刊日本思想史』第 18 号 1982 年等主要以传统与近代性来展开。而真辺昌幸：「明治啓蒙期の西村茂樹——民権と仁政」，『日本歴史』第 617 号，1999 年；筑後則：「西村茂樹における『文明国家』への道——戦略としての道徳、希望としての帝室」，『史苑』第 63 号立教大学史学会，2002 年等，则离开对其进步与保守的讨论而针对西村思想在明治思想史中的地位进行了界定。我国学者则多着眼于西村茂树思想的折中调和性展开述评，如崔世广：《西村茂树思想简论》，《外国问题研究》，1990 年第 1 期。

那么，西洋哲学在西村茂树的国民道德的思考中处于怎样的地位呢？儒学与西洋哲学二者的关系是怎样的呢？以及本论所关注的《孟子》在西村茂树的道德思想中起到了怎样的作用呢？

首先，儒学与西方哲学是西村用来构建新的国民道德的理论来源。早年西村接触译介了大量的西方近代学问的书籍，其中就包括不少关于道德学方面的书籍，除了全集中收录的相当数量的洋书译述之外，高桥文博还对西村茂树早年洋学译书中未刊行的稿本进行了整理研究，共涉及洋书 42 种，其中 28 种为道德学或宗教的，可见西村在对洋书进行译介时关注的侧重点明显倾向于西方有关道德学著作[1]。在西村的《小学修身训》中分为“学问”“生业”“立志”“修德”“处事”“家伦”“交际”八个部分，分别从汉书以及西洋书中抽取格言警句构成此书。真边将之考证显示，此书中西村所选章句中引用自汉籍的并不如西洋书籍的多，特别是在“交际”部分以及与爱国相关的部分中。比如，与元田永孚《幼学纲要》重视忠孝不同，西村用了 5 页篇幅引用了对于爱国心和为国做贡献的条目，如“人生于此世，非独为己，亦是为国、为家、为众庶而生者。就中，国乃最应爱者。故不得已之时当为国舍其性命”，“人不问其身位尊卑，不可忘禆益自己国家之事”[2]。对此西村解释称“现今本邦所用爱国之义非出自中国，乃译西洋诸国‘パトリオチズム（patriotism）’者也……阅本邦及中国古典，无有如表示西人称爱国之义或爱国之行者”[3]，西村看来原来的“忠”一词不能够表示近代国家意义上的“爱国”之内容，故以西洋的“爱国”来补充儒学中所缺乏的部分。对于前文提到的福泽大力批判“儒教主义的复活”趋势，西村也是持否定意见的，“忠孝固为美德也，然儒者国学者说之过于夸大，终至失本末轻重之序者也”，对于一味过分强调忠孝的儒者及国学者进行了批判。西村在熟读儒学经书之后，

[1] 根据高桥文博的“西村茂樹における洋学の基礎的研究”（平成 24 年度—26 年度科学研究費補助金（基盤研究（C）24520008）的研究成果报告书进行的统计。

[2] ［日］西村茂樹：『西村茂樹全集』2，日本弘道会，2004 年，第 679 頁。

[3] ［日］西村茂樹：『日本弘道会叢記』，日本弘道会，1891 年，第 2—11 頁。

接触到西方的近代学问，通过翻译大量的道德学方面的著述，他对于东西两洋在道德学方面的优长有了具体而深入的体会与认识，意识到要建立符合近代化国家的国民道德需要兼取二者之长。

对于西方哲学与儒学的关系，西村也是一直处于思考与摸索之中。1879年，西村参考西方的哲学学科中有“神学”对宗教学进行研究，在学士会院建议在大学中设“圣学”科，以“中国儒学”与“西国哲学”合二为主，兼以基督教、佛教、回教为附属，设立修身、性理、政事、理财和交际（社会学）五科目，置于大学四科之首，以改变日本仅将哲学设在文学部之下的状况[1]。此时西村对于西方学问是认可“其至精致微者固非东国学术所能及”，但是由于地域“相去一万余里”，故可以“弃西国学术之皮肤，取其精神”[2]，应结合日本的现状来对西国学术进行深入实质而非停留由表面的汲取。1882年西村在“日本道德学的种类”[3]中将当时日本既有的道德学分为四种——孔孟之教、神道、大义名分以及西国的理学（即哲学），建议对此四种进行比较研究，并以此为基础来形成日本自己的道德学。1883年在修身学社进行的演讲“西国理学的源流”中对于西洋哲学史进行了介绍，指出“理学”即是哲学（フィロソフィイ），是“致人知之极求万物之真理之学”[4]。而中国所说的儒学“如性理道德亦在此中”，即儒学包括在哲学之中，都是追求人智与万物真理的学问。这一思想随即在改组为“日本讲道会”的开设演说中有所体现：

> ……修身比道德小，道德比天理小，天理或谓之大道，或言之真理。形而上形而下并而包含其中，为宇宙间最大物也。道德乃天理中之一分，修身又为道德中之一分……当初创立修身学社之时，愚老惟忧修身道德颓废，欲拯之念切，不遑未能省顾大道之兴废……若不知大道不能知修身，然今日不知大道之弊虽与往年不知修身之弊间虽有缓急之别，亦不

[1] ［日］松平直亮編，『西村茂樹先生論説集』，松平直亮，1894年，第163頁。
[2] 同上。
[3] 同上书，第200頁。
[4] ［日］西村茂樹：『泊翁叢書』第2輯，博文館，1912年，第97頁。

可不言学问上一大病，愚老虽顽钝，然忧世之念不能止，与同志诸友谋，讲究大道明识真理，欲以救世之执迷者。[1]

由此可知，西村将修身学社改为日本讲道社是要从讲求修身的一小方面扩大到讲究真理大道的层面，结合上面可知，即为从形而下的修身扩大到包括形而上在内的哲学真理。此时西村所关注的不再仅仅是局限在个人在修身方面的实践躬行等形而下的部分，而是以更广阔的视角来思考道德问题，即"日本讲道会编印规"中所规定的"本会之趣旨在于讲究形而上之理，以弘道德之教"[2]。

始于1884年的日本讲道会在第二年秋天出现衰退迹象[3]，但是西村对于如何构建日本的国民道德的思考并没有衰减。1886年，西村在帝国大学讲义室进行了一场演讲，讲稿后来以《日本道德论》为名正式刊行，可以作为这一阶段西村对于国民道德思考的集大成之作。从《日本道德论》的成立时间，是在日本历史上第一个内阁成立不久，当时的日本正在主张西化的伊藤博文的主持下，全力以赴在取道西方、富国兴产的道路上。一切以西方为止：不仅在学问上、技艺上以西方为师，而且以"鹿鸣馆"为代表在生活方式与习惯上也唯西方为贵，全面地模仿西方。在这样的社会风潮下，谈道德者往往被视为"迂阔固陋"，主张"斯道"者即是"顽陋"。在这样一个德育混乱时期，相较于福泽反儒教主义的德育论、加藤弘之的由宗教来进行的德育论等观点，西村的《日本道德论》则是长期对道德建设有所思考后提出的一部融合折中的道德论。

那么《日本道德论》中具体体现了西村对于道德伦理的哪些主张呢？西

[1] ［日］西村茂樹：『西村茂樹全集』1，日本弘道会，2004年，第27—28頁。

[2] 日古川哲史監修：『日本弘道会百十年史』，日本弘道会，1996年，第129頁。

[3] 真辺将之在《西村茂樹研究》一书中指出，出现衰退的原因在于其成员多是文部省相关人员，由于明治十八年（1885）日本的内阁制度开始，出现机构和人员的变动导致。《日本弘道会百十年史》则指出是由于其成员有自由民权派人士，由于政府加大了对自由民权派的压制，累及日本讲道会。

村想要解决的是怎样的思想课题呢？

西村在开篇处首先提出日本要成为一个独立的国家，需要“以道德定国”。将道德视为“迂阔固陋”，而以“法律和工艺”替代的做法都是思虑不足的结果。若想“增皇室尊荣，长国民幸福”，绝不能“弃道德而求他”。这里清楚地表明了西村的问题意识，面对着世人对于道德的轻视，西村认为，与法律和技术相较，道德所发挥的作用是不可替代的，具有保持日本独立自主的重要功能。

接下来分五个部分，从实施道德学的背景与意义、构建日本国民道德所需要的日本道德学的内容构成、理论框架以及具体的实施层次与实践方法等角度，描述了他所认为的符合日本时下国情的国民道德体系。第一段主要指出日本要在当下西方各国的觊觎中“合全国之民力保国之独立，并耀国威于他国，需要国民的智德勇，即道德之高进而别无他法”[1]；应该注意到日本“与西洋风土人情相异，不能尽以西国学术用于日本”，而“邦人应该善开活眼，分辨本国与西国相关学术，取其优者，弃其劣者，优劣相等者则应该取自国而弃他国”[2]。开门见山地表达了西村重视道德的态度，将道德与国家的独立结合起来，指出人心的团结是由国民道德的兴衰决定的；同时也非常明确地表明了西村对于西学的态度，择其优弃其劣，注意充分保留本国的优长。

第二段就世外教[3]（宗教）与世教（儒学与西方哲学）在日本道德学中应该如何选择进行了分析。指出选择的标准应该根据“一国的开化顺序、教祖的出生地、是否适应民心以及政治与教法的关系、是否适应一国的自然之势来决定”[4]。指出儒学具有“重人伦五常之道、贵社会秩序、坚固人之志操、有抑轻薄之风之益处”，且江户时期的诸多人杰无论何种成就者“其本皆因儒学

[1] ［日］西村茂樹：『西村茂樹全集』1，日本弘道会，2004 年，第 105 頁。

[2] 同上书，第 107 頁。

[3] 除了将宗教称为“世外教”，儒学与西方哲学称为“世教”的说法外，西村茂树还在《正教詭教》一文中将儒学与西洋哲学归为正教，而将基督佛回教归为诡教。与“诡教”的归类方法中可以解读出西村对于宗教在国民道德体系中的消极作用的一种警惕。

[4] ［日］西村茂樹：『西村茂樹全集』1，日本弘道会，2004 年，第 112 頁。

而得者”；“吾邦人士维持三百年太平，及打开外国交际，无甚狼狈者，以建文明之基，皆不可不言儒学之功”[1]。儒学之所以固陋迂阔只是因为缺乏文明学术。所以，应该用世教来树立日本的道德，世外教中有所选择地保留，应该放弃宗教的名称与结构。

第三段则是关于如何对儒学与西洋哲学进行具体的取舍问题。西村指出西方哲学中的功利主义是“利己主义”的学问，是“轻蔑君亲之学”[2]；而日本德川以来的良好的社会品德皆受益于儒学，儒学优势在于“以父子君臣夫妇长幼朋友之五伦为主眼，始于致知格物至诚意正心修身治国平天下者”，“忠孝之教护万世一系之天位，正君臣之分，美国民风俗”[3]。这是其他学问无可比及的，所以儒学最适于作为日本道德的基础。但是儒学需要注意改进的有五点：1. 与时下学问有所不相合，相互抵触；2. 禁戒语多，劝奖语少，使人保守，缺乏进取心；3. 尊卑权利义务不同，不利于整国家秩序；4. 多男尊女卑的内容；5. 尚古非今。对于以上五条不足之处，西村的解释颇有趣味，认为这些内容是儒学不适于当下时势的主要条目，不适合于日本道德基础的内容，但并不是儒学本身有瑕疵，坚持儒学圣人“孔子言行至善至美，包括万理而无漏者”[4]。由此我们可以看出儒学至正至纯的观念深深地烙印于西村的思想中。而哲学虽然“以理为师”，但也不足够来构成日本道德的基础，原因在于：1. 重知轻行；2. 缺乏养心之内容；3. 哲学家多排挤古人以立异新说，且语言苛刻，难免失其中正；4. 流派过多，且原理、实行条目亦各不同，难以成为道德依据。在对儒学与哲学的长短进行分析后，西村提出了解决方案：“采二教（儒学哲学）之精粹，弃其粗杂，取二教之精神弃其形迹，采二教所归于一致弃其所不归一致也。”[5] 这里二教的一致即是前文所述“天地之真理”是也。

---

[1] ［日］西村茂樹:『西村茂樹全集』1，日本弘道会，2004 年，第 113 頁。
[2] 同上书，第 116 頁。
[3] 同上书，第 116 頁。
[4] 同上书，第 118 頁。
[5] 同上书，第 120 頁。

在分析了世教与世外教在日本的国民道德中的作用之后，西村在第四段就如何实行道德学进行了解说，具体来说分为五个层次："善我身、善我家、善我乡里、善我本国、善他国人民"。很明显，这五个层次让我们联想到儒学的修身齐家治国平天下的同心圆结构，有所区别的是西村在家与国之间又增加了乡里这一层级，将儒学所说的"天下"放在近代国家相互交往的现实中，解说成为"他国人民"。可见通过近代日本从被动到主动地参与到对外交往之中，"家国天下"的理解与传统儒学的"天下"概念相比，是更为具体的近代式的理解。

第五段西村提出了成立道德教育团体来普及弘扬道德的具体实践的主张。此时的西村将修身学社改组为道德会，规定主要事业为"知道德，行道德"，具体提出了道德会成员要从知到行，推己及人。个人修身要做到六戒（虚言、过酒、淫佚、忿怒、贪欲和傲慢）与五善（诚信、公平、坚忍、刚毅、仁慈）；道德会的任务则是国民教化之五要即"破妄论""矫陋俗""立防护之法""劝善事"和"塑造国民品行"。这部分对于道德会及其成员的希望与要求可以理解成为儒学"知行合一"的具体体现与落实，在知的层面上，经过将东西世教的内容进行折中与取舍后，作为道德实践的具体指针，然后在行的层面上通过道德教育团体的具体实施来使国民具有智德勇，进而达到"保国之独立，并耀国威于他国"的目标。

从以上对于《日本道德论》的梳理我们发现，此时西村的国民道德思想中体现出浓郁的儒学价值观色彩。但他不同于元田永孚等人主张坚持以儒学为道德之本的一元式的保守思考，也不是福泽那种誓与儒魂为敌的态度，更不同于采取佛耶等宗教的手段来维持社会道德的主张，西村主张采取兼收并蓄的态度，将东洋的儒学与西方的哲学折中，各取精华来构建日本国民道德体系。在西村的体系里，传统的儒学与西方的哲学思想不再是对立的、非此即彼的二选一的关系，而是同为构建日本国民道德体系的有益成分，相互补充。

在《日本道德论》之后，如学界大多数学者认为西村茂树的思想越来越倾向于保守，并且转换为国家主义立场[1]。以下将通过对《日本道德论》问世之后的西村的著述和活动进行梳理，来探讨西村的保守化过程是在怎样的背景下发生的，与前期的思想及对照来理解保守化的具体体现与特征，完整把握西村的国民道德思想发展的理路。

1885年伊藤内阁开始后，西村茂树停止了文部省的任职，被任命为“宫中顾问官”，因此对文部省的影响力在减弱[2]，所以在《日本道德论》问世后，西村将更多的精力投入了著述以及在日本普及国民道德活动，前往日本各地进行演说。1887年日本讲道会再次改组成立日本弘道会，以“提高邦人道德，讲究道德真理”作为主旨，通过对活动方式（增加面向大众的通俗讲谈会）、具体的会费设定（设定可浮动的会费区间）等进行调整，并开始设立分社、支会等地方分支机构，使之成为一个向普通一般大众开放的组织。西村希望通过日本弘道会将同时并存的“东西道德之教”“照本邦风俗人情取舍”，通过将以往的儒、佛再加上现在的“西洋之道德学”，“采世界之长供己所用”，“以其博大学问广己知识修己心灵，以至道德之大成”[3]。可见在弘道会成立的时点上，西村依然还是与之前的方针一样，兼以各家之长来建立日本的道德学。另一个值得关注的是，从“日本弘道会要领 明治二十三年一月定”中可知，虽然此时“教育敕语”还未公布，但是其中曾经西村主张的“爱国”主

[1] 王家骅称其为“真正的保守的国家主义者”（「西村茂樹の思想遍歴と儒学」，『日本思想の地平と水脈』，河原広、ペリカン社，1996年），崔世广指出后期的西村致力于“复活儒家传统思想”（西村茂树思想简论），日方学者沖田行司（「伝統主義的開化思想」，『日本近代教育の思想史研究』，日本図書センター，1996年）指出后期西村的思想与前期启蒙相比有了“质的变化”，山田洸（「西村茂樹と国家道徳論」，『近代日本道徳思想史研究』，未来社，1972年）则明确评价说从儒哲合一退回到了“儒教一本”；真辺将之则指出后期西村茂树的保守性中存在着不同于其他保守主义的积极因素，且在方法论上与之前的融汇儒学与哲学以确立日本国民道德保持一致性。（『西村茂樹研究——明治啓蒙思想と国民道徳論』，思文閣出版，2009年）

[2] 明治二十年西村提议由皇室来亲自负责普通教育中的德育工作，未被采纳；明治二十二年向宫内省提案设立明伦院以确立日本的国民道德基础，未被采纳。

[3] ［日］古川哲史監修，『日本弘道会百十年史』，日本弘道会，1996年，第157頁。

张已被儒学式的忠孝所取代[1]，开始呈现出保守倾向的价值取向。

1890 年 10 月，在山县有朋的主导下，由井上毅、元田永孚等人起草的《教育敕语》颁布，确立了以忠孝为核心的儒教式道德，忠君爱国成为国民道德要求。对此西村茂树于同年 11 月在“国学院开院演说”中陈述了自己的态度，表示敕语对于日本国是“无上优秀”的，如“日月之光明”，是“道德的标准”，有此足以树立国民道德。西村认为这是自己一直以来的主张（由国家来制定国民道德的标准）终于得以实现，日本终于有了“一定之道德之教”。于是弘道会便开始了广泛的“敕语奉读”和与此相关的各种演讲会。以此为契机，弘道会的入会人数大幅增加。

在著述方面，分别于 1894 年和 1897 年完稿的《国家道德论》《续国家道德论》是西村对当时日本的政治和国家的未来走向做出的思考，与国民道德的关系并不太大，但是其中西村关于日本的教育，主张应与国民道德论相关的，在此稍作论述。《国家道德论》分上下两卷，对于日本的国政，从官制、政务、法律、帝国议会和教育、宗教、军政、理财、租税、山林治川、民业、航海、移民、杂事来对日本国家的施政全盘进行了论述。《续国家道德论》中又分日清战争、国是、财政、政权及行政官、军制、帝国议会、外交、民心风俗、物价贸易几个部分。在涉及教育的部分中，西村强调国家的教育只能采取国家主义，认为世界主义对教育根基有极大威胁的是“亡国主义”。“故今日为日后的教育家明国家主义与世界主义之差别，应勉勿造忘国背义之国民也。”[2]由此可知国家主义一直是西村在选择以什么来造就国民道德时的一个原则与出发点。

[1] 这十条要领是：（一）、重忠孝敬神明；（二）、尊皇室重视本国；（三）、守国法图国益；（四）、勉学问强身体；（五）、励家业守节俭；（六）、家和睦同乡助；（七）、守信义行慈善；（八）、不害人勿贪非道之财；（九）、不溺酒色勿染恶俗；（十）虽信教自由，勿信有为本国之害之宗教。其中第一、二条有很强的水户学的色彩，强调对神明、皇室的尊崇与忠孝道德。

[2] ［日］西村茂樹：『西村茂樹全集』1，日本弘道会，2004 年，第 278 頁。

四、走向保守的西村茂树

西村在《日本道德论》中主张要对儒学与西方哲学的不足之处进行分析，主张要将二者融合起来确立日本的道德学。在《日本道德论》问世后的十年间，西村继续在国民道德教育方面不停耕耘，以著书立说和在日本各地的弘道会支会等以巡回讲演、讲习会的形式继续宣传自己的道德教育思想。在《教育敕语》公布后，西村将其奉为“无上优秀”的由国家制定出的“道德的标准”，但是《敕语》中对于具体的内容也未涉及，具体的解释“敷衍”则在其后日本社会广泛展开。虽然西村并没有专门对此有著述，但我们从1895年开始陆续刊行的《德学讲义》与1900、1902年刊行的《自识录》《续自识录》可以了解西村在《敕语》颁布之后，在他持续的全国道德普及活动中所思考和构想的国民道德的具体组成内容，特别是从中来理解后期西村思想中儒学的道德观是如何在西村的取舍下构成其国民道德论的。

其中，《德学讲义》于1893年完稿，后经不断地修改于1895年刊行。结构上分为上下两编，其中上编是从理论方面进行论述，就道德学中的关键的概念（例如天、上帝、鬼神、人性、良心等）、种类及学科的发展史进行了介绍，而下编则是从具体的道德实践出发，从小至大地谈到了个人的修养、个体之间的道德以及个人对国家和国家之道的道德实践的规范与要求。这样的构成体例在当时可以称得上是“日本伦理道德书书籍中的创先例之书”，此后的道德伦理书籍也多采取类似体例[1]。从内容上来看，西村始终是在东洋与西洋的各种道德学说（包括宗教）中游走，通过对各种“理教”（即之前的“世外教”）和“宗教”（即之前的“世教”）的相关内容进行比较评点，最终还是将理教中的儒学与哲学通过折中取舍，提出了自己的德育思想。与《日本道德论》一样，儒学在西村眼中依然是“至公至正”的，自传入日本之后起到了构成“本邦君民上下道德”的作用，只是与时势有所冲突，“不免受迂阔固

[1] ［日］松平直亮：『泊翁西村茂樹伝』，日本弘道会，1933年，第229頁。

陋之诮”[1]。而且，西村对各教的态度还是如前，“余今日欲立之道德教”，“不偏倚其一教，其要在于协天地之真理，适合本邦国体人情”[2]。由此可见在构建日本国民的道德时的方法论依然还是如前，要以符合天地真理与适合日本国体人情为标准，以折中的方法取各家之长。

如果说上编主要从概念上、理论上对道德学的相关术语、历史等进行概说，那么下编则按具体的人际关系，分十个部分来讲述如何在实际日常生活中来实施道德的行为，分别从个人、君臣、父子、夫妇、兄弟姐妹、子弟（长幼）、朋友、主仆以及社会道德、国家道德来论述，通过将相关的东西方的学说进行比较，参照日本的实际进行相应的取舍来逐一落实。以下我们就针对其中西村在人伦关系的论述，特别是君臣关系等的论述中是如何对儒学进行的取舍来展开下面的论述。

从上述的君臣、父子、夫妇、兄弟姐妹、子弟（长幼）和朋友这几层人伦关系来看，很明显有儒学五伦关系的痕迹。孟子将孔子的孝悌忠信发展到五伦——“父子有亲，君臣有义，夫妇有别，长幼有序，朋友有信”，这五伦在进入日本之后在君臣关系方面，与日本强调的以“忠”为德的君臣关系出现龃龉，因而逐渐形成了日本化的五伦价值。一是从轻重上来看，君臣关系重于父子关系，二是以忠取代了义，即形成了日本忠重于孝的价值观。早在《或问十五》之中，西村便针对《孟子》的五伦与西方哲学中的人伦关系进行过比较，指出西洋只讲两伦或三伦，但《孟子》的五伦亦不足以应对日本的现状，即“孟子五教于今日有三条不足，一为师生之道，二为主仆之道，三为与人相接之道”。在《德学讲义》中西村便将《孟子》的五伦结合时下的局势来进行了取舍：首先，君臣中的臣在明治时期应改为民，故君民之间“义”不妥；其次，夫妻之“别”不是讲夫妇之德，建议以宋代陈襄“夫妇有恩”代替；第三，朋友关系不能涵盖所有的社会关系，因此要加上社会道德的部

[1] ［日］西村茂樹:『西村茂樹全集』，日本弘道会，2004 年，第 382 頁。
[2] 同上书，第 384 頁。

分；最后，对日本特有的主仆关系应加以规定。所以西村指出“故孟子五伦之说，今日不能尽用”[1]，西村在《孟子》的五伦基础上进行增改形成了上述的八层人伦关系，即君臣、父子、夫妇、长幼、朋友、师生、主仆间以及社会道德。

下编的第 7 册中西村用了很大的笔墨来表述他认为理想的君臣观。他认为，在时下的国民道德的构建中，君臣之道正是日本区别于西洋道德最为显著的地方，不立五伦便没有国家的平治。日本的君主是“立于万民之上，统驭一国”[2]，不同于西方的君主。从政治制度上来讲，“人君之道”在于“守东洋仁义之道，行西洋立宪之政”[3]。即希望君主遵守道德训诫，同时以立宪制度来限制君主出现“过恶”的行为。在此明确指出日本的君主有至上的地位，但同时用西方的立宪制度来对君主进行限制。在“人臣之道”中，西村将“臣”规定为拿俸禄出仕之人，而不是所有的国民。作为人臣，最重要的是“忠”，由于日本的君与国是统一的，应以为君尽忠也就是为国尽忠。接下来西村进一步具体地列举了慎戒内容（慎其身、勤其职、举功绩、治民事、慎刑事、为官者的六戒条）。1898 年西村又一次在学士会院上进行了题为《论臣道》的演讲，其内容与以上《德学讲义》的内容并无大异，强调了在日本作为臣来说的最为重要的在于尽忠，由于日本的特殊性（君国统一），决定了忠于君即是忠于国。

在讲解完为君之道和为臣之道后，就进入了君臣关系的论题，这是在江户儒学史中一直争论不休的课题，但西村在此没有避免这个话题。西村以君臣相对的视角来评价孔安国所说的“君虽不君，臣不可以不臣；父虽不父，子不可以不子”和孟子所说的“君之视臣如手足，则臣视君如腹心，君之视臣如犬马，则臣视君如国人，君之视臣如草芥，则臣视君如仇寇”[4]的内容。

[1] ［日］西村茂樹:『西村茂樹全集』3，日本弘道会，2004 年，第 704—705 頁。
[2] 同上书，第 349 頁。
[3] 同上书，第 354 頁。
[4] 杨伯峻:《孟子译注》，中华书局，1990 年，第 186 页。

西村认为孔安国所说的是对为臣者的道德训诫，“不言为君为父之道，只是半面的教训”。因此如果将孔安国所说的作为处理君臣关系的人伦之大道，一定会“陷入大误”[1]。同样孟子所说的这种君臣双向的、对等的相处之道，西村指出这只是孟子对齐宣王提出的训诫，其用意并不在于教导为臣者有条件地去面对君主，因此如将此视为指导君臣大道的处理原则也是极为错误的。同时西村表示“应从正面解释经典”，然而西村以上的解释可以称得上是正面解释吗？

我们从《孟子》文中可以读到《孟子》的君臣观是与其仁政思想和天命思想联系在一起的。历史上孟子思想在中国各王朝所经历的不同态度以及江户时期在日本所面临的各家学派的抑孟非孟的论述中也都是将孟子有条件的君臣观作为批判的靶心，显然上述对西村所理解的君臣观的解读与历史上非孟者的议论与解读是不一致的。故此可以认为，西村这样的解读是对孔安国和孟子两种截然不同的君臣观进行了有意的误读。

那么，如果遇到君不君的情形，臣是否可以不臣呢？西村认为这样的情况算是“事之变”（非常态），因此也无法在平时的情况下给予解决，但事实并非没有办法。西村引用《史记》中的记载，指出在这样的“事变”之下，举出了“三仁”，即三种作为人臣在遇到不德无道之君时的具体对策，即先要行谏言，谏而不听可以如微子“去之”、如箕子“佯狂”，或者如比干“过则谏，不用则死”。这三种都是尽忠的方法，以比干为至忠。西村说应该从三者中根据“时”（局势）与“位”（自己的身份）来从三者中择一而为。至于如果真有无道暴君出现的情形应该如何采取对策，西村在文中避而不谈，只是说这样的情况应该不会再现，由于文明的进步与立宪政治的实现，即使出现了也不可能再如历史中那样肆意暴行，所以为臣者只要遵循前文所述的“常道”就足够，而不必要再去追究什么君若不君的问题了。[2]

[1] ［日］西村茂樹：『西村茂樹全集』2，日本弘道会，2004 年，第 366 頁。

[2] 同上。

于是，通过这样的误读，以及将“不君”情形的非常态化处理，西村回避了君若不君的问题。所以，只有为臣之道中是要求臣对君的有绝对的义务，即尽忠，而在为君之道中则希冀于君的修德，虽然提到了立宪政治，但却没有具体说明如何用制度来对君权进行限制。可以认为，这样避重就轻的误读方式有意地将“君权”放在一个绝对的位置上，为后来日本天皇的“暴走”行为埋下了伏笔。而且，将君与国两个概念进行合一处理，为日后国家主义、军国主义提供了一个极易利用的线索。

五、西村茂树的汤武放伐之逻辑

论及《孟子》的君臣论，还有一个不可回避的话题，即放伐思想。西村对此的解释也别具一格，在此一并论之，从而来分析西村的儒学观、孟子观。在《泊翁只言》第三册中有一篇“汤武放伐之说”的文章，原文略长，为全面呈现西村的思路，故将全文译文列出。

> 一本叫作《仕学问答》的书中，杉本氏问，汤武征伐桀纣，先生所说与先儒所说不同，人们认为义理明白，如何？答曰，孟子之说，闻诛一夫纣，未闻弑君也。虽说如此，若说桀纣是代代相传的主君，汤武是谱第之臣下，主君无道，臣下岂有诛之之道。例如，正如虽亲至极无道，子者无有诛之之道。桀纣与汤武相传为君臣事殊，汤为契之苗孙，武王乃后稷之后胤，都是起自有虞氏，代代为诸侯。唯夏商之君王天下之故，从之。但及桀纣无道至极，由此不再从之，伐是而安天下者，有何疑？以上为《仕学问答》之说。此书著者名不详，然如此一条乃开眼之卓见，邦人不通他国事情，以“支那”国体与本邦国体同一视之，如以汤武放伐为大逆无道者多，三代时之事今日虽不明了，夏殷之君与诸侯之关系，盖如本邦近代德川幕府与岛津毛利氏之关系者，决非如本邦帝室与国民

者。夫国君者，或暴虐或愚昧，荼毒国民，不能整理国家之时，在国人中若有智德胜众，人望所归者，废其君而代之，除本邦外世界万国皆所许，况如汤武全非君臣，以世界普通道理言之时，非敢可咎也。然见齐宣王以此事问孟子，臣弑君可乎《史记·伯夷列传》，伯夷叔齐谏武王语未足信），当时犹以桀纣与汤武为君臣者，孟子以一夫纣之言答之，论旨明快，可谓千古之断案，然世人犹诽孟子之言，可云不通道理者。[1]

以上文段中，西村借用《仕学问答》一书中的问答部分对孟子的一夫纣理论重新进行了解读，并结合日本德川时代的历史进行了类比，指出桀纣与汤武之间的关系并非君臣关系，他们都是诸侯，因此相当于德川时期的幕府与岛津毛利氏。相对于天皇而言，二者都是诸侯身份，所以只是诸侯之间的伐，并不是日本的君与民的关系（因此不是臣轼君）。此外，西村强调放伐易姓革命在世界各国都有，是普遍现象，孟子一夫纣的解释“论旨明快，可谓千古之断案”，所以不要以此来“诽孟子之言”。这里西村借《仕学问答》中的内容再一次对孟子的危险言论进行了一次有意而为之的误读，这次误读批判了历史上众多的非孟言论，指出是缘于“邦人不通他国事情，以‘支那’国体与本邦同一视之”。这样既强调了日本国体的特殊性，又很好地维护孟子言论的权威性。此处再次体现了西村一直以来的儒学观——至正至纯，西村始终在维护着心目中儒学的完美性。

同时还不能忽视的是西村认可革命的态度，革命是“世界普通道理，未敢可咎也”。同样，我们在《续自识录》还可以找到西村对于革命的支持态度。

“支那”儒教说革命，欧洲政事家言共和政治，国学者深恶之，极口诋毁之。以余见之，云革命论，云共和政治说，未必非理也。周易云，天地革而四时成，汤武革命。顺乎天而应乎人。如华盛顿云，得国而传

[1] ［日］西村茂樹：『西村茂樹全集』3，日本弘道会，2005 年，第 779 頁。

子孙私也，牧民之作，宜推贤材而为之。平心考之之时，决非谬戾之言，彼以是得治安，得隆盛，唯只我国不得行之，是其国体所异也。我国皇室实为得天佑者，世界万国无比类者。我与世界无可比类，视世界各国为非理之国，谬也。[1]

上述文段中，西村将孟子思想中的革命论等同于西方的共和政治，称二者都是“未必非理”的，即有道理的。并且西周对于美国的选贤为国之主的做法也是赞许的，是可以“治安隆盛”的做法。不过由于日本国体之特殊性，皇室得到“天佑”没有革命，所以其他各国自有其道理。通过以上两段文字可以很好地理解西村的认可革命的态度和对日本国体特殊化的认识。

六、结论

由上可知，尽管西村认为儒学对于《教育敕语》的实施是最可利用的方法，但却并没有如元田永孚那样完全固守于儒学的教化内容，而是根据当时日本国民道德的状况进行了很多日本化的解释与取舍，使其符合日本的国情。西村从国家主义出发，特别强调日本的万世一系的特殊性，不同于世界其他国家，因此日本的道德也具有了特殊性。强调维护皇室，将尊王与爱国统一起来，也就是通过国家与皇室的一致性来达到忠君即爱国的要求。需要注意的是，西村最终提出的忠孝道德的理论逻辑与之后明治后期以井上哲次郎为代表的家族制国家所要求的忠孝道德是不同的，笔者将另文详细论述。

西村后期的著述中的确出现了更加倾向于保守主义的言辞，在《泊翁只言》第三册的“求心之内外”一文中就曾表示虽然西洋哲学“精密过于东洋”，但东洋学问一大优点在于“东洋学问多内求于心”，所以“若不可二者兼而得之，余宁从东洋风”。特别是在道德的实施上，西村早就指出儒学有

[1] ［日］西村茂樹:『西村茂樹全集』4，日本弘道会，2006 年，第 100 頁。

孟子的养气说、阳明学的知行合一，在道德实践中明显优于只求心外学问的西洋学问，所以在不能兼取之时，宁可择东洋舍西洋。再如在1892年发表的“关于德育”一文中，西村指出在自己的学问历程中，从最初的“只信儒教一方”到学习西学“起大迷惑”，最后“重返正路”，坚信国民教育只要靠儒学就足够了[1]。应该说这是74岁的西村对自己一生的学问遍历进行的回顾与评价。由于西村早年的汉学修习及青年时期的洋学经历，使得他相较于宿儒、腐儒来说具备了对较深刻的西洋文明的理解，又相较于明治以后在新的近代教育体制下成长起来的新一代学者来说具备了精深的汉学基底，因而在接受西洋文明时也能够保持一定的距离、进行较为客观地审视。虽然说最终他还是回归到了完全的儒教主义，并且他主张的忠孝为后来的军国主义所利用，成为其帮凶这是事实，但应该说他试图将东西两洋的思想精华进行融合的观点与尝试在今天依然具有意义，值得我们在重新思考我们的传统文化时加以借鉴。

回到《孟子》思想对于西村茂树的影响来看，应该说他对于《孟子》的信念是相当执着的。首先，自始自终对儒学的笃信，“四书”一直是他最为推崇的学问书，即使在明治初期教育一边倒、向西化倾斜的时候，西村还是认为“四书”是最适合用来作小学的修身教科书的。其次，在西村身上始终有一种儒者的意识，从早年参与藩政时的仁政为民的观念，到后来在官与民两个层面上开展道德普及的实践来看，他始终都是将孟子的“大丈夫”作为理想的形象，致力于成为一名道德者[2]。再次，在他致力于构建的国民道德理论中，虽然是折中融合了西方哲学与儒学两方面的内容，但在有关人伦关系方面显然还是以《孟子》的五伦关系为基础进行了日本化处理，特别是君臣之道对于日本的意义重大。西村借助着对儒学特别是孟子的君臣观进行有意的误读，并且为了强调日本万世一系的国体下的忠孝道德，还对孟子的放伐思想也进行了“无害化”误读，既维护了儒学的“至正至纯”，又突出了日本的

[1] ［日］西村茂樹：『西村茂樹全集』2，日本弘道会，2004年，第1237頁。
[2] ［日］西村茂樹：『西村茂樹全集』3，日本弘道会，2005年，第809頁。

特殊道德的合理性。最后，在道德实施方面，西村也更加推崇以孟子的养气说和阳明学知行合一所具有的影响力。

通过以上的梳理，我们对于西村茂树在明治的国民道德成立过程中的思想与活动有了一个较为系统的了解，明确了儒学在西村的一生的思想中所具有的根源性作用，儒学的道德观念在西村试图塑造的国民道德体系中所起到的重要作用，以及西村通过怎样的理解来将儒学的道德观念更加有效、安全地放入其思想体系中。当然，同时作为深谙洋学的启蒙思想家，洋学知识在西村的知识体系中一直处于一个用以完善整个知识体系的补充。虽然西村吸收了很多先进的西方学问，但从最后学问的归结点来看，西村所做的一直是在国家主义立场，即为了与日本的国情相符合，采西学之长来补儒学之不足，这一学问观贯彻始终。

（张慧：国际关系学院副教授）

北一辉的政治思想与《孟子》

赵晓靓

在儒学典籍东传日本的历史过程中，最富争议性的话题莫过于《孟子》在日本的传播了。由于《孟子》主张“民贵君轻”，肯定“汤武放伐”的易姓革命，具有浓厚的民本主义与革命论色彩，对日本“万世一系”的天皇制历史传统形成了冲击，因而日本知识界对于《孟子》思想的态度历来便是一个引人关注的话题。最早关注这一问题的记载见于中国明末进士谢肇淛的十六卷本笔记著作《五杂俎》（1619）当中：“倭奴之重儒书，信佛法。凡中国经书，皆以重价购之，独无《孟子》。云，有携其书往者，舟辄覆溺，此一奇事也”。[1] 即凡携带《孟子》渡日者，必遭覆船！谢肇淛的这一记载属于传闻，且带有一定的神秘主义色彩，从史料的可靠性上说具有很大的疑点，但这一记载却被江户时代的日本知识分子反复引用而流布甚广[2]，因此《孟子》在日本传播的真相究竟为何，便成了日本思想史乃至中日文化交流史上的一段谜案。

战后，随着“皇国史观”的解体，探究《孟子》在日本传播的真相才正式进入学术研究的视野，日本学者井上顺理在实证研究的基础上指出：《孟子》一书在奈良时代的天平十年（约 738）之前就已经传到日本，作为一般

[1] 谢肇淛：《五杂俎》，卷四地部二鞑靼之獐獠条，中华书局，1959 年。

[2] 例如，江户时代的兰学者桂川忠良、考古学者藤原贞干及儒学者冢田大峰分别在《桂林漫录》《好古日录》以及《随意录》中引用了此传闻。参见［日］井上順理：『本邦中世までにおける孟子受容史の研究』，風間書房，1972 年，第 3 頁。

的教养书籍在贵族阶层中广泛流传，对于《孟子》思想中的“民本主义”和“革命言论”，他认为中世之前的日本人是将之“作为政治原则甚或作为对君主和为政者的鉴戒之言而被平易、朴素地接受下来”，因此，至少在中世之前不存在“《孟子》因其思想内容而遭到禁忌的事实”。至于《孟子》思想与日本的国体相抵触因而无法传入日本的说法则是近世以后随着“大义名分”论及尊王论的兴起而产生的观念论[1]。

井上顺理的实证研究为厘清《孟子》思想在日本的传播打下了坚实的基础，也使得关于这一问题的研究视线开始转向近世，即江户时代。日本学者考察了江户时代的朱子学、古学派、阳明学、国学派以及江户末期的革命派对于孟子的“王道论”“革命论”的解读和吸收[2]，中国学者则通过分析革命派思想家吉田松阴解读孟子思想的著作《讲孟余话》，揭示吉田松阴的革命论与《孟子》的思想关联[3]。

从以上回顾中不难看出，《孟子》思想在近代以前的日本如何被传播是一个备受关注、广为议论的学术话题，然而，对于近代以后日本是如何诠释《孟子》思想的讨论则要冷清得多。这大概与明治以后的日本全面吸收欧洲思想，儒学逐渐失去历史地位不无关系。然而，在近代日本进行国家建构的历史过程中，《孟子》思想并未销声匿迹，正如江户末期的革命派思想家吉田松阴通过诠释《孟子》，鼓吹针对幕府的革命以及建构忠于天皇的“国体”观[4]，明治维新以后的思想家当中也不乏以《孟子》思想为媒介进行理论建构的例

[1] ［日］井上顺理：『本邦中世までにおける孟子受容史の研究』，風間書房，1972年，第3頁。

[2] ［日］野口武彦：『王道と革命の間　日本思想と孟子問題』，筑摩書房，1986年；松本健一：『「孟子」の革命思想と日本』，昌平黌出版会，2015年。

[3] 郭連友：『日本における孟子受容と吉田松陰の「革命思想」』，源了圓、厳紹璗編：『思想』（中日文化交流史叢書 3），大修館書店，1995年；吴伟明：“《孟子》在德川政治思想的挪用”，《德川日本的中国想象：传说、儒典及词汇的在地化诠释》，清华大学出版社，2015年。

[4] 郭連友：『日本における孟子受容と吉田松陰の「革命思想」』；吴伟明：《〈孟子〉在德川政治思想的挪用》，《德川日本的中国想象：传说、儒典及词汇的在地化诠释》，清华大学出版社，2015年。

子，北一辉便是其中的典型代表[1]。

北一辉（1883—1937）是近代日本著名思想家，他一生只留下了三部著作，却部部堪称经典：处女作《国体论及纯正社会主义》（1905）鼓吹与亚洲传统相结合的“社会主义”路线，被片山潜、福田德三等同时代思想家誉为“天才的著作”[2]；辛亥革命爆发后，北一辉以黑龙会通讯员的身份来到中国，随同盟会领袖宋教仁转战上海、南京，并以此亲身经历为基础完成了《“支那”革命外史》（1914—1915），时至今日仍被历史学界视为“日本人书写辛亥革命的最佳代表作”[3]；“五四”运动期间，北一辉在上海完成了《国家改造法案大纲》（后更名为《日本改造法案大纲》），此书的出版先于希特勒《我的奋斗》，是世界最早的法西斯主义经典著作，北一辉也因此被称为“日本法西斯主义思想的源流”[4]。本文将通过分析北一辉著作中的《孟子》元素，探讨《孟子》思想在近代日本是如何被诠释、曲解及批判，并尝试回答以下问题：北一辉是如何通过吸收及曲解《孟子》鼓吹其“纯正社会主义”的？如何对北一辉的“纯正社会主义”进行思想定位？北一辉对《孟子》进行了怎样的批判？北一辉对《孟子》的批判与近代日本的法西斯主义具有何种思想

[1] 著名评论家松本健一将北一辉与吉田松阴、西乡隆盛并称为近代日本思想家中最喜爱《孟子》的读者。松本揭示了北一辉对《孟子》古典民主思想的继承和运用，但对两者的差异则缺乏深入的分析和探究。例如，在谈到北一辉对“异姓革命”思想的继承时，松本多次强调《孟子》对暴君的讨伐是基于“天命”，北一辉则是以“国家意志”作为君主更替的价值原点，因而两者在对君主的批判上具有同构性（松本健一：『「孟子」の革命思想と日本』，昌平黌出版会，2014 年，第 186、187 頁）。但是，“天命”是外在于现实政治的超越性观念，具有对整个现实政治进行批判性反思的功能，然而“国家意志”本身便是政治的组成部分，因此，以“国家意志”为尺度便丧失了将国家的政治行为相对化的思考能力，而这恰恰是北一辉的“民主革命”走向异化的重要内在原因。

[2] ［日］田中惣五郎：『北一輝——日本的ファシストの象徴』（増補版），三一書房，1971 年，第 79 頁。

[3] ［日］久保田文次：「『“支那”革命外史』の実証的批判」，松沢哲成編：『北一輝　人と思想』，三一書房，1977 年，第 25 頁。

[4] ［日］田中惣五郎：『北一輝——日本的ファシストの象徴』（増補版），三一書房，1971 年；［日］丸山真男：『現代政治の思想と行動』（増補版），未来社，1964 年，第 34 頁。

关联？[1]

一、北一辉对《孟子》的学习及初步运用

北一辉 1883 年出生于日本东北地区新泻县的佐渡岛，佐渡是距离本州岛约 50 公里的离岛，历史上曾是著名的"流放之地"。13 世纪时遭受幕府迫害的顺德天皇及日莲宗的始祖日莲均曾流放于此，因此，佐渡的文化传统中自古便包含对天皇遭受"迫害"的历史认识及尊崇"落难"天皇的文化心理。北一辉虽出身商人家庭却绝非与文化无缘，19 世纪佐渡最重要的儒学者及教育家圆山溟北（1818—1892）便是北家的姻亲。溟北曾在江户（东京）师从佐藤一斋、龟田绫濑学习儒学，其中佐藤一斋著有注解《孟子》思想的《孟子栏外书》，而溟北的著作中亦有《四书标异》《语孟标释》等解析《孟子》的作品。溟北返回佐渡后开始兴办教育，出身于佐渡的明治自由民权运动中的活跃分子泰半出自其门下，北一辉也正是师从溟北的弟子而学习《孟子》的。据史料记载，北一辉 10 岁时开始在溟北的大弟子若林玄益家学习儒学，《孟子》便是其间的基本教材，4 年时间的学习使他对《孟子》的思想留下了深刻的印象，为成年后的思想建构打下了基础[2]。

北一辉对于《孟子》的最早运用见诸他以"卓堂"为笔名，投稿给家乡的媒体《佐渡新闻》的文章《国民对皇室的历史观察（所谓国体论的打破）》

---

[1] 关于北一辉思想与《孟子》的关联，日本学者主要强调北一辉通过吸收《孟子》的革命论批判日本的近代天皇制，却忽视了北一辉对于《孟子》的曲解与批判，本文认为此一部分在北一辉法西斯主义理论建构中具有不容忽视的意义，参见［日］野口武彦：『王道と革命の間　日本思想と孟子問題』，筑摩書房，1986 年。我国学界主要在阐述近代日本的法西斯主义运动及右翼思想时论及北一辉，对本文所论述的课题尚缺乏关注，代表性的著作有万峰：『日本ファシズムの興亡』，六興出版，1989 年；朱庭光主编：《法西斯新论》，重庆出版社，1991 年；步平、王希亮：《日本右翼问题研究》，社会科学文献出版社，2005 年；崔新京、李坚、张志坤：《日本法西斯思想探源》，社会科学文献出版社，2006 年；林庆元、杨齐福：《"大东亚共荣圈"源流》，社会科学文献出版社，2006 年等。

[2] 参见［日］田中惣五郎：『北一輝——日本的ファシストの象徴』（增補版），三一書房，1971 年，第 79 頁；ジョージ·M·ウィルソン著，岡本幸治訳：『北一輝と日本の近代』，勁草書房，1994 年；［日］松本健一：『評伝北一輝：Ⅰ若き北一輝』，岩波書店，2004 年等资料的记载。

一文当中。此文于1903年6月25、26日分两次连载，由于文章将批判的矛头直接对准了明治政府关于“天皇统治万世一系”的“国体论”意识形态，尚未登完便被当局禁止出版（27日）。在已经出版的部分中，北一辉一针见血地指出，“国体论”宣扬的日本国民自古以来就亿兆一心、忠贞地拥戴“万世一系”的皇室根本就不符合历史事实，实际上日本皇室几千年来一直在遭受权臣（苏我氏、藤原氏）及幕府的排挤和迫害，因此所谓的“国体论”“迷妄虚伪至极”[1]。青年北一辉的主张无疑受到了佐渡文化传统的影响，同时，他借用孟子的“王霸之辨”说暗示幕府为“霸府”，日本国民则一直在扮演“乱臣贼子”的角色[2]，也颇为引人注目。虽然文章尚未展开便被剥夺了出版的机会，但已初步展示出北一辉运用《孟子》来构建其主张的风格。

二、北一辉对《孟子》的吸收及曲解

北一辉在其成名作《国体论及纯正社会主义》中运用了整整一章的篇幅[3]论述《孟子》所阐述的“儒学的理想国家论”，并以此说明他所主张的“纯正社会主义”。至于为什么要采用这样的方法，北一辉认为理由有二：其一，同时代的社会主义者幸德秋水等人照搬欧洲经验，用法国大革命时代的个人主义理论阐释“社会主义”，背离了“社会主义”的真谛，因此有必要做出澄清；其二，为了打消对于“社会主义”理想能否实现存在的疑虑，需要从历史传统中寻找素材加以说明，在北一辉看来，《孟子》中所阐述的“儒学的理想国家论”就是最好的材料[4]。由此可见，北一辉对于《孟子》的态度并非进行学理性阐释，而是借此表达其自身的政治观点。

---

[1] ［日］北一輝：「国民対皇室の歴史的観察」,『北一輝著作集』第3巻，みすず書房，1999年，第36頁。

[2] 同上书，第37、38頁。

[3] ［日］北一輝：『国体論及び純正社会主義』第五編第十六章，『北一輝著作集』第1巻，みすず書房，1999年，第411—435頁。

[4] ［日］北一輝：『北一輝著作集』第1巻，みすず書房，1999年，第3、4頁。

北一辉“纯正社会主义”理论的最大特点是主张国家的主权既不在于天皇，也不在于国民个体，由天皇和全体国民组成的、具有实在人格的“国家”才是主权的归属，他称之为“国家主权的社会主义”[1]。这是北一辉思想中最富革命性的所在，不仅挑战了明治宪法中的“天皇主权”论，也有别于日本关于“国体”解释的历史传统。众所周知，日本的政治传统以主权（国体）与治权相分离为常态，主权永属“万世一系”的天皇家，治权则多委托于公卿或武家。基于此传统，吉田松阴在《讲孟余话》中将孟子的“天命”说曲解为“天朝（天皇）的命令”，强调主权系于血缘，永属天皇，与德行及能力无关，而将军、摄政、关白等大臣则须遵从“天朝（天皇）的命令”，方可掌管治权，否则将发生“异姓革命”[2]。“大正民主运动”（1913—1925）的理论指导者吉野作造也是在主权与治权相分离的前提下，讨论治权的运作方式是否符合民众的利益，而对主权的归属存而不论，以此建构其“民本主义”的理论体系。[3]北一辉则突破传统，将主权与治权合二为一，他把日本历史中掌管治权的公卿和武家称为剥夺了皇室权力的“乱臣贼子”，从而将“天皇主权”论的历史性归零[4]。众所周知，《孟子》中“易姓革命”论的前提也是主权与治权的合一，改朝换代后主权、治权双双易主[5]，因此北一辉的主张实际上更为接近《孟子》的立场，他也被认为是日本历史上最富革命性的思想家。

北一辉一方面吸收《孟子》中的革命思想，批判明治政府的历史解释，另一方面又用曲解《孟子》的方式，建构其“纯正社会主义”的国家论，即“国家主权”说。北一辉称，如果说柏拉图描绘的“理想国”是欧洲社会主义

---

[1] ［日］北一輝：『北一輝著作集』第1卷，みすず書房，1999年，第211頁。

[2] 吴伟明：《〈孟子〉在德川政治思想的挪用》，《德川日本的中国想象：传说、儒典及词汇的在地化诠释》，清华大学出版社，2015年，第76页。

[3] ［日］吉野作造：「憲政の本義を説いて其有終の美を済すの途を論ず」，『吉野作造選集』2，岩波書店，1996年。

[4] ［日］北一輝：『北一輝著作集』第1卷，みすず書房，1999年，第276—291頁。

[5] 关于中日政治传统中对主权与治权认识的差异，参见吴伟明：《从德川史学看中国正统论的在地化》，《德川日本的中国想象：传说、儒典及词汇的在地化诠释》，清华大学出版社，2015年，第140—141页。

的源泉，那么《孟子》中所表述的“儒学的理想国家论”无疑则是中国及日本社会主义的思想源流。[1] 接下来他分别从政治、经济两个方面进行了阐释。

北一辉将孟子的“一夫纣”论曲解成了“国家主权”论：“孟子在家长国的潮流之中傲然挺立，高举‘一夫纣论’表明了国家主权论的立场。”[2]“一夫纣”论即著名的“汤武放伐”论：“齐宣王问曰：‘汤放桀，武王伐纣，有诸？’孟子对曰：‘于传有之。’曰：‘臣弑其君，可乎？’曰：‘贼仁者谓之“贼”，贼义者谓之者“残”。残贼之人谓之“一夫”。闻诛一夫纣矣，未闻弑君也。’”（《孟子·梁惠王下》）孟子的这段论述体现了中国特有的政治传统：上天授有德者天命以统治天下，君主行仁义之政便可国运长久，若行不义，上天会将天命另委他人而形成改朝换代。然而需要指出的是，这里所说的“改朝换代”针对的是君主个体而非王朝体制，无论如何改朝换代，君主与臣民之间主从关系的基本结构始终如故[3]，因此绝非北一辉“国家主权”论所主张的“国家”（土地和全体人民）由君主的“所有物”（物格）转变成具有“生存进化的目的和理想”的实在生物（人格）[4]。北一辉的主张不仅曲解了《孟子》，其中也包含着巨大的危险，他将“国家”这一人为制造的统治工具视为“具有实在人格的生物有机体”，一方面个人变成了从属于“国家有机体”的“分子”，个体的独立性被抹杀[5]，另一方面将“国家”的生存方式与自然界中的生物做机械的对应，混淆了自然科学与社会科学的界限，自然界的生物进化论演变成了“弱肉强食”的社会达尔文主义[6]。

北一辉所主张的“社会主义”经济制度是要将土地及一切生产资料收归

---

[1] ［日］北一輝:『北一輝著作集』第 1 巻，みすず書房，1999 年，第 411、412 頁。

[2] 同上书，第 420 頁。

[3] 例如丸山真男指出：尽管孟子的思想具有一定的革命性，但是儒家将对君主的“忠”视作先天的、绝对的伦理（“五伦”之一），因此儒学无法内在地突破君臣之间主从关系的束缚。［日］丸山真男:『「文明論之概略」を読む』上，岩波書店，1998 年，第 244 頁。

[4] ［日］北一輝:『北一輝著作集』第 1 巻，みすず書房，1999 年，第 420 頁。

[5] 参见［日］神島二郎:「解説『国体論及び純正社会主義』」,『北一輝著作集』第 1 巻，みすず書房，1999 年，第 440 頁。

[6] 参见［日］滝村隆一:『北一輝　日本的国家社会主義』，勁草書房，1987年，第59、60頁。

国有。他认为个人对生产资料的占有侵犯了“国家主权”，造成了人与人之间在经济上的不平等，令无产者（工人、农民）对有产者（资本家、地主）形成人身依附关系，从而侵蚀“国家”这一有机体的“人格”。[1] 为了对此进行说明，北一辉引用《孟子》阐释“社会主义的伦理基础”：“无恒产而有恒心者，惟士为能。若民，则无恒产，因无恒心。苟无恒心，放辟，邪侈，无不为已。及陷于罪，然后从而刑之，是罔民也。焉有仁人在位，罔民而可为也？是故明君制民之产，必使仰足以事父母，俯足以畜妻子，乐岁终身饱，凶年免于死亡。然后驱而之善，故民之从之也轻……”[2]（《孟子·梁惠王下》）此段论述体现了孟子的仁政爱民思想，北一辉则认为重点在于它说明了“满足经济需求才是一切伦理活动的前提”，求诸经济制度便是土地国有制，因此孟子推崇井田法，主张实行土地国有和均分，满足人民的经济需求。在此基础上，北一辉指出井田制的理想无疑便是今日“社会主义”经济制度的历史源泉。[3]

众所周知，井田制作为上古三代（殷、商、周）的遗制而流传后世，孟子在《藤文公 上》中做了如下记载：“方里而井，井九百亩。其中为公田，八家皆私百亩，同养公田。公事毕，然后敢治私事。”这里孟子将土地均分作为共同体的理想，其后自汉至宋，中国历代王朝为了追求这一理想做了不同程度的“均田”或“限田”的尝试，其间日本模仿唐代的“班田授受法”实行了“大化改新”，被北一辉称为“社会主义理想”在古代日本的昙花一现[4]。然而需要指出的是，这种儒学式的土地均分思想实际上是建立在“普天之下莫非王土”的“王土”观基础上的，其本质是皇帝对臣民的“恩赐”，目的是为了防止地主势力过度膨胀或人民因极度贫困发动暴乱，因此这种自上而下的“均田”或“限田”政策归根结底是为了维护王朝体制[5]，而北一辉所主张的

[1] ［日］北一輝:『北一輝著作集』第 1 卷，みすず書房，1999 年，第 378、379 頁。
[2] 同上书，第 412、413 頁。
[3] 同上书，第 413、416 頁。
[4] 同上书，第 343、344 頁。
[5] ［日］溝口雄三:『中国の思想』，放送大学教育振興会，1995 年，第 135—137 頁。

“国有”恰恰是以剥夺君主对土地的领有为前提的[1]，两者的关系应是水火不容的。并且如前所论，北一辉不仅否定君主等特权阶层对生产资料的占有，也否定个人的财产权。

综上所述，北一辉或吸收《孟子》的思想，或曲解《孟子》的观点以建构其“纯正社会主义”，但是他的“社会主义”国家论绝非“儒学理想国家”论的现代翻版，其实质是19世纪的“国家有机体”说及社会达尔文主义的混合体。接下来从《“支那”革命外史》看一看北一辉对于《孟子》的批判，并揭示此批判与日本法西斯主义的思想关联。

三、北一辉对《孟子》的批判及其与日本法西斯主义的思想关联

《“支那”革命外史》主要记载了北一辉参加辛亥革命的亲身经历，以及他对于中国革命和中日关系未来的展望。北一辉认为，辛亥革命是一场争取国家独立的国民运动，革命成功的关键是以武装斗争推翻满清的统治，赶走侵略中国的欧洲列强，因此，他将中世纪时的蒙古帝国的军事专制视作革命政权的典范。[2] 此时北一辉便将批判的矛头直接指向了《孟子》：

> 同一中世史中中国的代官中世史与日本的封建中世史的差异，在于日本实行了武士制度，相反中国却踏上了文士制度的邪路。……（如今）日本早已迎来了旭日的国运，中国却尚未渡过亡国的深渊，根源在于文武二途造就的国民心态。……中国的文弱形成了亡国之运，其根源则在于孔教。日本军国主义的国运昌盛如同大乘佛教。夷狄迫近之时带领民众逃避的孔教恰似摩西的羊群及惰弱的基督教，大乘佛教基于慈悲而征

[1] ［日］北一輝：『北一輝著作集』第1卷，みすず書房，1999年，第416、417頁。

[2] ［日］北一輝：『“支那”革命外史』，『北一輝著作集』第2卷，みすず書房，1968年，第21、22、159頁。

服，即便是手握可兰经和宝剑的回教亦远为不及。日本经彼（中国）而接受二者（儒教与大乘佛教），然而彼（中国）将兴国的大乘佛教留给了日本中世的明君贤将，自身却被亡国的孔孟所束缚沉溺于千年的黑暗之中，何其遗憾！[1]

在这里北一辉以日本的武家政治，批判中国历史中重“文”轻“武”的政治传统。众所周知，中国历代均有重“文”轻“武”的传统，其中包含的正是孟子所提倡的“王道”思想。“王道”与“霸道”是中国古代哲学中两种不同的统治方法与政治理念，施行仁政，以“德”服人者为“王道”，以武力压服他人者为“霸道”。孟子将两者对立起来，首倡了“王霸之辨”，肯定“以德行仁者”，否定“以力假仁者”（《孟子·公孙丑 上》），形成了“尊王贱霸”的“王道”政治哲学，并对后世产生了深远的影响，成为评价历代王朝政治的核心价值观。北一辉则批判这一重“德”（文）轻“力”（武）的“王道”价值观，认为这恰恰是中国近代走向衰落的根本原因。这一批判在某种程度上也反映了20世纪初期的时代风潮：中日甲午战争之后中国加速衰落，邻国日本却在“富国强兵”政策的指引下国力蒸蒸日上，面对被列强瓜分的严重危机，中国知识分子不得不开始反思传统，以一部分留日学生为中心倡导将军事力量与国民主义相结合的“军国民主义”便产生于这样的背景之下。[2]但是值得注意的是，北一辉的批判不仅仅是对国际关系现状的单纯反应，同时也是其社会进化论体系中的一个环节。

早在撰写《国体论及纯正社会主义》阶段，北一辉便再三强调自己是从“生物进化论”的角度来考察社会哲学的：“对人类社会这一生物种属进行进化论式的说明”，是名副其实的“社会进化论。”[3]自此，无论是《国体论》，还是《“支那”革命外史》乃至《国家改造法案大纲》，社会进化论始终是北一

[1] ［日］北一輝：『北一輝著作集』第2卷，みすず書房，1968年，第160、161頁。

[2] 参见厳安生：『日本留学精神史』第四章，岩波書店，1991年。

[3] ［日］北一輝：『国体論及び純正社会主義』，『北一輝著作集』第1卷，みすず書房，1999年，第1、2頁。

辉思想体系中重要的理论支柱[1]。进化论的核心观点是“生存竞争”与“适者生存”，原本被用于说明自然界中的生物的变化，19世纪的英国思想家斯宾塞（1820—1903）等人将之扩大至人类社会，便形成了“社会进化论”。北一辉一方面继承了斯宾塞的基本观点，同时也形成了不同于斯氏的思想特点：对斯宾塞而言个人才是生存竞争的基本单位，而北一辉则将进化论与“国家有机体”说相结合，从而形成了以国家为基本单位的“社会进化论”。[2]在北一辉看来，国家间的“生存竞争”，即现实中的帝国主义战争是推动社会进步的不可或缺的手段，在竞争中获胜的“适者”国家所组成的“世界联邦”是人类社会进化的最高阶段。[3]在这一“进化”图景中，北一辉不仅将战争描绘成人类“进步”的阶梯，积极地加以肯定，以武力征服他国、“弱肉强食”的帝国主义也被视为“历史上社会进化的最有力的途径”而受到赞美[4]。

从辛亥革命的爆发到“五四”运动，北一辉在中国生活了6年[5]，此段经历为北一辉提供了理论联系实际的广阔舞台，他开始用进化论的视角分析中国革命及中日关系，从而形成了完整的“大亚细亚主义”思想。近代日本的“大亚细亚主义”，又被称为“亚洲主义”或“亚细亚主义”，其核心是以日本为“盟主”的“亚洲连带”思想以及谋求日本的霸权，是日本法西斯主义的重要意识形态特征之一[6]。北一辉虽非独创，却是集大成者，他不仅在观念层

[1] 关于北一辉利用进化论建构其思想体系的具体过程，参见［日］岡本幸治：『北一輝　転換期の思想構造』，ミネルヴァ書房，1996年，第52—122頁。

[2] 参见クリストファー・W・A・スピルマン：「解説『国体論及び純正社会主義（北一輝自筆修正版）』」，長谷川雄一、萩原稔、クリストファー・W・A・スピルマン編：『国体論及び純正社会主義（北一輝自筆修正版）』，ミネルヴァ書房，2007年，第487頁。

[3] ［日］北一輝：『国体論及び純正社会主義』，『北一輝著作集』第1巻，みすず書房，1999年，第111、112頁。

[4] 同上书，第111頁。

[5] 北一辉1911年来到中国，追随宋教仁参加辛亥革命，1913年宋教仁遇刺后，北一辉声称宋教仁托梦给他指认袁世凯及孙中山为幕后凶手，造成了不良影响，因而被日本政府勒令回国，3年之内不得来华。3年期满后北于1916年再度来到中国，但此时他已经失去了参与中国革命的人脉，只能作为旁观者寄居于友人家中，1919年12月回国。

[6] 丸山真男在《日本法西斯主义的思想与运动》（丸山真男：『現代政治の思想と行動』（増補版），未来社，2006年，第40—57頁）一文中将日本法西斯主义的意识形态特征归纳为“家族主义”“农本主义”及“大亚细亚主义”。

面论述“大亚细亚主义”思想，还提出了具体的“建立革命大帝国”的世界战略，对后来者产生了极大的影响，被认为是第二次世界大战期间日本政府“大东亚共荣圈”战略的历史源流[1]。北一辉的“革命大帝国”是要日本以强大的军事力量战胜英国，建立北起西伯利亚南至澳大利亚的、称霸世界的“新月形大帝国”，进化论中的“生存竞争”被具体表现为日本与英国之间的争霸战[2]，这一“霸权国”的理念是十足的“霸道”哲学，与《孟子》所提倡的“王道”哲学格格不入，《“支那”革命外史》中对于《孟子》的批判便是在这一理论背景下展开的：为了建立“革命大帝国”，北一辉主张对内实行法西斯主义的“国家改造”[3]，对外组建以日本为“盟主”的、以军事专制的中国为盟友的“中日军事同盟”以增强日本的军事力量，然而其同盟论完全无视中国的主权与独立，只能是一厢情愿的空想[4]。1919年“五四”运动期间，北一辉在上海目睹了运动的全过程，中国人民反抗日本帝国主义的浩大声势令他心惊肉跳，于是他放弃了“中日军事同盟”的主张，转而将中国定义为除了依靠日本的“扶植拥护之外别无自立之途”的、进化论中的“不适者”，从而为其“霸权国”的理念包裹上“解放亚洲”的金色外衣[5]。借助中国这一“他者”，北一辉完成了法西斯主义的理论建构。

综上所述，在《国体论及纯正社会主义》中北一辉通过吸收《孟子》的“异姓革命”思想，批判明治政府关于“天皇统治万世一系”的历史解释，动

[1] 参见［日］平石直昭：「近代日本の国際秩序観と『アジア主義』」，東京大学社会研究所編：『二〇世紀システム 1 構想と形成』，東京大学出版会，1998 年，第 199 頁。相关研究还有：王屏：《近代日本的亚细亚主义》，商务印书馆，2004 年；林庆元、杨齐福：《“大东亚共荣圈”源流》，社会科学文献出版社，2006 年等。

[2] 参见［日］北一輝：『“支那”革命外史』18—20 章，『北一輝著作集』第 2 巻，みすず書房，1968 年。

[3] ［日］北一輝：『日本改造法案大綱』巻一至巻六，『北一輝著作集』第 2 巻，みすず書房，1968 年。

[4] 例如关于严重损害中国主权和独立的“对华二十一条要求”，北一辉在建立“中日军事同盟”的幌子下，或要求中国全盘接受，或主张为日本称霸世界争取有利的国际条件而加以利用。参见赵晓靓：《论北一辉关于“对华二十一条要求”主张的实质》，《世界历史》，2010 年第 1 期，第 20—27 页、第 156 页。

[5] ［日］北一輝：「日本改造法案大綱序」，『北一輝著作集』第 2 巻，みすず書房，1968 年，第 292 頁。

摇了天皇制国家的意识形态基础，是日本近代史上极富革命性的思想家；另一方面，他又通过曲解《孟子》的“一夫纣”论和井田制理想鼓吹以“国家主权”为核心的“纯正社会主义”，其国家论的实质是19世纪的“国家有机体”说及社会达尔文主义的混合体，而绝非孟子所主张的“理想国家”。在《“支那”革命外史》和《国家改造法案大纲》中，北一辉立足于“生存竞争”“适者生存”的社会进化论观点批判《孟子》的“王道论”，并将之运用于分析东亚国际关系，形成了完整的“大亚细亚主义”思想，以及建立“霸权国”的法西斯主义国际战略，不仅是日本法西斯主义的思想源流，也成为了第二次世界大战期间日本政府“大东亚共荣圈”战略的历史源流。

（赵晓靓：广东外语外贸大学日语语言文化学院教授）

不同于中日的《孟子》在朝鲜的接受特点*

［韩］成海俊

前言

韩国对《孟子》思想的认识与实质上的接受，始于具有革新性的政治思想家们所关注的高丽时代。而从高丽时代后期开始《孟子》一书就开始被用作儒学的教材一事，则可以视作对《孟子》实质上接受的例证。

具体而言，当时的学者、政治家郑梦周（1337—1392）[1]，将《孟子》一书作为礼物赠予了自己的同门中他最为器重的后辈——郑道传（1342—1398）[2]。而郑道传从郑梦周那里获赠《孟子》后，一边用心研读，一边与新进武将李成桂（1335—1408）一起共同实现了革命的梦想。即开创了朝鲜王朝，完成了从高丽王朝向朝鲜王朝转变的易姓革命的梦想。此外，《孟子》的思想对以死表忠节的高丽末期的忠臣郑梦周，以及朝鲜时代初期的忠臣成三问

---

* 本论文是在2015年1月18日北京外国语大学主办的“中韩越国际研讨会”上所发表的《近世朝鲜的孟子受容与研究现状》一文的基础上修改而成。

[1] 郑梦周，生于庆尚道永川市，曾习朱子学，并获科举考试第一名。在高丽末期内忧外患的情况下，与武将李成桂等人一起参加了对女真和倭寇的讨伐，建立了自己的功绩。1377年赴日，与室町幕府的九州探题——今川则俊（1326—？）进行谈判。

[2] 身为政治家、道学者的郑道传，在20岁时就参加了进士考试并高中。官至通礼门一职时，父丧回乡守孝。在服三年丧期间，精读了对从郑梦周处获赠的《孟子》一书。郑道传是从高丽到朝鲜这一王朝交替的社会动荡时期，对新王朝进行顶层设计的历史中心人物之一。但郑道传还没能够看到性理学这一理想世界的实现，就死于政敌的刀下，在朝鲜时代的落幕之际他也为自己的波澜壮阔的一生画上了句号。(《太祖实录14卷》)

（1418—1456）[1] 与赵光祖（1482—1519）的忠节思想都产生了一定的影响。

随着朝鲜王朝时期《孟子》开始被正式接受，朝鲜最具代表性的朱子学者李退溪（1501—1570）和李栗谷（1536—1584 年）等学者亦受到了重用。在综合李退溪等诸家对《孟子》中深奥难懂的章节所作的训释并予以订正的基础上编撰而成的《孟子释义》，李栗谷受命于朝鲜宣祖将“四书”译成韩语活字本的《孟子栗谷谚解》，李瀷（1681—1763）[2]记录其思想的火花，以期今后发展为成熟见解的资料《孟子疾书》以及在书中所强调的要想理解圣人的意志就必须从孟子开始的这一主张，还有丁若镛（1762—1836年）[3]的《孟子要义》，通过上述书籍的编撰与出版，《孟子》得到了更为广泛的流传。此外，作为郑梦周的直系子孙，在心性论的发展上占据重要地位的郑齐斗（1649—1736），以他为中心，阳明学者们在江华岛成立的江华学派和近畿南人[4] 的知识分子，都对以《孟子》为核心的心性论非常重视。他们主张基于心性修养来最终实现王道政治的理想，并以此来把握孟子思想的特征。

其中，正祖（1752—1800）在重读《孟子》之际做了极为细致的笔记，

---

[1] 朝鲜王朝前期的文臣。不满朝鲜世祖篡位的成三问等人扶持朝鲜端宗复位，然密谋未果，被朝鲜世祖所镇压，随后，成三问被夺职。效忠端宗，守节的端宗的六位家臣“生六臣”之一的南孝温（1454—1492）通过《死六臣典》等作品，成三问被视作忠节和节义的象征。而将成三问视作节义的象征这一观点是从静庵赵光祖（1482—1519）一派执权时开始的。朝鲜肃宗时期的宋时烈、金寿恒等将以成三问为首的“死六臣”推举为忠节和节义的象征。此后，对成三问也一直持续着正面的积极性的评价，近代广为人知的 1929 年李光秀的《端宗哀史》也被载入了教科书。特别是读了《端宗哀史》的读者们，一方面对以成三问为首的“死六臣”的节义感动不已，另一方面，则对首阳大君及其追随者申叔舟表达了否定性的评价和愤慨之情。(《成三问和申叔舟》2013 年 12 月 30 日载于《东亚日报》。)

[2] 李瀷的父亲李夏镇是南人，乃大司宪，在 1680 年庚申换局后，南人遭受致命的打击，李夏镇也被处以流放之刑。李瀷为李夏镇的第五子，出生于流放地平安道云山郡。李瀷出生后第二年父亲去世，李瀷搬到京畿道安山郡瞻星里拜哥哥李潜为师。然 1706 年李潜因为父亲辩护的“上疏事件”而被杖杀。在逆境中，李瀷放弃仕途，在安山郡度过了一生。著作有百科全书的《星湖僿说》《杂著》《藿忧录》等。

[3] 生于全罗南道罗州（生于京畿道），在南人学者家庭长大，1789 年通过科举成为官员。他对西洋科学很感兴趣。据自称，他最初受到基督教的影响，但由于受到 1791 年全罗道珍山的基督教徒废除对祖先的祭拜一事败露后被斩首的一事的影响，后脱离基督教。1792 年，丁若镛向正祖上疏，主张城制改革。为了建设水原城，丁若镛著有《城说》《起重架图说》等著作。通过制作举重器，节省钱四万串。但随着 1800 年正祖去世，社会上对南人的非难再次加剧。1801 年又爆发了镇压基督教的辛酉教难，丁若镛被发配到全罗南道康津郡，在那里被迫度过了 18 年的流放生活。

[4] 首尔和京畿地区的南人叫作京南或者近畿南人。

他主张“君师”在作为君主的同时还应为儒学之师表。不仅如此，他还曾将《孟子》条目中的问答向朝廷特别选拔的文臣进行提问，试图通过《孟子》来寻求实现理想王道政治的可能性。与正祖同一时期，学者们最为信赖的朝鲜王朝后期的实学家丁若镛所著的《孟子要义》（9卷3册）则是代表性的《孟子》相关论著之一。随后，朝鲜所有的文庙都开始祭祀继孔子之后的圣人、被誉为亚圣的孟子，而且无论在多么偏僻的村落，人们都用《孔子》《孟子》中的话语来训诫孩童。由此可见，孟子在韩国的传统之中一直被视作圣人，而且对其尊崇一直持续至今。

综上，与中国和日本相比，孟子在韩国并没有受到政治上的排斥，而是以亚圣之尊被所有的文庙立牌祭祀，且自古以来都一直被尊为圣人。截止到2021年4月28日，韩国的孟子相关研究，达到了12773件（其中学位论文970篇、学术杂志论文2763篇、单独发行的书籍8603册、公开讲座32次、研究报告书400份、学术杂志5份）。

鉴于上述情况，本文将探讨不同于中国与日本的《孟子》在朝鲜接受的特征。本文将从韩国迄今为止进行了怎样的《孟子》研究这一视角出发，以朝鲜王朝时期对《孟子》的接受和研究状况与研究史为中心，以期阐明韩国的《孟子》研究现状和接受的特点及其意义。

一、《孟子》思想的概要——中国与日本的情况

孔子出生于春秋时期的鲁国，被奉为“大成至圣文圣王”，而孟子当时却只不过是战国时代的一位学者。孟子把以仁义为基础的王道政治作为其思想之精髓，向战国时期各国诸侯进行游说。但诸侯们假富国强兵之名，关注的仅仅是本国的利益，一心想着掠夺征服他国，故当时并不存在接纳孟子的主张的社会环境。因此，以民为先的孟子的政治经济思想在当时并未受到重视。于是，孟子一面慨叹尧、舜以及禹王、汤王、文王三王的王道政治无法被接受

的现实，一面在晚年和弟子们一起整理《诗经》《书经》的同时，还撰写了《孟子》七篇留传于世，公元前 289 年以 83 岁高龄与世长辞。孟子生于中国战国时期的邹国，据说曾师从于孔子的孙子子思。无论传说的真伪与否，孟子都是继承和发扬孔子思想，甚至与孔子并称为“孔孟之道”继承孔子思想的正统性的人。但是孟子在世时，地位却高于孔子。举例来说，孔子不过是弱小国家大司寇，而孟子则位居强大齐国任卿一职。且以当时货币单位的粟为计算，孔子年俸约粟九万，而孟子的年俸就达到了粟一百五万。

孟子的学说，以论述人类本性的人性论为代表，性善说、四端说、良知良能说的道德思想、国家论、心性论、不动心等体系化思想而闻名。但是与孔子相比，孟子思想中以民本主义为基础的、具体且有过激倾向的王道政治论及易姓革命思想则更受世人关注。

其中，作为孟子的代表性学说的性善说，是指所有人的心中都有着上天所赋予的善良的人性。其善良的人性通过恻隐之心、羞恶之心、辞让之心、是非之心这“四端”表现出来，若能将之培养发展下去，则将可达到“仁义礼智”的“四德”。其四德强调的是，作为人类善人的能力，以良知良能的性善为基础，不断地锻炼和发展人类被先天赋予的德行，就会培养出一种敬天、顺天的浩然之气的修养论。

此外，一方面孟子所主张的王道政治，需要学习和践行尧舜和圣王们所实施的德治主义，以仁义统治人民，关心民众的生死存亡，与民同乐。另一方面，易姓革命的政治思想，是指若君王违背民意，逆天命，行暴政的话，民众可以驱逐旧君，为人民拥立新君的一种民本主义的革命论。

在基于民本主义的易姓革命论中，孟子可谓是春秋战国时期的思想家中，展开了最为激进、最有批判性的政治思想的人物之一。在孟子具有激进、批判性的易姓革命这一思想中，暴君被认为不过是“残贼”，不仅可以被诛杀，而且在“百姓·社稷·君主”这一排序中，君主还被排在了最后（民为贵，社稷次之，君为轻《尽心章》）。在国家统治方面，百姓被认为是最重要的，其次是社稷，而君主相对来说则是较为次要的存在，故被排在了最后。也就是说，若能得到人民的信任就可以成为天子，得到天子的欢心就可为诸侯，得到诸侯的承认就可为大夫，若诸侯危及国家的话就可以更换诸侯。不仅如此，孟子为了保障百姓的利益，还主张井田制，正如无恒产则无恒心所言，人民只有在生活安定之后，才能实现仁义礼仪。

孟子所处的历史时期是中国历史上最为激烈的变革期。在这一背景下，在他有生之年，儒家被墨家的势力所压制，在政界无法对抗法家的地位。因此，孟子将复兴儒家思想视作一生的大业，他通过对其他诸子百家思想的批判与论争，试图证明儒家思想是最为卓越的。尤其是在孟子的时代，周王室极度衰微，甚至到了让人可以忽略其存在的地步。同时，各国均不顾仁义道德，执政者们一心只求富国强兵，眼里只有自己的王权与本国利益。为此他们不惜侵犯他国，毫不顾忌地使用暴力和掠夺甚至杀人等手段，断然地走上了动物本能的弱肉强食之路。换言之，当时各诸侯国都只顾本国的利益，不惜通过战争等手段使人民群众陷入了生灵涂炭的极度混乱的状态。在这一无比混乱的状态下，臣弑君、子杀亲，毫无“道”可言。[1]在此政治局面下，孟子高举道德和正义的旗帜，主张遵循孔子的仁义王道政治[2]，阻止了弥漫着暴敛诛求和血腥气息的侵略战争，企图重现尧舜的理想政治。不仅如此，孟子还周游梁、齐、宋、鲁国等诸国，宣扬其王道政治论，主张善良且具正义感强的人应从政，只有这样的人才会得到民众的支持，从而实现治国平天下的理想。但在战乱的时代，能听取孟子的以仁义道德为中心的政策的执政者却几乎没有。

然而，由于孟子思想所具有的号召力和其豁达的精神，每当暴力和冲突肆虐的时代，孟子的思想都能够站在现有权力和利益体的对立面，为在野党（不当权者）发声。也就是说，阳明学者等中国的进步知识分子们在建构新的

[1] ［韩］李家源：《新译孟子》，弘信文化社，1991 年，第 6 页。

[2] 王道政治基本表现在田制、税制、教育制度和采用汉字等举措。

哲学之际，将目光投向了《孟子》的心性论。然而，尽管《孟子》一书在战国时期的学者中广为人知，但在社会上并非很流行。因此，在战国末期《孟子》几乎销声匿迹之后，直到汉代采纳儒家思想，孟子的思想在此期间受到了严厉的批判。尤其是孟子过激且具有攻击性的言论，以及比君主更尊敬人民的民本思想，都是执政者极为嫌弃的。

（一）中国和日本对《孟子》的否定与批判

孟子以后，活跃在战国末期的思想家荀子在《非十二子篇》中批评“子思”和“孟子”，荀子的弟子韩非子也对孟子思想进行了批判。此外，汉朝的思想家、哲学家、政治家、教育家的董仲舒[1]与博学多识的思想家扬雄[2]为首，后汉的文人、思想家王充[3]亦在《论衡》的《刺孟》等篇中对孟子的主张进行了反驳。另外，从君主的角度来看，孟子同样是不受欢迎的存在，因此中国的执政者和日本的武家政权均对孟子敬而远之。首先，通过革命夺得政权的明太祖朱元璋就非常厌恶《孟子》中的革命论，这是中国当权者对于孟子敬而远之的典型事例。朱元璋在读到《孟子·离娄章句下》中“君之视臣如手足，则臣视君如腹心；君之视臣如土芥，则臣视君如寇仇”一文时，曾大发雷霆，下令将文庙中孟子配享的牌位撤出，并焚毁《孟子》的所有相关书籍，甚至下诏若对此举有异议的臣子将治大不敬之罪，且要“袒胸受箭以杀之”，对挑战和批判王权的孟子毫不留情地表达了其不满。不仅如此，朱元璋还命令刘三吾删除了革命论的相关章节，出版了由《孟子》的百分之三十部分的八十五章编辑而成的《孟子节文》。因此尊重人民，蔑视王权，煽动革命，动

[1] 出身于河北广川郡，向汉武帝提出了“举贤良对策”，主张天人感应和大一统的学说，并建议“罢黜百家，表章六经”。他的儒家思想在汉武帝的统治下，对当时的社会、政治、经济都做出了贡献。

[2] 字子云，出生于蜀郡成都即现今四川成都。他像汉代文学家司马相如一样说话有点口吃，但在经学以及辞章方面的造诣非常卓绝。

[3] 字仲任，出生于会稽郡上虞，著有批评旧传等不合理因素，追求合理的《论衡》。在其著作中，因为对儒学也进行了严厉的批判，所以北宋以后被视为异端，在20世纪70年代的儒教批判运动（即非林非孔）中，被视作批判孔子的先驱。

摇王朝基础的《孟子》一书被视作了禁书。

正是由于上述的思想背景，日本在接受《孟子》之际，虽然《孟子》受到仁斋学派和阳明学派的武士阶层等部分人的尊崇，但却受到了来自古学派、徂徕学派、国学派、水户学派的警惕和蔑视。其实，在日本《孟子》从很早开始就被认为是与日本的国体相矛盾的思想。传说当载有《孟子》一书的船驶往日本，就会在到达日本之前遇难失事（孟子舶载船覆溺说），故江户幕府也将之视作禁书，非常警惕地对待《孟子》。这种日本有关忌讳《孟子》的传说在当时的日本广为流传，明末文人、官员谢肇淛（1567—1624）所记录的内容涉及天、地、人、物、事各个方面的著名随笔《五杂狙》（又名《五杂俎》）中亦有此记载。

受此影响，国学家上田秋成（1734—1809）也在其随笔集《雨月物语》中记载了载有《孟子》的船舶遇难这一传闻，以旁证的方式证实了孟子长期以来被认为是禁书的说法。尤其是孟子的“汤武放伐思想”和民贵君轻的“民本主义思想”，让执政者最为不安。这种思想对主张万世一系的天皇制的日本传统政治体制是一种很大的威胁。因此，日本的儒学者们，在评价宋儒之际，只承认孔子，而对曾子、子思及孟子采取了排斥否定的态度。其中，以山鹿素行（1622—1685）为代表的古学家、兵学家和荻生徂徕（1666—1728），就认为将孔孟并称是极其错误的（“孔孟之称、不倫殊甚”）[1]。此外，徂徕学派的龟井南冥（1743—1814）、太宰春台（1680—1747）、伊东蓝田（1734—1809）、佐久间太华（？—1783）、藤泽东畡（1795—1864）等都不遗余力地对孟子展开了批判。水户学派的尊王论者高松芳孙（？—1861 年）甚至将《孟子》看作后世所作伪书，斥孟子为“仁义之贼、圣人的大罪人、乱圣人之道”，并站在尊王论者的立场对孟子展开了批判。[2]

在德川家康曾经发表过“如果读不完‘四书’的话，那么仅《孟子》一

[1] ［日］荻生徂徕：《蘐园随笔》，载《日本儒林业书》第 7 册，风出版，1978 年，第 187 页。
[2] 黄俊杰：《德川日本的论语解释》，PERIKANSHA Publishing Inc, 2014 年，第 107 页。

册也应该通读”的言论后，为明治维新提供思想基础的尊王论者吉田松阴（1830—1859）从野山狱中出狱后，在其所著的《孟子》讲义《讲孟箚记》（译者注：又称《讲孟余话》）中，塑造出一个实践性孟子的形象而广为人知。1859 年在松阴写给朋友的信中提出的所谓“草莽崛起”论，便是受到了孟子的影响，这便是希望民众崛起从而打倒幕府的革命思想。在《讲孟箚记》一书中，松阴表达了对长州藩及日本的担忧，以及针对当时西洋列强的侵略日本该如何应对的忧愤之情。不同于吉田松阴曾引用《古事记》和《日本书纪》来强调日本国体的特殊性，曾评论过此书的山县太华（1781—1866）却道“这般日本中心论的想法不可取。应该如朱子学那样立足于国际性视野去考虑问题”。针对上述言论，在《讲孟余话》[1]中，吉田松阴言道：“吾国有天神之子孙天皇，不同于中国的情况。但征夷大将军唯称其职者居之。中国先有人民，后有天子，然日本先有天皇，后乃有人民。”松阴认为由于两国国体上本质的区别，所以两国的君臣关系亦不可同日而语。如此，《孟子》的革命思想与朝廷的权威和武家政权的权利相分离开来，成为了“倒幕”的理论依据。

（二）中国对《孟子》的积极继承

唐代古文家、唐代中期代表性文人、士大夫韩愈[2]和唐代文学家兼政治家

---

[1] 从 1855 年 6 月 13 日开始，加上 12 月 15 日出狱，一直到第二年的 6 月 13 日为止的一年之中，松阴先是在野山狱，接着在老家杉百合之助宅内的幽室内，向关押在一起的囚犯和亲戚讲解了《孟子》，该书乃整理各章读完后的感想、评论、意见等的书籍，且被视为松下村塾教育的开端。在此之前，松阴就打算改善监狱中的风气，教化犯人，故从 1855 年 4 月 12 日开始到 6 月 10 日，松阴在狱中进行了有关《孟子》正文的训诂注解的正式授课。通过本书可以了解松阴的人生观、国家观，甚至其政治、教育、外交思想、阅读兴趣以及学问观等。本书旧称为《讲孟箚记》，后来松阴自己改名。另外，山县太华《〈讲孟箚记〉评语上》（下一、下二）、《〈讲孟箚记〉评论草稿》以及松阴对此的评论、相关的《默霖书撮抄一条》，均被收录在《讲孟余话·附录》中。松本三之介译（1973）、《讲孟余话抄》（松本篇，《日本的名著》31，吉田松阴所收，中央公论社 1970 年）

[2] 字退之，唐宋八大家之一，提出“文以载道”，排斥四六骈俪体，提倡古文。好诗，与白居易并称，又提倡儒学复古，其文章和学问均对后世有很大影响。诗文集《昌黎先生集》《昌黎先生外集》。

柳宗元[1]就非常推崇并重视《孟子》。[2]特别是在韩愈《原道》中，在论述孟子继承孔子的思想后，评价其为“儒家之嫡系”，即“道从尧传给舜，舜传给禹，禹传给汤，汤传给文王、武王、周公，文王、武王、周公传给孔子，孔子传于孟轲，孟轲死后，没有继承的人”（“尧以是传之舜，舜以是传之禹，禹以是传之汤，汤以是传之文武周公，文武周公传之孔子，孔子传之孟轲，轲之死，不得其传焉。”《原道》）。自韩愈提出“求观圣人之道，必自孟子始”这一“道统”论后，孟子的思想就同孔子融为一体，并称为“孔孟思想”。同样，柳宗元也将《孟子》与《孔子》一起视作继“六经”之后的经典。

继在韩愈这一发言后，到宋代的孙奭[3]受命于真宗，在所撰述的《孟子音义》中正式承认了《孟子》的地位，后到神宗时《孟子》成为“兼经”，并在孔庙中开始合祀孟子。此外，北宋政治家、著名文人学者王安石[4]将《孟子》与《论语》一并列入科举考试范围。随着孟子思想的广泛传播，对孟子的批判也逐渐消失殆尽。尤其早在唐代宗时期，曾居礼部侍郎的杨绾等就曾建议将《孟子》[5]纳入“科举考试”的科目之中。随后到了宋代，《孟子》升格为“四书五经”之一，受到了主流学界的关注。《孟子集注》[6]作为朱子所著注释书（《论语集注》《孟子集注》《大学章句》《中庸章句》）“四书”中的一书，成为“科举考试”的必备教材之一，与《孟子》相关的各种年谱亦随之问世。

---

[1] 字子厚，原籍山西河东，被称为“柳河东”“河东先生”。另外，由于其最后的任职地为柳州，故也被称为“柳柳州”。与王维、孟浩然等一起，均为唐代田园派的代表人物。在散文领域，和韩愈一起倡导了直至宋代的古文复兴运动，被誉为“唐宋八大家之一”，现今传世有《柳河东集》45卷和《外集》2卷。

[2] ［日］贝冢茂树：《诸子百家》，岩波新书，1961年，第136页。

[3] 字宗古，谥号宣公，博州博平的人。据说他在皇帝前讲经，每每讲至前世乱君亡国，必反复规讽。

[4] 唐宋八大家族之一，字介甫，号半山。宋神宗时期位居宰相，提倡新法，坚决推行政治改革，但由于保守派的反对而辞职。

[5] 孟子公元前289年在故乡去世后，200年后司马迁在《史记》中记录了《孟子》七篇。随后《汉书》的《艺文志》中记录了十一篇，现存的《孟子》为那时的七篇。在至今为止出土发掘的文物中，最早对《孟子》进行注解的是东汉时代的赵岐。赵岐将既有的七篇分为上、下、共14篇分别进行注释，并在书前加了《孟子题辞》的序文。被称作《孟子章句》的赵岐所著的注释书共计14篇，顺序与现今一样，篇目依次为：《梁惠王》上下、《公孙丑》上下、《滕文公》上下、《离娄》上下、《万章》上下、《告子》上下、《尽心》上下。

[6] 朱子直到死前都没有停止修改，可以说此乃朱子最耗费心血的著作。

继朱子之后，南宋目录学家陈振孙在《直齐书录解题》中，通过把《孟子》视作经典著作这一举措，进一步巩固了孟子的地位。（“天下学者咸曰孔孟”“孟子之书固非荀、扬以降所可同日语也”）也就是说，在北宋的道学家之间，主张“性恶说”的“荀子”遭到排斥，而强调“性善说”和“浩然之气”[1]的《孟子》则受到大家欢迎，广为流传。明代的王阳明、李卓吾等王学左派人士，在宣扬人性论和其政治观点之际，就利用了《孟子》的学说。另外，清朝的语言学家、思想家戴震[2]集其一生之大成的著作《孟子字义疏证》也受到了《孟子》的强烈影响。作为道学家们思想理论的基础而被接受的《孟子》，在朱子学成为正统的元代，开始受到众人的尊崇。

到了明清以及朝鲜半岛，对《孟子》的解释则更加多样化，出现了更多具有独创性的注释书。尤其是以范立本所著明朝的善书之一《明心宝鉴》为代表，流行于明末清初时期的劝善书中也频频引用孟子。师从于戴震、清朝的考证学者焦循[3]精通经学和天文历法，然无意于仕途，一心专注于读书与著述。由他所汇编的《孟子》的相关书籍的集大成之作《孟子正义》，即便是现今也依然作为《孟子》的注释书被世界各国所广泛引用。

在以中国为中心的东亚，孔孟的儒家思想对政治、社会产生了极大的影响。其中《孟子》在中国和日本对其毁誉参半的议论中虽被敬而远之，而在韩国，自高丽时代以来约1000年的时间一直备受重视。当然，毋庸置疑的是，东亚的当权者们会根据本国的情况对《孟子》做出有利于自身的、不同的理解，但是中国和日本对《孟子》的接受都有着各自独特的理解方式。

---

[1] 所谓浩然之气，其气至大没有界限，至刚不屈不挠，以正义进行培养而无害，充盈于天地之间。这种气与义和道是一体的，没有的话人就会精神上消亡。此气乃义的积累而产生的，然义不是突然产生的，而是通过正义的行为实践来培养的，所以没有它的话就不可避免地导致精神上的毁灭。（《孟子·公孙丑上》即表达了一种不仁义的话就不妥协的态度。（自反而不缩，虽褐宽博，吾不惴焉；自反而缩，虽千万人，吾往矣。《孟子·公孙丑》）

[2] 字慎修，号东原。安徽徽州休宁隆阜人，晚年学术成就显著，被乾隆帝特招入馆任《四库全书》编修官，赐同进士出身，授翰林院庶吉士。

[3] 生于江苏省甘泉，著有《孟子正义》（30卷）、《论语通释》（1卷）等。

二、《孟子》在朝鲜接受和研究的情况

朝鲜是以儒学为建国理念，且对孔孟思想无比尊崇。但若想要把握《孟子》在朝鲜被接受的程度，其实并非易事。然而，本文将从以下三个方面的资料来举例进行说明：一是与《孟子》相关书籍的出版能够体现出朝鲜接受《孟子》的一个实际情况；二是韩国多种多样的《孟子》的相关注释书同样也是把握《孟子》接受和研究情况的重要指标；三是若能梳理出朝鲜王朝时期的文人们在自己的著作中对《孟子》内容的引用和引用的频度，也能从一定程度上掌握朝鲜王朝时期接受《孟子》的思想背景。

基于上述三个方面的资料，下面将对 18 世纪以后《孟子》的注释书进行考察。

（一）朝鲜《孟子》关联的注释书一览

注释书所使用的是流通于朝鲜王朝时期、体系性的现存汉文本的《孟子》。其可以大致区分为“明本系统”和“活字本系统”。

按照书籍名分类，首先是朱熹编撰的集注《孟子》、《孟子集注》、《孟子大全》。其次，现存的有明朝永乐年间由胡广（1369—1418）[1] 等编撰的《孟子集注大全》《孟子奎璧》和仅摘录《孟子》正文的《孟子大文》《孟子正文》等 7 个版本。其中，同一书名而版式不同的书籍总数也达到了 48 种之多。

朝鲜王朝时期所刊行的汉文本《孟子》的版本，按照其刊行时期可分类为三个时期：一是壬辰倭乱（1592—1598，又称万历朝鲜之乱、文禄庆长之役）之前，二是壬辰倭乱之后，三是日本殖民地时期。其中，1592 年壬辰之乱以后的版本，又可以大致分为 17 世纪、18 世纪、19 世纪这三个阶段。

17、18 世纪朝鲜的《孟子》注释书，在《韩国经学资料集成》（成均馆大

[1] 一名靖，字光大，号晃庵，谥文穆，江西等处行书省吉安路吉水州人（今江西省吉水县），1400 年庚辰科状元，文渊阁大学学士，明朝政治人物，内阁首辅。

学大东文化研究院，1989）第38—44册中对其所藏之处进行了详细记载。本文在参考安贤珠《关于朝鲜王朝时期刊行的孟子的各版本的相关研究》(《韩国图书馆情报学会志》37，2006）内容的基础上，整理成以下“资料1　孟子相关注释书一览”，并对相关版本及注释书进行简要的介绍。

资料1　孟子相关注释书一览

18世纪朝鲜《孟子》的注释书［《韩国经学资料集成》38—44册（35）所收，按作者生卒年代顺序整理］

1. 金干（1646—1732）:《箚记·孟子》

2. 郑齐斗（1649—1736）:《孟子解》《孟子说》

3. 李衡祥（1653—1733）:《瓶窝讲义·孟子》

4. 朴光一（1655—1723）:《杂著·浩然章问答》

5. 李柬（1677—1727）:《杂著·孟子》

6. 李显益（1678—1717）:《杂著·孟子》

7. 李縡（1680—1746）:《孟子讲义》《孟子讲说》

8. 李瀷（1681—1763）:《孟子疾书》

9. 韩元震（1682—1751）:《朱子言论同异考·孟子》《理气性情图说·孟子》,《杂著·孟子》

10. 姜再恒（1689—1756）:《辩·孟子》

11. 尹东奎（1695—1773）:《经说·孟子》

12. 杨应秀（1700—1767）:《孟子讲说》

13. 金元行（1702—1772）:《渼上经义·孟子》

14. 李昆秀（1762—1788）:《孟子讲义》

15. 任圣周（1762—1788）:《说·孟子不动心说》

16. 金谨行（1712—1782）:《孟子箚疑》

17. 安鼎福（1712—1791）:《孟子疑问》《孟子疑义》

18. 金钟厚（1721—1780）：《箚録·孟子》
19. 柳长源（1724—1796）：《四书纂注增补·孟子》
20. 白凤来（1717—1799）：《四书通理·孟子》
21. 魏伯珪（1727—1798）：《读书箚义·孟子》
22. 洪大容（1731—1783）：《杂著·孟子问疑》
23. 赵有善（1731—1809）：《经义·孟子》
24. 朴胤源（1734—1799）：《杂著·孟子箚录》
25. 金相进（1737—1811）：《经义·孟子》
26. 崔左海（1738—1799）：《孟子窃意》
27. 金龟柱（1740—1786）：《经书箚录·孟子》
28. 奇学敬（1741—1809）：《御制经义条对·孟子》
29. 高廷凤（1743—1822）：《经书疑义条对·孟子》
30. 李元培（1745—1802）：《经义条对·孟子》
31. 金履九（1746—1812）：《杂著·孟子》
32. 徐滢修（1749—1824）：《讲义·孟子》
33. 正祖（1752—1800）：《经史讲义·孟子》
34. 沈就济（1753—1809）：《说·孟子说》
35. 尹行恁（1762—1801）：《薪湖随笔·孟子》

19 世纪朝鲜《孟子》的注释书［《韩国经学资料集成》44—48 册（33）所收］
1. 金义淳（1757—1821）：《讲说·孟子》
2. 金㙆（1758—1815）：《孟子箚疑》
3. 丁若镛（1762—1836）：《孟子要义》
4. 吴熙常（1763—1833）：《读书箚记·孟子》
5. 任百禧（1765—?）：《讲义·孟子》
6. 柳建休（1768—1834）：《东儒四书集评·孟子》

7. 姜必孝（1764—1848）:《杂著·孟子》

8. 金近淳（1772—?）:《鄰书春记》

9. 金老谦（1781—?）:《论性纂要·四书问·孟子》

10. 南景义（1784—1812）:《杂著·孟子讲义》

11. 崔象龙（1786—1840）:《四书辨疑·孟子》

12. 申教善（1896—1858）:《读孟庭训》

13. 李恒老（1792—1868）:《杂著·孟子》

14. 许传（1797—1886）:《经筵讲义·孟子》

15. 金在洛（1798—1860）:《散录·孟子演义·孟子不动心图》

16. 奇正镇（1798—1876）:《答问类编·孟子》

17. 李埈（1812—1853）:《杂著·孟子》

18. 朴宗永（1804—1875）:《经旨蒙解·孟子》

19. 李震相（1818—1886）:《孟子箚义》

20. 李象秀（1820—1882）:《杂著·孟子笔程》

21. 朴文一（1822—1894）:《经义·孟子》《问目·孟子》

22. 卢佖渊（1827—1885）:《杂著·四书考略·孟子》

23. 柳重教（1932—1893）:《讲说杂稿·孟子》

24. 徐基德（1832—1903）:《论孟经义问对·孟子》

25. 金永三（1834—1906）:《经义问答·孟子》

26. 吴宖默（1834—?）:《孟子章句》

27. 石禹钟（1840—1924）:《孟子讲义》

28. 田愚（1841—1922）:《杂著·孟子》

29. 李嵚（1842—1928）:《经义问对·孟子》

30. 朴文鎬（1846—1918）:《孟子集注详说》《孟子或问·圣学辑考·孟子》《孟子补传》《孟子随笔》

31. 郭钟锡（1846—1919）:《茶田经义问答·孟子》

32. 李建昌（1852—1898）：《杂著·孟子》

33. 郑灏鎔（1855—1935）：《四书问答·孟子》[1]

据统计，从17世纪初到19世纪末，汉文版本的《孟子》在中央官署和庆尚监营的主持下发行数量最多，特别是《孟子集注大全》，以明朝胡广（1369—1418）等编纂的《四书五经大全》为底本，形成了复刻的木版书、“明本覆刻系列”以及用朝鲜所铸造的活字刊行的“丁酉字系列”这几个主要的版本体系。另外，在“四书”中，由于《孟子》的内容最长，所以还多次刊行了仅记录《孟子》正文的《孟子大文》和《孟子正文》。

根据“冊板”目录的记载，汉文版的《孟子》从壬辰倭乱以前开始就被广大地区所收藏。尤其是壬辰倭乱以前，《孟子大文》就在全罗道的全州、庆尚道的永川和永州、黄海道的海州、忠清道的林泉等全国范围内分布，可见其需求量之大。但由于战争期间被烧毁，现今所存的与“冊板”目录上所记载的并不相符。另外，从17世纪初到19世纪初，发行较多的《孟子》注释书，在进入日本殖民时期的1910年以后却几乎再也看不到了。笔者认为这或许与日本曾经视《孟子》为禁书有一定的影响关系，对此问题将在其他文章中进行探讨。

下面，本文从朝鲜王朝时期所发行的具有代表性的《孟子》注释书中介绍相关内容，结合由朝鲜王朝时期的文人们留下来的经学资料汇编而成的《韩国经学资料集成》和与《孟子》关联的著作，对现今的相关研究进行分析探讨。

（二）对朝鲜与孟子相关的主要注释书的解说

朝鲜王朝时期的代表性注释书，在对李滉（字退溪）等诸家的注解进行

[1] ［韩］咸泳大：《朝鲜后期有关孟子学研究的试论》，《东洋汉文学研究》35，2012年，第429—431页。

综合并订正的基础上编撰的，有《孟子释义》《孟子栗谷谚解》《孟子疾书》《孟子要义》。下文将从上述注释书中摘录出部分内容对其进行简要的介绍。

1.《孟子释义》（木活字版本、由曾任庆尚监司的崔瓘来于1609年编辑发行）[1]

该书相当于李滉（字退溪）（1501—1570）所著的《四书释义》（1 卷 1 册）中的一章。李退溪所著为写本，但却在壬辰倭乱的战火中被烧毁。而时任庆尚监司的崔瓘来不仅收集了师友间所读的写本并对此进行编撰，还尽可能多地收集民间的写本，并曾拜访了李退溪当年曾讲过学的陶山书院，提议发行事宜后亲自从事编纂工作。《释义》的内容是在综合李退溪等诸家释义的基础上加以订正而成，且并非按照原来的顺序对全部内容加以解释，而只是对其中深奥难懂的章节进行注释。全书按照《大学释义》《中庸释义》《论语释义》《孟子释义》的顺序排列。这个版本没有序文，但在卷末处刊载了琴应壎（1540—1616 年）[2] 所题写的跋文。琴应壎乃李退溪门下弟子，曾于 1570 年（朝鲜宣祖三年）庚午年试中高中，并且与柳城龙、赵穆等交好。此《孟子释义》将训诂与义理相结合，对朝鲜的孟子学产生了较大的影响。

2.《孟子栗谷谚解》[3]

该书是朝鲜王朝中期的学者李珥（1536—1584，号栗谷）于 1576 年受朝鲜宣祖之命，将《大学》《中庸》《论语》《孟子》等“四书”翻译为朝鲜文字的活字本。其中《大学栗谷谚解》《中庸栗谷谚解》各为 1 卷 1 册，《论语栗谷谚解》4 卷 4 册，《孟子栗谷谚解》为 7 卷 7 册。该《孟子栗谷谚解》在

[1] 收藏于檀国大退溪纪念图书馆等处。《四书释义》李滉（朝鲜）著；崔瓘来编，木版本，述古精舍发行 1917，线装 5 卷 2 册。

[2] 本贯（本贯是朝鲜半岛上的氏族概念，用以区别朝鲜族内部同姓氏族间的差异，本贯是指维系了一群拥有相同父系血缘的宗族——译者注）为庆尚道的奉化，字壎之，号勉进斋，乃梓之子。

[3] 收藏于延世大学、高丽大学图书馆等处。《孟子栗谷先生谚解》，李珥（朝鲜）著，金属活字本（戊申字）刊写地未详：刊写者未详，刊写年份未详，7 卷 7 册：四周单边，半郭 26.2 × 17.0cm，有界，10 行 17 字双行注，上下内向 2 叶花纹鱼尾；34.0 × 21.6cm；谚解本，版心题：孟子谚解跋：崇祯三己巳（1749）春后学　南阳洪啓禧谨识。

当时未能发行出版，直到 1749 年（朝鲜英祖二十五年）通过校书馆[1]才得以刊行。

3.《孟子疾书》[2]

所谓“疾书”是指趁遗忘之前把脑海中的想法记录下来，以期将来发展为成熟见解的资料。该书是由朝鲜王朝后期的李瀷（1681—1763，号星湖）所整理的有关《孟子》的书籍（3 卷 3 册，写本）。其中《孟子疾书》乃解说“四书三经”的《七书疾书》中最早写就的，完成于 1762 年（朝鲜英祖三十九年）左右。该书的开头部分为李瀷对自己的《孟子》相关研究所作的批判性、实证性的自序，卷 1 有《梁惠王》《公孙丑》等 4 篇，卷 2 有《滕文公》《离娄》等 4 篇，卷 3 有《万章》《告子》《尽心》等 6 篇，依据原典的顺序进行了收录。李瀷在序文中，强调了要想理解圣人之意，就必须从《孟子》开始熟读经典的重要性。

在卷 1《梁惠王》中，李瀷把“何以利吾国”这句话解读为“君子并非不能去追求利益，但要是为了争夺利益而罔顾仁义的话，那么就会导致欲壑难填”。孔子仅回避利益，而非未言利益，李瀷解释说，所谓利益本是天地间本来之道，决非是要大家毅然地抛弃正当合理之道。[3]

李瀷著《孟子疾书》是想以此告诉世人若想通过阅读经典来追求圣人的志向的话，那么就应始于《孟子》。可见其非常注重和推崇《孟子》。该书这样写道：

> 孔子过世后《论语》问世，曾子著《大学》其意渐明，子思受教后作《中庸》传于后世。孟子辩论后作《孟子》七篇。《孟子》乃义理渐明后，最晚写就，其内容也较为详细，理解上较为容易。故若要追寻圣人

[1] 朝鲜王朝时期负责经书的印刷、校对、香祝、印篆等事务的政府部门，创立于 1392 年，于 1782 年被编入奎章阁。

[2] 收藏于首尔国立中央图书馆和首尔大学图书馆奎章阁等处。

[3] 韩国民族文化大百科和韩国学中央研究院。

之志必先始于《孟子》。[1]

李瀷在著述《孟子疾书》期间，还将出生的儿子命名为“孟休”，可见其对《孟子》的虔诚学习之意。[2]李瀷作为一名朝鲜王朝后期代表星湖学派的近畿南人[3]实学家，以他们为中心，给后世的学问发展带来了很大的影响。

4.《孟子要义》

此书为朝鲜王朝后期的丁若镛（1762—1836，号茶山）所作的《孟子》注释书，全书为活字本，共9卷3册。丁若镛在1814年被流放于全罗道的康津时所著的代表性论著《牧民心书》《经世遗表》《钦钦新书》等经世的大文章和各种诗文等均被收录在庞大的文集《与犹堂全书》[4]中。而《孟子要义》则收录在《与犹堂全书》第2辑的5、6卷中。该书由卷首的序说和正文的注释所构成。而正文的注释并非对《孟子》全文的注解，而是选取朱子对《孟子》相关解释中个别有问题的章节进行注解。

该书的序说部分刊载了全部的五节，旋即列举了《孟子》7篇的标题，并对此进行了说明。其中心内容为：（1）依据《史记》的观点孟子是否未直接学于子思，而是学于子思的门人。（2）关于孟子的字是否为子车。（3）《孟子》乃孟子自己所作的有关问题。（4）是否存在《孟子》以外的《外书》4篇之事。（5）在记载对东汉知名度较高的经学家赵岐[5]、郑亢的注解相关讨论的学说后，披露了自己对此的见解。本文的写作顺序为先列举《孟子》7篇的标题，并在每节开头句后阐明诸家对此的见解，最后再表达自己对此的

---

[1] 《孟子疾书》中《孟子疾书序》：“孔子没而论语成，曾子述而大学明，子思授而中庸传，孟子辩而七篇作，以世则后，以义则详，后则近，详则著，故曰求圣人之旨、必自孟子始也。”

[2] 《星湖全书》《家状》“其于经学则，志学之初，先读孟子，是岁子正郎生，命曰孟休，以志喜”。

[3] 李瀷继承了李退溪的学派。然而，由于栗谷学派的人士大部分居住在畿湖地区，而近畿一代继承退溪学并发展成为一个学派的是南人系统的星湖学派。

[4] 由丁若镛的著作整理而成的文集（154卷16册）活字本。

[5] 字山伯，天水郡南安县（今甘肃省南安县）人，以注解《孟子》一书闻名。在《孟子注》的题辞中，他整理编撰了万章等人以及至万章时期为止的问答，并写入新的部分，最后共计编撰了7篇261章。

看法。[1]

综上所述，在综合被誉为朝鲜王朝时期最杰出的儒学家——李退溪等各家的训释的基础上，并对此进行订正的注释书:《孟子释义》；由李珥受命于朝鲜宣祖，将"四书"翻译为朝鲜文字所编撰的活字本《孟子栗谷谚解》；李瀷将头脑中闪现出的点滴思想火花，为今后整理为成熟的见解而具有资料性作用的《孟子疾书》；丁若镛重视自身见解所编撰的注释书《孟子要义》。本节通过对这四本注释书的介绍，希望由此窥见朝鲜在接受《孟子》时的一个侧面。

受到宋代朱子重视《孟子》的影响，李滉对朱子思想极为赞赏，并以此为自己学问修养之根基。以李滉为代表，在李珥等这些被誉为朝鲜王朝时期最杰出的儒学者们对《孟子》的理解以及其所著的注释书中，可以看出《孟子》在朝鲜比中国更受重视。从李退溪的《孟子释义》开始，李瀷等都主张若要理解圣人之志则须从《孟子》始，这亦可视作《孟子》广为流传于以近畿南人为中心的文人间，并越发受到了更多的重视的一例证。

三、现今韩国《孟子》相关的研究论文

正如上面所考察的那样，朝鲜王朝时期对《孟子》展开了多样化的理解和接受。在继承此传统的同时，现今依然对《孟子》展开了一系列的研究。正如本文开头所提到的，截止到 2021 年 4 月 28 日，韩国有关孟子的论文多达 12773 篇。其中，学位论文 970 篇；学术杂志论文 2763 篇；和孟子有关的单行本有 8603 册。除此之外，还有公开讲义 32 篇和研究报告 400 篇、学术杂志 5 份等；详见资料 2。

[1] 首尔大学的图书馆奎章阁图书。

资料2 部分现今韩国有关《孟子》的研究论文

学位论文——博士（2019—1976 按照时间倒序排列，以下韩国作者名均为音译，下文排序同）

1. Kim Joyeong（김조영）:《丁茶山〈孟子要义〉训诂研究》，公州大学，2019。

2. Park Yeonuo（박연우）:《有关朝鲜王朝时期革命君主的孟子思想容受的研究》，公州大学研究生院，2019。

3. Im Seonyeong（임선영）:《霞谷与郑齐斗的工夫论研究：以〈中庸说〉和〈孟子说〉为中心》，成均馆大学研究生院，2019。

4. Seo Jeongseon（서정선）:《孟子的王道政治论研究：以恒心与恒产为中心》，圆光大学研究生院，2021。

5. Kim Wonhui（김원희）:《有关〈孟子〉的道德性人间像研究》，成均馆大学，2016。

6. Lee Jeongseon（이정선）:《孟子人性论的研究》，成均馆大学，2017。

7. Ye Soobaek（예수백）:《孟子的性善说和政治理论》，蔚山大学，2017。

8. Yu Minjeong（유민정）:《韩中日的修辞学的经典解释：以〈孟子〉注释书为中心》，成均馆大学研究生院，2019。

9. Kim Sarang（김병대）:《有关〈孟子〉知言养气章中道德哲学含义的研究》，国教员大学，2019。

10. Lee Jinyeong（이진영）:《孟子修养论的教育学研究：不动心为中心》，高丽大学研究生院，2019。

11. Lee Byeongtae（이병태）:《孟子政治思想的渊源与展开》，东邦文化大学研究生院，2020。

12. Kim Sejong（김세종）:《孟子和荀子心论的相关研究》，成均馆大学，2016。

13. Ko Huiseon（고희선）:《孟子心性论对心理治疗适用的试论》，成均馆大学研究生院，2014。

14. Ahn Yeongtak（안영탁）:《〈中庸〉和〈孟子〉中所体现出的道德人性论的相关研究》，成均馆大学，2014。

15. Lee Seongsoon（이성순）:《孟子和荀子的人性论与教育论》，仁河大学，2012。

16. Ham Yunsik（함윤식）:《对丁若镛的〈孟子〉解释中表现的道德自我的探究》，成均馆大学，2012。

17. Lee Taekyong（이택용）:《中国先秦时期的命论研究：以孟子和庄子为中心》，成均馆大学，2012。

18. Lee Gimyeong（이기명）:《对上田秋成的作品中的孟子思想研究》，檀国大学，2011。

19. Hong Wanpyo（홍완표）:《通过孟子思想对企业经营哲学的研究》，成均馆大学，2009。

20. Lee Giho（이기호）:《孟子王道思想的形成和展开：其哲学性的省察》，韩南大学，2009。

21. 咸泳大:《对星湖学派的〈孟子〉解释的研究》，成均馆大学，2009。

22. Kim Gyeonga（김경아）:《〈孟子〉中副词用法研究》，汉阳大学，2009。

23. Hong haobiao（홍호표）:《对赵容弼的歌中孟子特性的研究》，成均馆大学，2008。

24. Yoon Seokrye（윤석례）:《〈孟子〉复音节词研究》，全南大学校，2002。

25. Yoon Daesik（윤대식）:《孟子的政治思想研究：以王道主义和政治权利的正当性为中心》，韩国外国语大学，2001。

26. Nam Iljae（남일재）:《孟子的政治思想》，东亚大学，1992。

27. Yu Seongtae（유성태）：《孟子·庄子修养论的比较研究》，圆光大学，1990。

28. Oh Seonggyun（오성균）：《孟子的教育思想研究：以性善说和仁义教育观为中心》，汉阳大学，1989。

29. Kim Gilrak（김길락）：《孟子王道思想的研究》，忠南大学，1976。

学位论文—硕士（2014—2011）

1. Sin Wangseob（신왕섭）：《孔孟教育思想的比较研究》，江陵原州大学研究生院，2014。

2. Kim Jaeyeol（김재열）：《关于东洋古典出版市场的教养图书的发展过程的研究：以〈论语〉〈孟子〉为中心》，东国大学，2014。

3. Kim Namhui（김남희）：《孟子的道德哲学研究》，首尔大学，2014。

4. Sin Yejin（신예진）：《孟子的修养论研究》，成均馆大学，2014。

5. Lee Hyein（이혜인）：《凤村崔象龙孟子诠释的相关研究》，成均馆大学，2014。

6. Son Jeongmin（손정민）：《宋代〈孟子〉论辨研究》，成均馆大学，2014。

7. Seo Cheonoo（서천우）：《韩国恐怖电影中所体现出的孟子的“四端”论》，成均馆大学，2014。

8. Won Jongeun（원종은）：《〈孟子〉寓言的辨别与类型研究》，国民大学，2014。

9. Jung Chanoong（정찬웅）：《孟子与荀子人性论的比较》，木浦大学，2013。

10. Son Taegwon（손태권）：《孟子的修养论研究》，成均馆大学，2013。

11. 郑美善：《对孟子心性修养论的相关考察》，江原大校，2013。

12. Yu Minjeong（유민정）：《存斋魏伯珪的〈孟子〉诠释研究》，成均馆

大学，2013。

13. Kim Yongil（김용일）：《〈论语〉〈孟子〉中虚词“以”的研究》，清州大学，2013。

14. Seo Seona（서선아）：《〈论语〉〈孟子〉中不定代词的意义与特点研究》，成均馆大学，2013。

15. Choi Jihui（최지희）：《〈论语〉〈孟子〉中出现的“以”的使用分析》，诚信女子大学，2013。

16. Min Gyeongyeon（민경연）：《道德性的基础与心的扩张性：以孟子与卢梭的性善论为中心》，梨花女子大学，2012。

17. Chae Jeongho（채정호）：《活用“孟子”的高等学校论述教育方法：以“孟子”的论述构造为中心》，公州大学，2012。

18. Im Byeongsoo（임병수）：《对孟子的素质启发性教育的考察》，东国大学，2012。

19. Jung Woosik（정우식）：《孟子王道政治思想的研究》，成均馆大学，2012。

20. Choi Yeong（최영）：《孟子的人生观和道德教育观》，首尔教育大学，2012。

21. Park Geumrae（박금래）：《关于孟子教育思想的研究》，大田大学，2011。

22. Yu Seunggwon（유승권）：《孟子性善说研究》，成均馆大学，2011。

23. Sin Bongjoo（신봉주）：《孟子修养论研究》，成均馆大学，2011。

24. Kim Seongsil（김성실）：《孟子儒教共同体研究》，成均馆大学，2011。

单行本（2013—2010）

1.《（译注）孟子谚解》卷 6—14，世宗大王纪念事业会，2013。

2. Lee Minhong（이민홍）：《谈孟子政治》，成均馆大学出版部，2013。

3. Kim Sehwan（김세환）:《读〈孟子〉》，世创媒体，2013。

4.《(译注）孟子谚解》卷1—5，世宗大王纪念事业会，2012。

5.《为大学生讲述的古典孟子》，启明大学出版部，2012。

6.《孟子：人之道》下，顿南，2012。

7. Kim yongok（김용옥）:《孟子：人之道》，顿南，2012。

8. Won Bosin（원보신）:《孟子的三变哲学》，瑞光社，2012。

9.《孟子》，传统文化研究会，2012。

10.《孟子奥德赛》，中国文化经营研究所，小册子，2011。

11. Hwang Jonghui（황종희）:《孟子社说》，Hangiru 出版社，2011。

12. 咸泳大:《星湖学派的孟子学》，太学社，2011。

13. Jang Hyeongeun（장현근）:《孟子：树立正确的政治家人物像》，Hangiru 出版社，2010。

学术杂志论文（2014—2009）

1. Hwang Gabyeon（황갑연）:《孟子异端论争的得与失》，《阳明学》37，2014。

2. Min Hongseok（민홍석）:《孟子对墨家的批判》，《儒学研究》30，2014。

3. Kim Jonggyun（김종균）:《〈孟子〉中所体现的水的象征性研究》，《韩国哲学论集》40，2014。

4. 金庚坤，《艮斋田愚〈孟子〉诠释特征》，《艮斋学论从》16，2013。

5. Ahn Oesoon（안외순）:《孟子与马基维利亚的君主论的比较研究》，《东方学》29，2013。

6. Yoon Jiwon（윤지원）:《孟子的不动心研究》，《大同哲学》65，2013。

7. 安載晧，《对孟子人性概念的朱子学诠释》，《儒教思想文化研究》51，2013。

8. 咸泳大:《韩国孟子学的两条路线：〈孟子释义〉和〈孟子疾书〉》，《国学研究》23，2013。

9. Lee Eunho（이은호）：《〈孟子〉对〈书经〉引用的相关研究》，《东洋哲学研究》76，2013。

10. Jung Seongsik（정성식）：《〈经史讲义〉中体现出的正祖的孟子观》，《退溪学论丛》19，2012。

11. Jung Yonghwan（정용환）：《孟子权道论的道德伦理学的含蓄表达》，《东洋哲学研究》72，2012。

12. Hwang Gabyeon（황갑연）：《孟子王道政治论的虚与实》，《儒学研究》27，2012。

13. Jo Wonil（조원일）：《孟子教育思想研究》，《东西哲学研究》63，2012。

14. 咸泳大：《试论朝鲜后期孟子学研究：以视觉和研究方法为中心》，《东洋汉文学研究》35，2012。

15. 文畅晧：《赵瀷〈孟子浅说〉中体现的“心性”研究》，《东洋古典研究》46，2012。

16. Kim Sejong（김세종）：《〈孟子〉内在道德性考察——以“不动心”为中心》，《东洋文化研究》9，2012。

17. Lee Dongook（이동욱）：《对孟子孝概念的伦理扩展性研究》，《泰东古典研究》27，2011。

18. Im Okgyun（임옥균）：《伊藤仁斋的孟子诠释——与朱子的诠释相比较》，《东洋哲学研究》66，2011。

19. 徐大源：《〈孟子〉革命论的考察》，《东洋哲学》35，2011。

20. Jung Byeongseok（정병석）：《孟子的国家论》，《东洋哲学研究》63，2010。

21. Won Yongjoon（원용준）：《对伊藤仁斋孟子观的考察》，《东洋哲学研究》61，2010。

22. 咸泳大：《清代学者对〈孟子〉的解释与茶山丁若镛的〈孟子要义〉》，

《茶山学》16，2010。

23. Park Joonwon（박준원）:《崔述〈孟子事实录〉研究》,《东方汉文学》45，2010。

24. Cheon Byeongdon（천병돈）:《河谷郑齐斗的孟子学研究》,《精神文化研究》33，2010。

25. 澤龍:《〈孟子〉命运论中多重性含义研究》,《儒教思想文化研究》41，2010。

26. Ko Gwangmin（고광민）:《〈孟子〉的破句研究》,《中国学论丛》27，2010。

27. Ahn Oesoon（안외순）:《活法与孟子的仁政论》,《东洋古典研究》37，2009。

28. Park Migyeong（박미경）:《从〈孟子〉中体现出的苏轼与戴震的性情论比较》,《中国语文学》53，2009。

29. Park Seunghyeon（박승현）:《孟子的性善论与道德性恶的问题》,《哲学探究》26，2009。

30. 眞喆:《李退溪〈孟子释义〉的诠释学特征》,《退溪学论集》4，2009。

31. Baek Minjeong（백민정）:《对〈孟子〉诠释中表现出的正祖思维倾向的分析》,《哲学思想》34，2009。

32. 咸泳大:《对〈孟子〉诠释中对抗性侧面的考察》,《东洋汉文学研究》29，2009。

正如资料 2 所示，韩国的《孟子》研究至今仍然很旺盛。而其研究的范围也涉及“性善说”“道德思想”“民本主义”“国家论”“心性论”“不动心”“王道政治”“教育思想”“革命论”“人性”等各方面。这亦表明韩国相关领域的学者对古典思想《孟子》的关心是至今仍毫不褪色。

四、结语

在儒家教学过程中，备受重视的重义轻利思想在孟子的《梁惠王篇》《万章下篇》《离娄下篇》等章节中得到了充分地体现（例：孟子见梁惠王。王曰："叟不远千里而来，亦将有以利吾国乎？"孟子对曰："王何必曰利？亦有仁义而已矣。"）。若将意义稍加延伸，痛恨憎恶的对象就会扩展为那些鱼肉百姓的独裁者、小偷甚至侵略者等不仁义的对象。

孟子认为若能将这种心态养育好，就能生发出浩然之气，从而实现"义"这一道德规范。浩然之气至大至刚，无害，可配义与道。浩然之气并非上天赐予，乃需要持续不断地培养。孟子言决不能为了得到天下而去行一些不义之事，杀一个无辜之人。（"行一不义杀一不辜，而得天下皆不为也。"《孟子·公孙丑上》）

可见上述孟子对于义的界定，强调了义的纯粹性，而排斥了利的一面，使之成了重理的宋代性理学的义理思想的基础，而他们的学问亦被称之为"义理之学"。

综上，本文从孟子思想出发，介绍了《孟子》在东亚思想中的位置，并在简要介绍中日两国对《孟子》的接受的基础上，重点考察了朝鲜对于《孟子》的接受情况。

孟子浩然之气的思想，在高丽时代末期的新兴进士之间广泛流传，至朝鲜王朝中期以后，孟子便作为一门独立的学问受到了广泛关注和研究。特别是李退溪考虑到经典原本的文脉和语气，强调了对经典的自然诠释，李瀷灵活运用儒学的其他经典文本、历史书籍以及中国相关的研究成果，亦对诠释经典提出了新的见解。在唯朱子的观点独尊这一背景下，上述李退溪和李瀷对经典所做出的创造性诠释，使得当时的学术风气焕然一新。

正如本文第二章中所列的与《孟子》相关的众多注释书，以及 18 世纪以后对其实质性研究逐渐增多一事可以看出，随着朱子学在朝鲜被接受，孟子也成了学习儒家思想必备的教材。

于是，韩国的孟子思想在继承了郑梦周和郑道传、新武将李成桂、吉再（号治隐）、金叔滋等人思想的基础上，并历经高丽末期朝鲜王朝初期义理学派，以赵光祖的道学精神为起点，发展成了以成三问为中心的死六臣的节义精神。不仅如此，孟子的义思想已经成了在壬辰倭乱之际抵御日本侵略军的义兵和默默无名的百姓，在朝鲜时代末期对抗贪官污吏的腐败以及外部势力的东学农民军，以及参与 1919 年三一运动和 1960 年四一九学生起义等行动的人们所秉持的中心思想之一。

在只注重物质并一味追求一己私利，且各种犯罪层出不穷的当今社会中，若能进一步培养孟子的浩然之气，宣扬王道政治的话，相信能够成为恢复东洋之道的捷径。

（成海俊：韩国东明大学教授）

从系谱学视角看《孟子》在韩国的研究与外部性的内部化问题

［韩］全成坤　著　　李　晓　译

一、序论

《孟子》在韩国的研究按照“主题与时代”不断展开。在这个过程中，将孟子作为思想家进行研究的著书《时代中的孟子，主题中的孟子》是非常具有现实意义的。该著作论述了《孟子》的核心思想，又重述了与其核心思想不同的见解。同时为了让读者了解《孟子》阐释的时代变迁，该书也对古代、中世、朝鲜时期的特征进行了论述。这些都非常具有独创性。[1] 为扩展和深入研究上述问题，笔者希望整理出韩国对《孟子》接受的“研究趋势与主题词”，并尝试以此为依据，把握《孟子》形象的形成过程。这些探索将成为孟子研究的问题意识与著书《孟子》之间的“解说史”。[2] 即，试图通过“时代中的孟子”阐明孟子研究随时间的变化，而发生的变化。通过诸多反复的研究与深入的研究中呈现出的《孟子》研究特征，来阐明“孟子像”的核心思想是什么。然后再以此为据，推导出韩国的《孟子》研究主题是什么，这些主题最终又催生了哪些思想。最后，探求历时性的《孟子》研究主题在考察

[1] ［韩］金渡镒等:《时代中的孟子，主题中的孟子》，成均馆大学出版部，2021 年，第 5—11 页。

[2] ［韩］白敏祯:《孟子：关于儒学的哲学辩论》，太学社，2005 年，第 25—38 页。

当前时代“主题”时给予的启示。[1]

为了解决以上问题，本文应该从高丽时期开始，探讨韩国学术界对《孟子》的接受。但是，自 1910 年进入日本殖民统治时期后，韩国的近代自主性发展就被迫中断了。当然，在日本殖民统治时期，日本人也发行过日语版的《孟子》。该时期，韩国学者对《孟子》的研究仅仅停留在“实学家”对儒学的研究以及对该过程中的《孟子》研究进行描述的层面。1945 年以后,《孟子》研究才开始出现，但到 20 世纪 60 年代末期仍旧很少。直到 20 世纪 70 年代以后,《孟子》研究才显现出渐成体系的趋势。

在这种趋势下，韩国既有研究呈现出了以下倾向：①将《孟子》研究视为东方思想的特征,《孟子》是世界思想之一，对《孟子》进行综合研究。②以《孟子》研究为中心主题，以中国史书为模板展开研究。但也出现了尝试独创性研究的批判性视角。在此过程中,《孟子》形象的时代与主题具备了“一定的范畴性”,《孟子》研究的有效性可视为对“王道、性善、道德”进行教育,《孟子》因此得以阐释。由此，在时代背景下韩国形成了《孟子》研究的认识框架，生成了《孟子》研究的意义。但这里出现了一个疑问，即这些关于《孟子》研究的主题无关对错，但它们是否有别于原有的《孟子》研究。

归根到底，上述①与②提出的问题可归纳为:〈a〉韩国的《孟子》研究并非在追随中国孟子研究的步伐，也并非将孟子作为世界伟人去研究;〈b〉其研究是要脱离既有的、固化的孟子形象，去考虑如何说明“普遍性的孟子”这一观点。

[1] 关于《孟子》研究的著作有：安培能成的著述《孟子·荀子》或汉语原文《孟子字义疏证》，贝冢茂树的《孔子，孟子》，金谷治的《孟子》，玄岩社出版的《孟子》，小林胜人的《孟子》，仓石武四郎的《论语·孟子·大学·中庸》等。此外，还有 1968 年成均馆大学大同文化研究院刊发的《经书：大学·论语·孟子·中庸》。这是 20 世纪 60 年代前后《孟子》在韩国研究的情况。观其过程，可见当时日本人在韩国对儒学或《孟子》展开了研究。而在日本殖民统治期间，高丽时期、朝鲜时期有关《孟子》的研究也被重新编纂了。由日本人在韩国展开的《孟子》研究以及从被殖民者视角进行的《孟子》研究都具有“局限性”。那就是，韩国对《孟子》的研究是在被殖民的迷雾中展开的，这些研究丧失了《孟子》研究的主体性。殖民统治之后、韩国又进入了朝鲜半岛的战争时期,《孟子》研究的环境一直都是非常恶劣的。

为论证上述论点，笔者尝试先考察韩国学界对《孟子》普遍的认知情况，再去探讨共同的“孟子像”诞生的过程。之后再聚焦朝鲜时代的丁若镛，将其研究中孟子的特征与“人类自主性”的问题联系起来进行考察。

二、从系谱学视角，看《孟子》在韩国的研究与《孟子》像的形成

在日本殖民时期，《孟子》相关研究有鱼允迪（朝鲜）编著的《（悬吐具解）孟子》（发行地、发行处不详，1908 年），1923 年出版发行的《孟子外书》，日本人简野道明对朱熹（宋）集注进行补注完成的《补注孟子集注》（1928 年）。之后，郑寅普、安在鸿在《与犹堂全书》（1—7 册）（1934 年—1938 年）上刊发了朝鲜实学家丁若镛的著作。为重新建构 20 世纪 30 年代的朝鲜学，鱼允迪、郑寅普、安在鸿站在被殖民者的角度，灵活应用了《孟子》。在日本殖民统治下，朝鲜学中存在着与“孟子”相关联的内容。

20 世纪 50 年代后期，韩国开始出现纯韩国语的《孟子》译本。[1] 20 世纪 60 年代以后，作为“世界思想”或古典名著，《孟子》被编入《世界大思想全集》（1—10）（知文阁，1964 年）和《世界古典全集》（1—8）（文光出版社，1965—1966 年）得以出版。作为世界古典名著之一，《孟子》由韩国古典研究会出版发行，是当时孟子研究的特征。但直到 1966 年，《孟子》作品本身才被冠以《孟子》的题目，经韩相甲编著，由知文阁出版发行。此后，《孟子》研究的相关论文也开始问世了。20 世纪 60 年代有三篇关于孟子研究的学术论文，题目分别为《孔子的道德论性格》（1966）、《对孔孟教育原理的小考》（1967）、《关于孟子政治思想的考察》（1968）。也

[1] ［日］国语汉文研究会编：《孟子新解》，明治书院，1956 年；［韩］金中植编：《孟子注译》，韩国印刷，1956 年；［韩］黄虎铉著：《孟子精解（上）》，锦文社，1957 年；［韩］柳正基著：《（政治哲学）孟子新讲》，东西文化社，1958 年；［韩］王姬弼等共译：《孟子》，成均馆大学大东文化研究院，1959 年。

就是说，此时的孟子研究中出现了“道德、教育论、政治思想”等关键字。此外，金桂洙的文章《革命的原因》有别于上述论文[1]。该文章对孟子“治者道德论”中包含的“革命”要素进行了论述，探讨了孟子思想中的革命权。

进入20世纪70年代，《孟子》被作为经书或四书之一进行传播，趋势较为明晰。此时，《孟子》被认为是世界思想、中国思想、东方思想，韩国学者对其进行纯韩国语翻译尝试的意图非常明确。有些资料同时提及四书和《孟子》，有些则单独讨论《孟子》。而学术论文的主要研究题目，有《关于孟子对“天”的考察》（1970）、《孟子的教育思想研究》（1975）、《孟子的王道思想研究》（1977）、《关于孟子“义”思想的研究》（1979）、《孟子行善说的人性构造》（1979）等。

1970年的孟子研究有《关于孟子教育思想的论考》等。该文章阐明了孟子的生涯、思想基础、孟子思想的形成过程及其特征等。在分析了孟子“仁”与“义”的概念之后，作者以此为依据，论述了具有教育性的人类形像和教育方法论。观其特征，该文章对性即是善的解析做了说明。即恻隐之心、羞耻之心、辞让之心和是非之心包含性善，只需具备即可发挥，任何人都可能成为尧舜一样的善人。而这也是需要通过后天努力即教育去发现的，文章强调了教育的必要性。这一时期，在继承道德、教育论、政治思想的同时，韩国也开始流行对天思想、教育思想、王道思想以及性善论的研究。

---

[1] ［韩］金桂洙：《革命的原因：以既成理论为中心》，《法政研究志》，建国大学校法政大学联合学会，1968年，第41—48页。

表1　韩国20世纪70年代《孟子》研究的代表性著作表

作者	题目	出版社	年度
成均馆大学校	《经书：中庸 孟子 论语 大学》	成均馆大学校	1972
元昌烨著	《（小说）孟子》	大一出版社	1973
汉阳大学校附设国学研究院	《孟子谚解》	汉阳大学校附设国学研究院	1974
朴一峰	《四书入门》	育文社	1975
李元燮译注	《孟子》	三中堂	1975
成均书馆	《新译四书三经（1-6）》	成均书馆	1976
李家源译解	《孟子》	东西文化社	1976
都珖淳译注	《孟子》	正音社	1976
柳正基监修	《（合本）四书三经》	正韩出版社	1977
朱熹着，韩相甲译	《孟子，大学，四书集注（Ⅱ）》	三省出版社	1977
李民树	《四书三经入门》	瑞文堂	1978
金赫济校阅	《（原本）孟子集注：全》	明文堂	1978

随后，20 世纪 80 年代，《孟子》被介绍为世界伟人的经书、中国哲学思想。值得注意的是，韩国出现了对儒学家们的《孟子》研究和阐释进行讨论的趋势。即，研究“重点”从东方思想、中国哲学转向了“韩国儒学家的孟子研究”。此时，韩国出版了韩国语版本的《孟子》，以及世界思想《世界伟人回顾录》、《世界思想全集》(《四书集注 I，II》) 等作品；1986 年出版发行了全译本《四书五经》(修文书馆，1983)、《四书五经》(2)；1989 年出版了李乙浩的《丁茶山的经学：论语·孟子·大学·中庸研究》，此后茶山丁若镛的经学研究受到了关注。关于《孟子谚解》，韩国学界则按照朝鲜王朝的顺序——“宣祖朝代”“肃宗朝代”“光海君”“仁祖朝代”“正祖朝代”“纯祖朝代”，对其进行了讨论。研究聚焦四书谚解中的《孟子谚解》，介绍了遵照李氏朝鲜“宣祖”之命、由校正厅刊发的《孟子谚解》；学术论文的研究主题则多关注政治思想或教育思想。当然，既有的民本思想、仁义思想等关键字依然继续出现，孟子研究的“框架”逐渐形成。

表2 韩国20世纪90年代《孟子》研究的代表性著作

作者	题目	出版社	年度
丁若镛著，李智衡译注	《茶山孟子要义》	现代实学社	1994
安钟澐著	《（世界化时代）新道德政治哲学研究》	学文出版	1996
韩荣春著	《儒教思想与行政理论》	总神出版社	1996
黄虎铉著	《孟子精解（上，下）》	kundo Steam	1991
金钟武著	《孟子新解》	民音社	1991
成百晓译注	《孟子集注 》	传统文化研究会	1991
朴琪凤译注	《孟子 》	比峰出版社	1992
洪寅杓编著	《孟子》	首尔大学校出版部	1992
宋炷宓译注	《孟子集注》	砺山	1993

20 世纪 90 年代后，既有研究，即东方哲学、中国哲学，加上由韩国儒学者阐释的《孟子》研究都有了进展。代表著作如表 2 所示。进入 1990 年，教育思想、性善说、王道政治、伦理、道德、良知、人性、本性论、经济思想论、修养论、心论等开始出现。研究主要聚焦于伦理、道德与人性论等。此外，论文《孟子与李退溪的心性之学》（1998）对朝鲜儒学家的孟子研究展开了探讨。文章认为孟子继承了孔子，却开辟了富有独创性的儒学之路。朝鲜时期的李退溪也在继承朱熹的同时，在儒学领域另辟蹊径。在这一点上两者有相似的特征。李退溪从李朝社会现实的角度，继承和吸收了中国孔、孟思想，改变其形态使其更加契合朝鲜社会。文章通过这种方式强调朝鲜儒学所具有的意义。具体来看，文章对孟子与李退溪的“心性之学”进行了比较。以解读“心”“性”意义的方式，将“仁心”“人格”的主体意识和理性解读为精神；说明李退溪《圣学十图》中“心统性情图”和“心学图”中所包含的理论，认为“心”的本体存在于“理气之合”；解释了四端七情论，具体来说道心分为四端，七情分为“喜、怒、哀、惧、爱、恶、欲”。总结来看，文

章讨论了“人心”不得不受“道心”的制约，“人心”与“道心”的区别，以及“性”与“情”的定义可以区分。

与此同时，还出现了关于退溪《孟子释义》的相关研究《解释学的特征》。该研究分析了《孟子解释》的成书、发行、构成与形式，阐明了《孟子解释》方法与特征。此外，论文《十七世纪〈孟子谚解〉刊本系统与书籍的特征》讨论了朝鲜接受中国四书的过程。《孟子谚解》还分析了韩国语表达的特征，进行了版本对比。特别是文章通过《孟子谚解》中的标记法及翻译情况，分析了该时期学者对孟子理解的态度；《孔子与孟子的天思想比较研究》与韩国社会现实中出现的贫富差距、地域矛盾、南北问题等社会热点问题相关联，强调了重新考虑孔孟思想的必要性。该研究试图突破固定观念，以探讨西方资本主义或民主主义理论强调的个人是什么，从而对个人与思想、个人与宗教的对立问题进行考察。这里涉及关键字“天”“生命”“仁义”；《从训诂学视角看朝鲜的孟子学》重视训诂学阐释的意义，分析了不同经典阐释差异中的义理问题。

进入 2000 年后，研究倾向于用韩国语阅读和阐释四书本身。对孟子阐释的领域和范围也在扩大，拓展到了小说、教养、漫画、评点等领域。也出现了从人类学角度讨论《孟子》的倾向。与此同时出现了对教育思想的新探索，即教育思想相关的研究，对正义、政治共同体、道德实践论、朝鲜时期孟子论述的再阐释，也有对民主主义、修养论、道德论、幸福论等的探索。

2010 年以后，韩国学界将《孟子》视为四书与修养论，开始尝试对其进行大众化传播。尤其是，研究体现出重新解释孟子“仁、义、礼、智”的倾向。出现了诸如《孟子的名言名句》这类以儒学形式重新解释孟子的作品。多家出版社发行了《孟子谚解》。学术论文则聚焦重新阐释修养、心性、儒教共同体论、人性论、政治思想、宋代《孟子》的关联研究。事实上，《孟子》共有七卷，各分为上下篇，共由十四篇构成。研究关注《孟子》编次意图的编辑意义，《孟子》对仁政和王道的重视也成为重要研究对象。2013 年，论文

《宋代的孟子论辩研究》同时讨论了司马光、李栗、朱熹围绕宋代孟子进行的论辩，并以《孟子》的形成为中心，讨论了《孟子》相关人物及其论辩，从而对《孟子》进行了分析。论文还比较分析了朱熹的《读余隐之尊孟辨》、司马光的《疑孟》、李栗的《常语》。司马光的《疑孟》、李栗的《常语》与孟子的"革命论"观念相左，余允文的"尊孟辩"与朱熹拥护孟子"革命论"的观点相悖。宋代学者们尤其关注孟子的心性论与辟异端论。朝鲜学者们引进朱子学并将其发展为朝鲜性理学，相较于孟子的政治论，他们更注重心性论，希望能够领悟《孟子》的典籍意义。朝鲜时期，孟子的阐释似乎更集中于心性论。[1]

朝鲜时期正祖推动了对《孟子》的注解工作。2014年以后，重新探讨《孟子注解》的研究开始登场。研究对《孟子注解》如何使用《日知录》进行了讨论。《古文尚书》中的《大禹谟》存在真伪问题，但在理念体系方面给经学史带来了影响。在该过程中，顾炎武的见解对朝鲜产生了深远的影响。因此，文章阐明了顾炎武关于孟子的见解是什么，哪些内容对《孟子注解》产生了影响。同时，也揭示了朝鲜时期的《孟子注解》遗留下了何种问题。四书的基本著作有朝鲜时期学术机关校正厅编撰的校正厅本《四书曾谚解》，此校正厅版本底本是胡广的《四书大全》。《四书大全》中出现了较多错误，因此顾炎武的《日知录》（18卷）中还有指摘《四书五经大全》的内容。以前也有研究指出正祖的《孟子注解》中存在的问题，但都没得到正式解决。而到了正祖时期，《日知录》从清朝引进，孟子的相关条目也得以逐一确认。通过《日知录》，人们对孟子研究中出现的问题进行了考察，推动了《孟子》注解。因此，这也成为重新考察《日知录》的契机，《孟子注解》中存在的问题也得以重新考察。在这种意义上，孟子研究对本源、朝鲜时期《孟子》注解如何诞生、内容中何处有错误、问题是什么进行了追踪溯源。事实上，《孟子》相关的注释书有赵岐加注、孙奭注疏的《孟子注疏》（称为《孟子章句》），朱

[1] ［韩］咸泳大：《星湖学派的孟子学》，太学社，2011年，第125页。

熹的《孟子集注》7卷，焦循编纂的《孟子正义》。[1] 后人以这些著述为标准，不断尝试对孟子进行阐释。

如上所述，笔者通过梳理韩国的《孟子》研究脉络，确认了孟子研究过程及其“形象”的变化趋势。直至20世纪70年代，韩国社会对《孟子》的研究可以说十分“正统”。到了20世纪80年代和20世纪90年代，“革命”思想甚至也成了研究对象。21世纪10年代，韩国社会对孟子研究本身的探索逐渐深入。同时，韩国学者在“结构主义视角”的框架中，通过与具体资料或周边思想进行比较研究，探索了《孟子》如何成为儒家经典、孟子是如何被塑造的等问题。

韩国社会对孟子研究过程中，显现出来的特征有：逐步深化了对“尽心”“知性”“事天”的理解，添加了训诂含义，并尝试对事例进行新的理解。研究者们关心在其过程中性善、四端以及四德之间的关系是如何连接并进行说明的，对内在与外在（即人类本性论），以及为了对其进行启发修养与教育扮演的角色进行了讨论。尤其是对后者以修养论为代表的“心”的原理进行讨论时，对知言与浩然之气的见解是孟子学说中有关心性与修养论最主要的争论点。

作为《论语》的延伸，孟子对“人类”本性的研究尤其引人瞩目。即，孟子以自觉天命的方式重视人类内心，研究如何让人自身内在的本性觉醒。咸泳大的论文具有代表性。他提出具有“普遍性”的观点，即“人类心性之中与现实相连接的道德感性是人类自身本性的实现，顺从人类自身本性并持有意志是道德实践，这一主张被认为是孟子理论的核心”[2]。至此，孟子研究的框架已经建成，这也被传播和规定为孟子研究的“绝对性特征”。这与人类主体性解释相关联。由此视角来看，孟子研究领悟了“人类内部原本内在的感

[1] ［韩］金相来：《茶山四书解释的特征研究：以与朱子的比较为中心》，韩国精神文化研究院、韩国学研究生院，1991年，第15页。

[2] ［韩］咸泳大：《星湖学派的孟子学》，太学社，2011年，第129页；［韩］咸泳大：《以星湖学派对尽心，知性，事天的解析——〈孟子〉〈尽心上〉》第一章的解析为中心》，《东洋哲学》33，韩国东洋哲学会，2010年，第145—171页。

性显现为现实中的道德——善，这是道德实践”。这一点被认为是孟子研究的“世界性”。

在韩国，20世纪90年代到21世纪前10年，孟子研究到达鼎盛时期。研究发现，朝鲜时期丁若镛与殖民地时期申采浩所尝试的孟子研究中存在未将“王道、性善、教育、修养”等进行“归类”的个性化认识。继而，笔者希望介绍普遍的革命思想意义，重新品味丁若镛孟子研究的现代意义，并探讨这会对今后孟子研究的意义带来哪些心灵感悟。

三、茶山丁若镛《孟子》研究的意义与普遍性

丁若镛出生于1762年（英祖38年），逝于1836年（宪宗2年），是朝鲜时期英祖、正祖、纯祖、宪宗时期的人物。一般认为，该时期朱子学的局限已经显露出来，各种社会问题喷涌而出，人们开始探索新的时代理论。[1]众所周知，朝鲜建国以后，朱子学被采纳为统治思想，作为承担主要社会文化责任的思想盛行于世。简单地说，朱子学被继承为绝对宗教，“与此不同的立场”会遭到排斥。[2]在这种时代背景下，丁若镛继承了既有理论，同时也提出了不同思想。这个时代背景是指民心离叛，改朝换代流言的传播，李滉体系对阳明学的继承，天主教的传入等现象。天主教与丁若镛有着密切的关系。西学登场的同时，韩国对清代训诂学的接收，引发了丁若镛对理学的局限以及过往思想的批判性思考。[3]被誉为实学思想的新思想登上历史舞台之际，丁若镛正在构建其独创性的思想。

特别是在先行研究中，丁若镛被视为实学的集大成者，主流研究着重对其实学思想进行了探讨。丁若镛的思想被命名为韩国实学、茶山学、茶山哲学、茶山经学，人性论是其思想特征。在对人性论（性论）进行讨论时，与

[1] ［韩］朴贤绪：《茶山丁若镛》,《现代社会》14，现代社会研究所，1984年，第180—182页。
[2] ［韩］张胜求：《丁若镛与实践的哲学》，SeoKwangSa出版社，2001年，第21—51页。
[3] ［韩］白敏祯：《丁若镛的哲学》，Ehaksa出版社，2007年，第25—215页。

朱熹不同的“本然之性”，被丁若镛比较分析为“活性论”。即在说明“妙合理论”时，丁若镛还对中国要素与韩国要素的交叉点，东方思想与西方哲学中“生的哲学”与“实存哲学”要素的交叉点进行了说明。[1]而且，丁若镛的理论被视为是脱离程朱理学且具有新儒学性质的理论，有些研究还阐明了它如何与教育理论相结合。他的主张不同于孟子基于性善说的道德性，也有别于程朱或退溪的主理性利己说。丁若镛强调将修身治世作为教育内容，并为了克服理论与学术研究无法脱离中国学问的问题，实施了实学教育。[2]

丁若镛创建了与其理论中天主教相关的“天”这一概念，有研究对其进行了探讨。丁若镛将全知全能的神设定为上帝[3]，同时论述了人类内部自主之权与上帝共存。当然，这种理论形成的契机源自对西学进行的考察[4]，它对心性论产生了影响，探讨了自主之权。这与人格上帝的断定有关。[5]即将上天的主宰视为上帝。《孟子要义》中《尽心上》（一章）中记载“天之上宰，为上帝”，丁若镛将此上帝形象喻为人格神。他受天主教关于“上帝”定义的启发，在儒家经典中找到了它。丁若镛脱离了朝鲜性理学对天的规定，通过讨论上天的超越性，将人格神视为神明，从而确认了经典中出现的“天观念”。[6]他认为，人有必要像遵照上帝天命那样，选择接受道心。明白此理则视为知天。[7]此观

[1] ［韩］李乙浩：《茶山哲学的现代意义》，《哲学》25，韩国哲学会，1986 年，第 19—36 页。

[2] ［韩］韩相奎：《茶山丁若镛的实学教育思想》，《韩国教育史学》第七集，韩国教育史学会，1985 年，第 187—221 页；［韩］李时镕：《朝鲜时期实学教育思想研究：以茶山丁若镛的教育思想为中心》，《论文集：教育篇》18，仁川教育大学，1984 年，第 205—248 页。

[3] ［韩］李成春：《茶山丁若镛的天思想研究》，圆光大学研究生院博士学位论文，1991 年，第 7 页。

[4] ［韩］方浩范：《儒学与丁若镛的哲学思想》，韩国学术信息，2004 年，第 28 页。有趣的是，文章认为丁若镛虽然受到天主教天思想的影响，但并没有将古代的“上帝”理论直接转换为天主教的天思想。文章讨论了继承与差异。

[5] ［韩］白敏祯：《丁若镛的哲学：超越朱熹与利玛窦，走向新体系》，Ehaksa 出版社，2007 年，第 81—112 页。

[6] ［韩］琴章泰：《茶山实学探究》，Sohaksa 出版社，2001 年，第 152—159 页。

[7] ［韩］琴章泰：《茶山的天概念与天人关系论》，《哲学》25，韩国哲学会，1986 年，第 37—59 页；［韩］金炯瓒：《对天概念的理解与事，物的合理解释：以尹鑴与丁若镛的天观与格物说为中心》，《东洋哲学》第 34 集，韩国东洋哲学会，2010 年，第 445—466 页；［韩］郑一均：《对茶山丁若镛‘天’概念的在考察》，《茶山学》第 32 号，茶山学术文化财团，2018 年，第 61—119 页。

点还通过天人相关论[1]得以呈现。

关于孟子的研究，丁若镛具有代表性的思想有“仁”的概念[2]、人性论[3]、性善恶论[4]、修养论[5]等。这些概念展现了丁若镛所主张的仁、人性、善恶论的特征。其理论聚焦在批判地吸收朱熹“性即理”理论的同时，重建了孟子的“性善说”。丁若镛区别了性与心，认为人有人类性，动物有动物性。他强调了人性拥有行善的自主权，而道德之性作为反省能力被视为人性本身。道德之性的实现调节心的发用，来源于心的情则过犹不及，被分为善与恶。丁若镛主张“人性本善”的性善论。[6]

既有研究认为尤为重要的是，尽管丁若镛在批判性理学，但并非因为排斥性与理，而是通过学习性理学来克服其缺点和弊端，再对其进行运用。对性理学的批判自动构建了丁若镛哲学的基本体系，同时也构建了性理学的批判精神和独创性。而他对性理学批判的出发点，是针对当时性理学“四端七情”“理气论辩”等发表看法。丁若镛的理论认为，虽然“理”的终极属于实

---

[1] ［韩］李熙平：《关于茶山的天人相关一考：以上帝的主宰权与人类的自主之权为中心》，《韩国哲学论集》第 3 集，韩国哲学史研究会，1993 年，第 129—148 页。

[2] ［韩］琴章泰：《茶山‘仁’概念的认识与实践》，《茶山学》第 7 号，茶山学术文化财团，2005 年，第 7—50 页。

[3] ［韩］张东宇：《茶山的人性论：以关于〈孟子〉‘四端’章解释的李载毅的论证为中心》，《秦东古典研究》15，翰林大学附设秦东古典研究所，1998 年，第 135—187 页；［韩］弼洙：《性理学与茶山的人性论》，《哲学思想》2，东国大学佛教大学哲学会，1971 年，第 15—31 页；［韩］Kwak Ki Hwan，张福童：《茶山的人性论中出现的自主人类观》，《论文集》22，东国大学，1999 年，第 273—305 页；［韩］宋锡球：《茶山的人性论：以善恶判断的根据为中心》，《哲学》25，韩国哲学会，1986 年，第 69—88 页；［韩］白敏祯：《丁若镛人性论中“天命之性”概念所具有的含义：以茶山对本然之性、道义之性、天命之性的观点为中心》，《东洋哲学》第 28 集，韩国东洋哲学会，2007 年，第 109—137 页；［韩］庚泰：《茶山丁若镛的人性论中出现的道德的实践性意义》，《东洋古典研究》4，东洋古典学会，1995 年，第 185-209 页；［韩］治完：《从主体性的观点看茶山的人类观》，《（Openmind）人文学研究》第 13 集第 1 号，圆光大学人文学研究所，2012 年，第 41—65 页；［韩］治完：《茶山人性论中气质与善恶的问题》，《大同哲学》第 22 集，大同哲学会，2003 年，第 1—24 页。

[4] ［韩］宪圭：《关于茶山的孟子心性论解析一考》，《东洋古典研究》第 46 集，东洋古典学会，2012 年，第 95—123 页；［韩］琴章泰：《茶山的〈孟子〉解析与性善恶论的争论点》，《东亚文化》第 41 集，首尔大学人文大学东亚文化研究所，2003 年，第 1—35 页；［韩］Lee Hae-im，许南进：《性嗜好说与性善说：茶山的〈孟子〉解析》，《秦东古典研究》第 43 集，翰林大学附设秦东古典研究所，2019 年，第 95—122 页。

[5] ［韩］琴章泰：《茶山的〈孟子〉解析与修养方法：与退溪修养论的比较与理解》，《退溪学报》通卷 115 号，退溪学研究院，2004 年，第 207—263 页。

[6] ［韩］张胜求：《丁若镛的实践与哲学》，Seo Kwang Sa 出版社，2001 年，第 90 页。

在，但“理”是一个法则，其含义限定在发展规律、治理、法理。同时他也反对性等同于理的“性即理”。丁若镛取“嗜好”对其进行替代，创建“嗜好”说。[1]“嗜好”论的基本观点是，不承认“理”的终极实在或绝对性。相反，将“天”放在“理”的位置上，将其视为超越性的神。换言之，性是“天”的根本，“理”源于“天”。性自发于人心或者心，作为上帝的天是一定存在的，[2]性象征着“天”是一种外在的、客观的存在。当然，“上帝＝天”的理论，是丁若镛站在性善说的立场阐发的观点。而这里的性善说不同于性理学的性善说。性理学主张性善为理，本自具足（明德），而丁若镛不相信本具。他认为性是有一定志向性的嗜好，相较于恶行，其嗜好体现出更志向于善行的趋势。否认理的绝对性、终极性，是丁若镛理论的特征。他认为对天的信仰若出现问题，会误解为被天（神）统治。而事实上天却赋予人类“自作以自主”的自主权。人类可以通过自身意志塑造自己，丁若镛提出了具有自主性、自律性的人类形象。性理学将理视为性的一种，本有而生，与宇宙万物融为一体，强调遵照理的必然原理生存。而与此相反，丁若镛将理依托于自律性。伦理道德最终是嗜好[3]，是性的自律性实现。不同于性理学认为伦理道德具有先验性和固定性，丁若镛强调伦理道德的可变性，认为根据努力与嗜好的程度，可以重造和改造伦理道德。社会或国家体制也与此同理。[4]

丁若镛在接受西学与性理学的同时，用这些理论构建嗜好论。既有研究关注到了这一独创性。接下来，有必要对其方法论是如何展开的进行探讨。

---

[1] ［韩］方浩范：《儒学与丁若镛的哲学思想》，韩国学术信息，2004年，第36页，第62—76页。

[2] ［韩］尹丝淳：《茶山的生涯与思想》，《哲学》25，韩国哲学会，1986年，第3—12页。

[3] ［韩］Cho Eun-young：《茶山未发说的特征》，《东洋哲学》第31集，韩国东洋哲学会，2009年，第37—62页；［韩］田炳郁：《朱子与茶山的未发说与修养论特征》，《哲学研究》46，哲学研究所，2012年，第33—82页。

[4] ［韩］尹丝淳：《茶山的生涯与思想》，《哲学》25，韩国哲学会，1986年，第13—17页。

四、丁若镛与“以经证经”方法论的专门化

丁若镛编写了《孟子要义》，在该著述中他对朱熹提出的心性理气发起了攻击。丁若镛是星湖学派继承人，继承了星湖李瀷（著书《孟子疾书》）的思想，但丁若镛又从不同的角度撰写了《孟子要义》。众所周知，郑道传在朝鲜建国中担任重要角色。他在《朝鲜经国典》中灵活应用孟子的王道政治理论，用辟异端论排斥佛教。在朝鲜建国初期，《孟子》被应用于政治、经济、君臣主义理论方面。之后，随着经典解析研究的深入，出现了两个研究方向：强化朱子学以及重新解析经典从而脱离朱子学。尽管丁若镛研习朱子学，但他倾向于与其略有不同的星湖学派。丁若镛试图探索新的孟子学。这为孟子学（孟子研究）关注心性、修养、政治、经济相关研究，并为孟子研究的传统提供了契机。由此，在孟子研究领域化的过程中，孟子形象的轮廓逐渐成型。

那么就有必要去探讨一下丁若镛的孟子研究所具有的特征——天、性、善的概念是如何形成的，丁若镛提出的孟子研究“总体性”理论是通过何种途径完成的。

丁若镛在《与狄堂全书》第一集第十二卷的《俗儒论》中批判了“真儒之学，本欲治国安民，攘夷狄裕财用，能文能武，无所不当岂寻章摘句注虫释鱼，衣逢掖习拜，揖而已哉。（中略）后儒不达圣贤之旨，凡仁义理气之外，一言发口，则指之为杂学”[1]。这表明他对以理气说为核心、排斥不同于该理气说的朱子学辟异端论的看法。丁若镛重视理气与性命的本初问题，同时对实用问题提出了疑问。他认为信奉理气论的一方批判不信的一方，反之亦然，双方彼此会陷入相对理论。为了克服这个相对化的问题，丁若镛采用了研究经学本身的方法，特别是重视“用例研究”的方法。既重视训诂，对经典中出现的“用语”重新进行解释。又以注释为据，按照注释类别对经典进行研讨。

[1] ［韩］丁若镛著，郑寅普、安在鸿共校：《与犹堂全书》第一集第十二卷，新朝鲜社，1934年，第19—20页。

首先，关于《孟子》的作者，在追记说与自作说中丁若镛主张追记说。在《孟子要义》的《序说》中，他表示“史记亦未尝明云孟子独作”[1]，主张追记说。丁若镛从信赖与逻辑的角度出发，对经典本文也提出了批判性意见。在《孟子要义·万章上》（五章）中，他认为“孟子此章，与尧典不合，以此推之，则下章所言禹益之事，亦恐不然，余故曰孟子非皆孟子之亲笔”[2]，以批判性眼光看待经典文本本身。这是《孟子》解读的方法论，即不盲目顺从或追从，而是重新思考经典相关的先验性理论，然后在此基础上提出新的想法。

丁若镛在此时应用的方法论是“以经证经”[3]。这是一个非常重要的概念，是丁若镛解析既存朱子学或《孟子》中“内在”与“外在”问题的重要媒介。这种方法论与李瀷的理论相连接，对既存性理学进行了批判，同时又区别于与李瀷的理论。

例如，《孟子·梁惠王上》（一章）中有言：“万乘之国杀其君者，必千乘之家，千乘之国，杀其君者，必百乘之家，万取千焉，千取百焉，不为不多矣，敬为后义而先利，不夺不餍。”[4] 丁若镛在《孟子要义·梁惠王上》（一章）中解释道：“集注谓方千里，出车万乘，方百里，出车千乘，此又必不可通者也，诚若方百里出车千乘，则方千里者，当出十万乘，若方千里出车万乘，则方百里者，当出百乘而止，何则？方千里所函之地，为方百里者百，其出车乘岂仅十倍而止乎？”[5]他没有照搬孟子主张，而是通过解读“万乘”的使用对其进行确认。丁若镛重视的正是这样重新确认“用语或文字的用例”。他提出“孟子曰燕万乘之国，齐亦万乘之国，又曰今海内方千里九者，齐集有其一，孟子龋以春秋战国僭乱之法论万乘，何尝以天子为万乘乎，读书宜明本书之龋”[6]，以强调用例的重要性。

---

[1] ［韩］丁若镛，丁海廉译注：《我邦疆域考跋文》，现代实学社，2001 年，第 27 页。
[2] ［韩］丁若镛，丁海廉译注：《我邦疆域考跋文》，现代实学社，2001 年，第 167 页。
[3] ［韩］丁若镛，丁海廉译注：《我邦疆域考跋文》，现代实学社，2001 年，第 3 页。
[4] 孟子著，［韩］Lee Chang Sung 编：《一眼识孟子 I》，树之梦，2015 年，第 14 页。
[5] ［韩］丁若镛：《定本与犹堂全书 7 孟子要义》，茶山学术文化财团，2012 年，第 32 页。
[6] ［韩］丁若镛：《定本与犹堂全书 7 孟子要义》，茶山学术文化财团，2012 年，第 31 页。

关于经学研究，丁若镛主张兼收并蓄，从训诂与义理中各取一部分。训诂是在考察经典语句含义之前，对经典中出现的文字或用语进行“字意”与“语义”分析，是经典阐释的基础工作[1]。对于字音、字意、语义的训诂，他与朱子学家持不同立场，但同时又沿袭了另一位朱子学家退溪的经典解析方法。退溪在《经书释义》中强调训诂与义理相协调[2]，丁若镛则彻底将其进行了应用。同时丁若镛的理论又具备了自创理论的合理性，他将其付诸实践。这是通过阐明经典原意阐释经典的新尝试。

五、丁若镛心性及修养论的特征

众所周知,《孟子》的《尽心》与《告子》可以联系起来解释为心性论[3]。丁若镛也强调心性与修养论。这也是如何阐释人类内在的问题。丁若镛通过《孟子·尽心上》(一章)中记录的“尽心”“知性”“事天”，讨论了“人物性”的分离与内心。《孟子·尽心上》(一章)被认为记述了人类的道德宿命。[4]即“孟子曰，尽其心者，知其性也。知其性，则知天矣，存其心，养其性，所以事天也。夭寿不二，修身以俟之，所以立命也”[5]。这说明立天命需要认同天命，这只有敬天才可能实现；立天命则要事天，为事天则需要知天的“方法”；为事天，人类要存心养性；为知天，则要尽心知性。人类观心能做到领悟本性，领悟本性即可知天[6]。这是将对天命的自觉转换为对自身内在本性的

[1] ［韩］咸泳大:《从训诂的观点看成立期的朝鲜孟子学》,《汉字汉文教育》21集，2008年，第485—491页。

[2] ［韩］李永昊:《退溪的〈论语〉翻译学与解析学》,《汉文学报》18集，Woori汉文学会，2008年，第1339—1362页。

[3] ［韩］李惠京:《孟子〈孟子〉》(《哲学思想》别册，第三卷第2号)，首尔大学哲学思想研究所，2004年，第4—7页。

[4] ［韩］JeongMi-sun:《为恢复道德性的“大丈夫论”的现代意义》,《汉文古典研究》35(1)，韩国汉文古典学会，2017年，第263—289页。

[5] 孟子著，［韩］Lee Chang Sung 编:《一眼识孟子Ⅰ》，树之梦，2015年，第188页。

[6] ［韩］咸泳大:《对星湖学派的尽心，知性，事天的解释-以〈孟子〉〈尽心上〉1章的解释为中心》,《东洋哲学》33，韩国东洋哲学会，2010年，第145—171页。

自觉。将自身内心中现实化的道德感性自觉为自身本性的实现，有意顺从自身本性则被认为是道德实践。

但问题出在顺序上。孟子认为尽心即可知天，他强调尽心。在心与性的关联中孟子强调心的作用，将行善解释为结合天道特点的知天。这与朱熹认为心、性、天互相贯通的观点一致。朱熹将心性、天连接为“理”，将知性与知天视为知理。就这样，集中于“理”的哲学体系开始相互联通。

丁若镛试图重新解释《孟子·尽心上》(一章)。他没有遵从朱熹对“尽心”的解释，而是提出异议将其解释为“竭心”，并批判了过去将其解释为“充量”的说法。丁若镛在《孟子要义·尽心上》(一章)中，通过“梁惠王谓孟子曰，寡人之于国也，尽心焉已矣。孟子谓齐宣王曰尽心力而为之后必有灾，三个尽心，理应同释，彼尽心以为竭心，此尽心为充量，必不然也”[1]，构建了“竭心”一词。丁若镛还重视实行的问题，认为尽心与志诚相互交修。即，“尽心者，行也。行则必知，知则必行，互发而交修者也”[2]。

即使受到星湖李瀷的影响，丁若镛也将知性与物格进行了连接，并提出了区别于朱熹将尽心理解为知至的观点。他认为知与尽并非相互分离，而是同时进行的。通过这样的思考，丁若镛的理论最终在《孟子要义·尽心上》(一章)中得以展现。他认为：“且所谓知性者，欲知吾性之能乐善耻恶，一念之萌，察其善恶，以率以修，以达天德也，若以理为性，以穷理为知性，以知理之所徒出为知天，遂以知理之所从出为尽心，则吾人一生事业，推有穷理一事而已，穷理将何用矣？夫以理为性，则凡天下之物，水火，土石，草木，禽兽之理皆性也，毕生穷此理，而知此性，仍于事亲，敬长，忠君，牧，礼乐，刑政，军旅，财赋实践用之学，不无多小欠欠，知性知天，无或近于高远而无实乎？先圣之学，断不如此。”[3]即性并非“理”或本性，喜善而

[1] ［韩］丁若镛：《定本与犹堂全书 7 孟子要义》，茶山学术文化财团，2012 年，第 223 页。
[2] ［韩］丁若镛：《定本与犹堂全书 7 孟子要义》，茶山学术文化财团，2012 年，第 224 页。
[3] ［韩］丁若镛：《定本与犹堂全书 7 孟子要义》，茶山学术文化财团，2012 年，第 225 页。

羞恶[1]。这一点正是丁若镛独创的性嗜好说。

丁若镛没有将“至诚”仅仅解释为“穷理”，而是重视实用与实践，并为此尝试重新阐释经典。也就是说，他认为实用与实践是孟子的本意。丁若镛用“存心”替代“养成”，将“存心”解释为人类做出某些行动时“动态的活动”。丁若镛认为通过静坐来涵养未发之性，不是孟子所说的“养成”。丁若镛虽然继承了星湖李瀷的朱熹阐释中的“诚意”，但他重新构筑了心、性和天的含义。继而通过重新解释“存心”与“养成”，最终构建起了性的本质以及存心的社会意义[2]

六、丁若镛的实践论与外在性、内在性的相互论

在此有必要重新回顾丁若镛“认识论”所具有的特征。蔡振丰曾经对丁若镛的人性论特征进行过分析，他认为丁若镛的性嗜好说是在西学的影响下形成的，探讨了人性如何将意志的起点与道理相联系。[3]琴章泰则通过丁若镛主张的“心作为人类内在主体的问题”这一视角，聚焦心性论是人类个人的内在实体[4]。《孟子·离娄下》（十九章）中提到：“人之所异于禽兽者，几希，庶民去之，君子存之。舜明于庶物，察于人伦，由仁义行，非行仁义也。”[5]也就是说，孟子非常重视是否具备仁义。仁是区分人与禽兽的思想。丁若镛借《荀子》的内容，区分了“性”的类型。他主张性不是单一的，而是有着多样性的。具体来看，丁若镛在讨论人类与禽兽的区别时，其根据是对正误的判

[1] ［韩］Cho Eun Yeong：《茶山未发说的特征》，《东洋哲学》第31集，韩国东洋哲学会，2009年，第37—62页。

[2] ［韩］郑素伊：《关于丁若镛心性论变迁的研究》，《哲学思想》第33号，首尔大学哲学思想研究所，2009年，第3—33页。

[3] ［韩］蔡振丰：《丁茶山的人性论》，《韩国文化》43，首尔大学奎章阁韩国学研究院，2008年，第189—212页；郑若镰，李载毅共著，实是学舍经学研究会编译：《茶山与文山的人性论证》，HanGilSa出版社，1996年，第130页。

[4] ［韩］高明文：《丁若镛性嗜好说的局限性与其之后 - 神体化的性嗜好》，《哲学论丛》91（1），新韩哲学会，2018年，第1—27页。

[5] 孟子著，［韩］Lee Chang Sung编：《一眼识孟子Ⅰ》，树之梦，2015年，第333页。

断，而这便是道心。丁若镛的《孟子要义·离娄下》（十九章）提到："《荀子》曰，水火有气而无生，草木有生而无知，禽兽有知而无义，人有气有生有知有义，盖其受性之品，凡有四等，而人与禽兽最相近，耳听目视无以异也，鼻嗅舌舐无以异也，食色安逸之欲无以异也。"[1]丁若镛认为只有人类才具有判断气、生命、知觉、对错的本性，只有人类才能满足上述四条。其根源正是道心。这与《孟子、公孙丑上》（六章）中主张人类有恻隐之心、不忍人之心的内容相联通。

但丁若镛不同意本然之性，他将本然之性细分为人性与物性。他认为具体事物有着固有的主体性。这与孟子通过区分人兽之性，反驳"告子上"（三章）中告子主张的"生之谓性"相衔接。丁若镛区分了人物之性，反映了人心与道心之间的矛盾与意志，强调了道心。即他认为禽兽无法践行道义，而是"最先"重视观察事物本身。[2]这正是与主体性相连接的思想。丁若镛认为存在人性和物性，人拥有性的一部分——人性，禽兽也拥有性的一部分——禽兽性。在这里，他指出仁义的道心与气质之性之间的矛盾。丁若镛在《孟子要义·告子上》（三章）中表示："人之性，只是一部人性。犬牛之性，只是一部禽兽性。盖人性者，合道义气质二者而为一性者也。禽兽性者，纯是气质之性而已。（中略）臣以为犬牛人之性，同谓之气质之性，则是贬人类也。同谓之道义之性，则是进禽兽也。二说具有病痛。臣谓人性即人性，犬牛之性即禽兽性。至论本然之性，人之合道义气质而为一性者，是本然也。禽兽之单有气质之性，亦本然也。"[3]也就是说，人类因道义而产生内在矛盾。这是根据义对其进行的解释。这也产生了不同于本然之性的区别。丁若镛认为只有道心存在，人类才能成为万物灵长。他还特别强调了个别性及个别性的意义。

丁若镛通过这种方式接受《孟子·尽心上》（四章）中万物皆备于我的部

[1] ［韩］丁若镛：《定本与犹堂全书 7 孟子要义》，茶山学术文化财团，2012 年，第 144—145 页。

[2] ［韩］林宪圭：《对茶山性理学的人性论批判一考（Ⅱ）》，《温知论丛》31，温知学会，2012 年，第 221—252 页。

[3] ［韩］丁若镛：《定本与犹堂全书 7 孟子要义》，茶山学术文化财团，2012 年，第 188—189 页。

分[1]，同时又与之形成区别。丁若镛认为，“此章乃一贯忠恕之说”，并理解为“一贯忠恕”。[2]如果我厌恶卑贱、侮辱，就会“知道”百姓也同样厌恶。即，通过我已经具备的来理解他人的感情与欲望。恕，是指即使不对他人进行观察，也能以他与我相同的内心，来推断理解他人。这也与求仁得仁的思想相联通[3]。

丁若镛将心与气分开，脱离了理气论。换言之，他无法赞同性理学的主张将心单纯视为气。对于心与性，丁若镛主张《孟子要义》中的“心之所嗜好也”[4]。他认为恻隐之心或羞耻之心，均可根据自身选择发生变化，可由自己运用。基本上品性可恶可善，人心可恶也是心的原有之理。《孟子·尽心上》（二十一章）中对此做出了具有心理学倾向的定义：“孟子曰，广土众民，君子欲之，所乐不存焉。中天下而立，定四海之民，君子乐之，所性不存焉，君子所性，虽大行不加焉，虽穷居不损焉，分定故也，君子所性，仁义礼智根于心，其生色也睟然见于面，盎于背，施于四体，四体不言而喻”[5]。丁若镛对其进行了拓展，将性区分为道德性原理或本体之意的性。

丁若镛将“性”视为人心嗜好，认为先儒所指的“性”与孟子的本意不同。[6]即，“性”所在之处为心。心又可以分为大体与小体，道心与人心，道心的概念大于人心。丁若镛在《孟子要义》中提到，“大体者，无形之灵明也，小体者，有形之躯壳也。从其大体者，率性者也，从其小体者，循欲者也。道心常欲养大，而人心常欲养小。乐天知命，则培养道心矣，克己复礼，则

---

[1] 孟子著，［韩］Lee Chang Sung 编：《一眼识孟子 I》，树之，2015 年，第 193 页。摘用《孟子》《尽心上》（4 章）“孟子曰，万物皆备万物皆备于我矣，反身而诚，乐莫大焉。强恕而行，求仁莫近焉”。

[2] ［韩］丁若镛：《定本与犹堂全书 7 孟子要义》，茶山学术文化财团，2012 年，第 231 页。

[3] ［韩］全圣健：《丁若镛的哲学思想与体制改革论》，高丽大学民族文化研究院，2014 年，第 120—121 页。恕，在这里指朱熹主张的恕。丁若镛还将这个“恕”的概念应用为具有实践性和现实性的问题。

[4] ［韩］蔡振农：《丁茶山的人性论》，《韩国文化》，奎章阁韩国学研究院，2008 年，第 191—197 页。

[5] 孟子著，［韩］Lee Chang Sung 编：《一眼识孟子 I》，树之，梦 2015 年，第 216 页。

[6] ［韩］丁若镛：《定本与犹堂全书 7 孟子要义》，茶山学术文化财团，2012 年，第 209 页。

制伏人心矣，此善恶之判也”[1]。“大体”是让人心服从并生出善恶的概念。

这是动摇孟子内在人性论根基的论述。不过丁若镛的性善是指好善、嫉恶的嗜好。从结论来看，自主之权是被赋予的。《孟子要义·滕文公上》（一章）认为：“天之于人，余之以自主之权，使其欲善则为善，欲恶则为恶，游移不定，其权在已，不似禽兽之有定心，故为善则实为已功，为恶则实为已罪，此心之权也，非所谓性也，扬雄误以为性，故乃谓之善恶浑，非初无是事而扬雄诬之也。蠭之为物，不得不衡君，而论者不以为忠者，以其为定心也，虎之为物，不得不害物，而执法者不引律议诛者，以其为定心也。人则异于是，可以为善，可以为恶，主张由已，活动不定。故善斯为功，为恶罪斯。”[2]虽然性作为内部倾向存在，但是“天”却是从外部观察自身的绝对者，指示道德实践的方向。这都依靠心的意志，由心自身决定。继而，在对待四端的观点上，依据孟子所言，丁若镛认为四端为始。《孟子要义·公孙丑上》（六章）中提出“端”为“始”的概念：“四端之义，孟子亲自注之曰，若火之始然，泉之始达，两个始字，磊磊落落，端之为始，亦既明矣”[3]。茶山认为仁义礼智四端也不是与生俱来的，而是依靠人的意志和努力实现的。应将重点放在依靠意志做出的努力上。这又与《孟子》对本性的解释有了不同。《孟子》主张，义原本存在于本性之中，浩然之气是来自义的积累。而就《孟子·公孙丑上》（二章），丁若镛对“从事”发表了自已的意见：孟子从内里来阐释“从事”，认为义是积累展现原本的“义”，而不是来自外部。但丁若镛却对孟子这一主张持反对意见。即，丁若镛将浩然之气的养成视为“知言”。所谓知言，他认为是对语言与思想的是非善恶、真伪得失的仔细观察与分明辩论，并认为语言发自内心，因此可通过语言观其人心。知言即是知心，知心即是知人。丁若镛认为知言与养气相互启发，并将浩然之气视为实践，[4]认为知识的实践尤

[1] ［韩］丁若镛：《定本与犹堂全书 7 孟子要义》，茶山学术文化财团，2012 年，第 209—210 页。
[2] ［韩］丁若镛：《定本与犹堂全书 7 孟子要义》，茶山学术文化财团，2012 年，第 93—95 页。
[3] ［韩］丁若镛：《定本与犹堂全书 7 孟子要义》，茶山学术文化财团，2012 年，第 71 页。
[4] ［韩］丁若镛：《定本与犹堂全书 7 孟子要义》，茶山学术文化财团，2012 年，第 65—66 页。

为重要。这是从实践道德论角度进行的解读。丁若镛将“知”强调为实践，并将该论断进行了扩展。“上而下”原理是实践之一，对此《孟子·梁王惠下》（二章）表示“齐宣王曰，汤放桀，武王伐纣，有诸，孟子对曰，于传有之，曰，臣弑其君可乎，曰，贼仁者谓之贼，贼义者谓之残，残贼之人谓之一夫，闻诛一夫纣矣，未闻弑君也”[1]。丁若镛也赞同如果被任命的君主出现问题，可由臣子将其驱逐。此外，丁若镛还利用《孟子》关注“民”的这一点，讨论“民”的重要性。丁若镛通过《孟子》认识到，皇帝也是一个职务“角色”，对不符合职务的“非仁”，应持处罚的态度。当然丁若镛的理论仅限于获得“民心”的有德者。《孟子》将社会分为君子与野人、劳力者与劳心者、社会各个阶层各从一业，通过交换来经营生活。两者主张有一部分相联通。是对士农工商身份的态度问题。但丁若镛并未仅仅对这些进行遵从，他认为“民”是构建国家的终极力量，他致力于让“民”成为觉醒的主体，从而积极地表达意识。[2]

作为上述理论的实践之一，正是认识论的觉醒。其方法论包含对道统论与辟异端论的批判见解。《孟子·滕文公下》（九章）中指出：“圣王不作，诸侯放恣，处士横议，杨朱墨翟之言盈天下，天下之言不归杨，则归墨，杨氏为我，是无君也，墨氏兼爱，是无父也，无父无君，是禽兽也，公明仪曰，庖有肥肉，厩有肥马，民有饥色，野有饿莩，此率兽而食人也，杨墨之道不息，孔子之道不着，是邪说诬民，充塞仁义也，则率兽食人，人将相食，吾为此惧，闲先圣之道，距杨墨，放淫辞，邪说者不得作，作于其心，害于其事，作于其事，害于其政，圣人复起，不易吾言矣，昔者禹抑洪水而天下平，周公兼夷狄驱猛兽而百姓宁，孔子成春秋而乱臣贼子惧，诗云，戎狄是膺，荆舒是惩，则莫我敢承，无父无君，是周公所膺也，我亦欲正人心，息邪说，距诐行，放淫辞，以承三圣者，岂好辩哉，予不得已也，能言距杨墨者，圣

[1] 孟子著，［韩］Lee Chang Sung 编：《一眼识孟子 I》，树之梦，2015 年，第 52 页。

[2] ［韩］李元荣：《对茶山丁若镛〈民〉概念的研究》，梨花女子大学研究生院硕士学位论文，1983 年，第 60 页，第 64—72 页。

人之徒也。”[1] 对此星湖李瀷在《孟子疾书·滕文公下》(九章)中讲到:“邪说之害，殆有甚于数者，洪水，气化更换故，时犹可乎，夷狄禽兽，众情同惧故，智犹可惧，乱臣贼子，象情同恶，故义犹可诛，惟邪说，不者足以愚氓，上者足以乱道德，送出更新，谁得辨之，毕竟无父无君灭生灵而后已，又岂洪水之类所可方哉？盖天下有道，邪说有不足畏”。孟子像杨朱与墨翟一样讨论了异端的弊病，对此，李瀷也了解了这种辟异端论的两面性。他理解杨朱与墨翟主张的异端邪说使道德混乱这一说法，并认为这堪比洪水灾害。不过他阐明了邪恶的局限性，认为如果天下有道，则无需恐惧邪说。丁若镛受李瀷的影响，将研究重点放在“对其结果产生的影响”，而不是杨朱与墨翟批判的理念本身。这里掺杂着“不是全部，但认可部分内容”。

丁若镛试图去理解杨朱与墨翟的理论，他在《孟子要义·滕文公上》(九章)中提道:“杨墨，皆贤人也。孟子虑其弊而距之，今人误读孟子，以杨子为吝人，墨子为狂客，不知拔毛磨顶，皆设喻之言，非二子之实事也。拔一毛而利天下，犹言枉己之尺直人之寻也，杀一不辜而得天下不为，亦为我之学，甚言之则，斯云拔一毛而利天下不为”[2]。换言之，丁若镛并不是推崇既有理论中被认为是异端邪说的“传统观点”，而是在不同的层面实践着主体性。

丁若镛赞同星湖学派李瀷理论的部分思想，与其主张有着相似之处。但同时丁若镛的思想又达到了新的高度。丁若镛并不是单纯地追随理论的时代趋势，而是重新解释了不同于朱子学、被视为异端的说法。这不是阐释“性理学”或《孟子》本身，而是更加关心经典阐释的可能性，关注通过这些“需要说什么”。因此，丁若镛先是遵循正统的道统，再拒绝遵循。在这个过程中他通过可以理解新理论的“形态”获取异端思想，再借用“形态”消除结构框架将“全部化为乌有”，最后试图从那里获得新的始发“力量”。

---

[1] 孟子著，[韩]Lee Chang Sung 编:《一眼识孟子 I》，树之梦，2015 年，第 240 页。

[2] [韩]丁若镛:《定本与犹堂全书 7 孟子要义》，茶山学术文化财团，2012 年，第 121—123 页。

七、孟子研究的意义、展望及主体性

综上所述，笔者对《孟子》在韩国的研究状况进行了考察。按照《孟子》研究趋势、研究动向的先后顺序，本文明确了《孟子》研究的核心主题。在日本殖民统治下，《孟子》在韩国用日语得以传播。尽管当时朝鲜人撰写的孟子研究相关著书被复刊发行，但在时代制约下，孟子研究带有局限性。尤其是殖民统治下的被殖民经历、解放后的朝鲜战争等背景，都让韩国的孟子研究具有了历史性。介于此，韩国社会对于孟子的研究，直到20世纪60年代才有了进展。最初，韩国将孟子思想介绍为世界思想，后期逐渐将其定位为中国哲学或东方思想。而且《孟子》再次被重译为纯韩国语，实现了将孟子思想向大众的传播。韩国的《孟子》研究以强调孟子的仁义礼智的形式被“建构”。《孟子》形象随着时代发生变化的过程与历史经验相联系，韩国对孟子接受的精髓可归结为性善、道德、修养、教育等。同时，为了尝试与朱熹学派拉开距离，韩国学界还考察了李退溪和丁若镛的研究等。

本文阐述了韩国孟子研究的形成过程，并以此为基础，通过对丁若镛的个例研究集中阐明了孟子研究的特征。丁若镛学习了原有的朱子学理气论，并通过接触天主教创建了新的“实学”。他使用儒学中的用语对“儒学”本身进行重组，灵活运用了“以经证经”的方法论。也就是说，丁若镛并非原封不动地追随既有儒学经典，而是重新解释用语，尝试不同于既有儒学的典籍阐释。这种方法也被他用来重释孟子。尤其是他重组了内在天的含义，通过设定上帝，疏通了内在与外在的对立问题。当然，性善论认为“天”是宇宙客观的善。他强调人类内在的自主权，聚焦始发之心，阐明了觉醒民众的创造性、教育的可能性和必要性。

（全成坤：韩国翰林大学日本学研究所教授

李　晓：北京外国语大学亚洲学院博士）

越南《孟子》研究的历史与现状*

［越］阮才东（Nguyen Tai Dong）

一、越南儒家与越南“四书五经”概论

（一）越南儒家发展情况

儒家思想影响越南文化至今约2000年。它从一个外生思想的实体，逐渐在越南民族思想体系中落地生根，并且对越南文化做出一份极其伟大的贡献。至少近600年以来，对越南人而言，儒家不仅是中国儒家，亦可说是越南儒家。越南儒家在15世纪辉煌地发展与后来的正式化和多样化便足以证明这个事实。如，儒家思想成为越南封建国家的代表性思想，儒家考试体系亦成为进入官僚体系的主要形式。儒生在建立、维持社会伦理规范等方面的地位愈来愈重要，因此从15世纪以降，儒生成为社会的精神指标，不但在宫廷范围之内，而且在整个越南的各个层面均有其作用。因此，儒家思想不光是借代而来，它已渗透于越南文化。甚至越南在西方传教士带来拉丁系字母之前的官方语言也被命名为“儒字”。

儒家学说在越南的传播与发展可分为两个不同的时期：北属时期与独立时期。由于历史背景与社会条件的不同，这两个历史时期的儒家学说传播，

* This research was supported by the 2021 Korean Studies Grant Program of the Academy of Korean Studies (AKS-2021-R-102).

在力量、目的、范围、速度等方面都是不相同的。

越南再次独立虽可从西元938年吴权建立吴朝算起，但此后70年间，经历了吴权（938—944），杨三哥（945—950），吴昌岌和吴昌文兄弟（950—965）的统治，十二使君之乱（945—967），丁朝（968—979），前黎朝（980—1009），政权更替频繁，统一的封建国家体系实际上直到1009年李公蕴建立李朝后，才较为巩固。越南的史书一般都把从968年丁部领建立丁朝，一直到1868年法国殖民者闯入越南的这一段时间称为独立时期，也就是越南进入封建政权时期。

在越南独立后的一段时期内，经历了“崇佛抑儒”的变化。11世纪初李朝李太祖移都到升龙（现在是越南河内），在《迁都诏》中李太祖已经提到要学习尧舜，提到儒家思想的天命思想，认为皇帝是施行天命的人，天与人之间有互相感应，证明受到汉儒的影响。甚至一些李朝的和尚像圆通禅师、阮常禅师，他们向皇上奏陈治国的见解也引用了不少儒家经典。也是从这个时期开始，忠、孝、仁、义概念渐渐地被运用到政治领域，最具代表的是黎奉晓（Lê Phụng Hiểu）、苏宪诚（Tô Hiến Thành）[1]，他们把仁义思想提升到行动与政治主张中。之所以儒家思想能够在李朝具有政治与社会思想地位，是因为越南当时的执政者从儒家思想中找出了国家组织和社会管理的理论系统与实践经验。因此，从那时起，儒家思想已经符合了越南社会发展的紧迫要求，即尽快坚定封建制度和巩固君主集权制国家。

到了陈朝，儒家思想的影响也巨大、深刻。陈太宗强调人们的现实社会和政治生活并不属于佛教影响范围，而属于儒学控制的领域：“是以诱群迷之方便，明生死之捷径者，我佛之大教也。任垂世之权衡，作将来之轨范者，先圣之重责也。”[2]儒家提出治国之道，修、齐、治、平的途径与道德规范让社

---

[1] ［越］阮才书：《越南思想史》（第1册），越南社会科学出版社，1993年，第221页。(Nguyễn Tài Thư chủ biên, *Lịch sử tư tưởng Việt Nam*, tập 1, Hà Nội, Nxb.Khoa học xã hội Việt Nam, Năm 1993, tr.221.)。

[2] ［越］陈太宗：《禅宗指南·序》。（Ủy ban Khoa học xã hội Việt Nam, Viện Văn học, *Thơ văn Lý - Trần,* Tập II, quyển thượng, Nhà xuất bản Khoa học xã hội, Hà Nội, 1988, tr.24）

会达到儒家心中的理想。到了14世纪，越南便出现了一批儒士积极参与政治、努力奋斗来现实这个理想。思想方面最著名的是朱文安（Chu Văn An）、黎文休（Lê Văn Hưu）、张汉超（Trương Hán Siêu）等。

10到14世纪，儒家思想进入越南的这段时间，它并不是越南本土的思想体系，而是外来的。儒家思想的义理是非常丰富与深刻的，很多地方适合于当时的越南，但因为时代不合或条件不合也有不少儒学的内容不能应用于当时的越南。换言之，越南的社会背景、文化基础与意识形态前提不同于中国产生儒家思想的那些条件。这个问题可以从两个方面来看，第一，不能全面、彻底、不顾客观情况地吸取儒家一切内容，而要接受与学习儒学的精神，要用自己的经验与方法；第二，要主动、积极发展越南儒学，一方面提升共同的儒学价值，另一方面建立既适合自己又有自身特色的儒学。

黎朝（相当于中国明朝时期）大兴儒风，独尊儒术，儒学被确立为建国治民的根本指导思想而受到了前所未有的重视。因此，孔子思想的传播范围更为广泛，速度也更快了。黎朝统治者大办学校作为宣传孔子和儒家思想的机构，为了推动传播工作，黎朝在李、陈朝的科举制度基础上完成了正规的科举制度。黎朝从1442年之后，越南科举制度已经比较完整，每隔三年，各地方举办一次乡试，在京城举办一次会试。参加考试的人数上千人，如1463年的会试有1400人，1475年有3200人。这种以儒学为指导的科举制度一直延续到19世纪末。不仅如此，黎朝统治者还在整个社会进行教育活动。各朝代的统治者按照孔子伦理思想制礼约定制度，并且还经常颁行教化条例，试图通过行政手段将孔子思想推向民间。与此同时，后黎统治者更加极力排斥异端，一再限制和打击佛教、道教，只允许它们在有限的范围内活动。为了能更广泛地传播儒学，后黎朝还注意印行儒家经典。

《四书五经大全》系列在越南出现比较早。按照《大越史记全书》，1419年在越南就出现了《大全》系列："已亥。明永乐十七年（公元一四一九年），春，二月，明遣监生唐义，颁赐《五经四书·性理大全》《为善阴骘》《孝顺事实》等书于府，州，县儒学。”[1]从这个时候，越南人把《大全》作为学习与准备科举的材料。[2]

（二）越南儒家经典：“四书五经”

根据《越南汉喃文献目录提要》（“Di sản Hán Nôm Việt Nam - Thư mục đề yếu”），郑克孟已经统计了汉喃研究所图书馆保留下来的解释与注解“四书”与“五经”的 122 本越南汉喃著作，具体如下[3]：

1.解释“四书”

（1）解释“四书”的著作：总共 8 本

《四书短篇》，现有 2 个刻印版本：A.1794 有 314 页和 A.1429 有 150 页，里面有 170 首经义，内容关于“四书”。

《四书策略》，现有 5 个手抄版本：VHv.391/1—2 有 412 页，VHv.901 有 168 页，VHv.900 有 268 页，VHv.2241 有 160 页，VHt.17 有 100 页。内容：文策给考试的人。

《四书节要》，现有一个刻印版本：AC.226/1—4 有 1300 页，由裴辉碧（Bùi Huy Bích 1744 — 1802）编写。内容：“四书”重要内容的总结与注解。

《四书精义》，现有 3 个手抄版本：VHv.443 有 186 页，VHv.444 有 203 页，VHv.601/3—5 有 664 页。内容：文策，题目从《四书》挑选出来。

《四书约解》，现有 一个刻印版本：AB.270/1—5 有 895 页，不知作者，但由黎贵惇（Lê Quí Đôn 1726 — 1784）校注。内容：用喃字来解释《四书》

---

[1] 陈荆和校合本：《大越史记全书》本纪卷之 10，東京大学東洋文化研究所，1985 年，第 517 頁。

[2] ［越］阮福英：《从越南〈四书五经大全〉不同版本的考察去理解传统科举教育中〈大全〉所扮演的角色》，越南《汉喃研究》杂志 2012 年第 1 期，第 27、29、43 页。（Nguyễn Phúc Anh, *Từ việc khảo sát các hệ bản ‘Tứ thư ngũ kinh đại toàn’ ở Việt Nam bàn về vị trí của ‘Đại toàn’ trong giáo dục khoa cử truyền thống*，Tạp chí Nghiên cứu Hán Nôm, số 1/2012.tr.27, 29, 43）。

[3] ［越］郑克孟：《汉喃研究所现存的四书五经论解之越南汉喃书籍》，越南《汉喃研究》杂志，2005 年第 1 期。（Trịnh Khắc Mạnh, *Thư tịch Hán Nôm Việt Nam luận giải về Tứ thư và Ngũ kinh hiện có ở Viện Nghiên cứu Hán Nôm*，Tạp chí Nghiên cứu Hán Nôm, số 1/2005.）http://www.hannom.org.vn/web/tchn/data/0501.htm

的一些章节。

《四书文选》，现有一个刻印版本：VHv.341/1—4 有 956 页，由邓辉㸷（Đặng Huy Trứ 1825—1894）编辑。内容：288 首经义，题目从《论语》挑选出来。

《四传义选》或《四传精义》，现有 2 个手抄版本：VHv.601/6 有 186 页，VHv.1151 有 98 页。内容：经义作为参加科举学生的参考资料。

《小学四书节略》，现有一个手抄版本：A.2607 有 168 页，由团展（Đoàn Triển 1854—1919）编辑。内容：里面挑选《四书》的一些章节。

（2）解释《大学》的著作：总共有两本

《大学讲义》，Ab.277 有 30 页。内容：把《大学》翻译成喃文。

《大学晰义》，A.2594 有 116 页。

（3）解释《论语》的著作：总共有 10 本

《论孟策段》，VHv.902 有 158 页。

《论语制义》，VHv.601/9 有 266 页。

《论语正文小对》，A.888 有 62 页。

《论语愚按》，VHv.349/1—2 有 422 页。

《论语精华幼学》，A.906，VHv.501，VHv.775，VHv.776，92 页。

《论语集义》，VHb.72 有 88 页。

《论语释义歌》，A.186/1—2 有 1110 页，VHv.709/3—6 有 798 页。

《论语节要》，A.2596/1—2 有 290 页。

《论语精义》，VHv.601/10 有 376 页。

《论说集》，A.2856 有 82 页。

（4）解释《中庸》的著作：总共有 4 本

《中庸演歌，易卦演歌》，AB.540 有 78 页。

《中庸讲义》，AB.278 有 160 页。

《中 庸 说 约》，A.2595 有 186 页

《中学五经撮要》，A.2608/1—2 有 834 页。

（5）解释《孟子》的著作：总共有 1 本

《册孟学堛高中学教科》（Sách Mạnh học bậc cao trung học giáo khoa），现有一个手抄版本：AB.290 有 358 页，吴甲豆？（Ngô Giáp Đậu, 1853—?）在 1913 年编写。内容：把孟子的一些章节翻译成喃字，有注解与评论。

2.解释"五经"

解释"五经"的著作：总共有 7 本

解释《易经》的著作：总共有 19 本

解释《礼经》的著作：总共有 8 本

解释《诗经》的著作：总共有 9 本

解释《书经》的著作：总共有 6 本

解释《春秋》的著作：总共有 7 本

另外还有一些书籍直接提到"四书五经"的内容。

二、越南儒家与《孟子》——以黎贵惇为例

第一位越南人有解释《孟子》的著作可能是朱文安（？—1370）。他在现在的河内出生，儒学渊博，考中太学生但不愿意当官，大部分的时间在家教学，学生非常多，其中有不少相当有名的儒士，像范师孟（Phạm Sư Mạnh）与黎伯括（Lê Bá Quát）等。在陈明宗时期，朱文安有一段时间在国子监任教，后来在陈裕宗时期，他给皇帝呈《七斩疏》，建议斩杀七个佞官。因为皇帝不答应，朱文安就辞官回乡归隐。在越南河内文庙里还供奉着朱文安先生。历史记载朱文安的著作中有《四书说约》，解释与论证"四书"，其中有关于

《孟子》，但可惜现在没有了。[1]

在越南思想史中的确有谈到《孟子》，其中有黎贵惇。他的著作中，特别是《圣谟贤范录》与《群书考辨》，孟子的观点经常被印出来，作为思想与行为的根据。

黎贵惇，号桂堂，1726 年在越南山南（现越南太平省）出生。1752 会试时他名列第一，1760 年至 1762 年间，与陈辉淧带领使节团出使中国，1769 年被升任为副宰相。1784 年于母亲故乡河南省过世。终其一生，黎贵惇始终怀抱着入世的精神，通彻“知”与“行”的密切关系，为国家、为老百姓奋斗不已。

黎贵惇跟其他越南儒士一样深受儒家思想的影响，他不只研读“四书五经”或注解经典的书籍，甚而对历史，特别是“北史”即中国历史，非常有兴趣。如果说黎贵惇所写的《圣谟贤范录》侧重儒家经典，那么《群书考辨》则是注重中国历史的作品。对他而言，学习经典或学习历史，都是为了找出国家发展的重要关键。例如论及孟子时，黎贵惇云：“梁襄王问孟子天下恶乎定？孟子云定于一。孟子可能融会贯通了国运兴衰之理与势。孟子是有学问，刚正纯厚，哪里像后来的先知、士人。”[2]融会贯通理与势绝对是使国家安定太平的重要原则。

黎贵惇编写了一部《四书约解》，一共 19 卷。虽然在序言中，他谦虚地说“余少壮从戎，中年受政，诗书语孟之训亦有志而未之能及。”[3]但他显然不仅通晓“五经四书”，而且也欣赏百家，所以才非常重视这部《四书约解》。

---

[1] ［越］陈文甲主编：《越南作家略传》（第 1 册），越南社会科学出版社，1971 年，第 172—173 页。（Trần Văn Giáp chủ biên, *Lược truyện các tác gia Việt Nam*, Tập 1, Hà Nội, Nxb.Khoa học xã hội Việt Nam, Năm 1971, tr.172—173.）。

[2] ［越］黎贵惇著，陈文权译：《群书考辨》，越南社会科学出版社，1995 年，第 125 页。（Lê Quý Đôn, *Quần thư khảo biện,* Trần Văn Quyền dịch, Nhà xuất bản Khoa học xã hội, Hà Nội, 1995, tr.125 ）。以下版本同，不赘述。

[3] ［越］阮俊強：《研究〈四书约解〉（黎贵惇〈序〉的略写文本与解读）》，载《汉喃研究》2010 年第 6 期，第 42 页。(Nguyễn Tuấn Cường, *Nghiên cứu 'Tứ thư ước giải' Lược tả văn bản và giải đọc bài 'Tựa' của Lê Quý* Đôn, Tạp chí Nghiên cứu Hán Nôm, số 6/2010, tr.42.)。

这部书翻译了“四书”的所有章节，其中从第十三卷到十九卷是《孟子》的译本。[1]

黎贵惇引用孟子的话来证明王道的重要性：“孟子曰：今之事君者，曰：我能为君辟土地，充府库。今之所谓良臣，古之所谓民贼也。君不乡道、不志于仁，而求富之，是富桀也。”“我能为君约与国，战必克。”“今之所谓良臣，古之所谓民贼也。君不乡道、不志于仁，而求为之强战，是辅桀也。”[2]“君行仁政，斯民亲其上、死其长矣。”[3]仁政就是发扬善事，把善事、道德作为治国的根本。“好善优于天下，而况鲁国乎？夫苟好善，则四海之内，皆将轻千里而来告之以善。夫苟不好善，则人将曰：訑訑，予既已知之矣。訑訑之声音颜色，距人于千里之外。士止于千里之外，则谗谄面谀之人至矣。与谗谄面谀之人居，国欲治，可得乎？”[4]黎贵惇肯定仁政也是孔子所主张的。在《圣谟贤范录》中，他引用不少孔子的话以肯定仁政的观念：“政者，正也。子帅以正，孰敢不正？”[5]“道之以政，齐之以刑，民免而无耻；道之以德，齐之以礼，有耻且格。”[6]黎贵惇非常赞同孟子的观点，治国一定要以仁义道德为基础，他尤其赞扬孟子的坚毅态度：“谷与鱼鳖不可胜食，材木不可胜用，是使民养生丧死无憾也。养生丧死无憾，王道之始也。”[7]黎贵惇也认为只靠武力治民并非正确的方法：“秦并吞六国，本来不合人心，但如果能录用旧臣与民众，设置王侯以管辖他们，加上任用贤能，这样就可以达到安定的局面。但

---

[1] ［越］阮俊强：《越南朱子学的沿革：从〈四书章句集注〉到〈四书约解〉》，《汉喃研究》，2012年第5期，第3—21页；《研究〈四书约解〉从文字学的角度》，《汉喃研究》，2014年第2期，第27—45页（Nguyễn Tuấn Cường, *Diên cách Chu Tử học tại Việt Nam: Từ 'Tứ thư chương cú tập chú' đến 'Tứ thư ước giải'*，Tạp chí Nghiên cứu Hán Nôm, số 5/2012, tr.3—21，và *Tiếp cận văn bản học với 'Tứ thư ước giải'*, Tạp chí Nghiên cứu Hán Nôm, số 2/2014, tr.27—45）。

[2] ［越］黎贵惇：《圣谟贤范录》，刘九如抄，陈黎仁校订，越南社会科学翰林院哲学研究所藏抄本，编号：19－H1，《成忠第一》，第26页。（Lê Quý Đôn, Lưu Cửu Như sao，Trần Lê Nhân hiệu đính，*Thánh mô hiền phạm lục*，*Thành trung thứ nhất*，tr.26.）。原文在《孟子·告子下》。

[3] ［越］黎贵惇：《圣谟贤范录》，《从政第八》，第49页。原文在《孟子·梁惠王下》。

[4] ［越］黎贵惇：《圣谟贤范录》，《从政第八》，第50—51页。原文在《孟子·告子下》。

[5] ［越］黎贵惇：《圣谟贤范录》，《从政第八》，第31页。原文在《论语·颜渊》。

[6] ［越］黎贵惇：《圣谟贤范录》，《从政第八》，第27页。原文在《论语·为政》。

[7] 《孟子·梁惠王上》。

是秦废除封建，改行郡县，使得豪家贵族降落贫民。同时，秦朝只要用力量压制别人，认为这样做能消除后患、戡平叛乱。甚为粗浅。”[1]

用道德治国合于正道，因此用道德会比用武力治国更为长久，用道德治国的代表人物有周文王，而用武力治国最为代表的则是秦始皇，两种治国之道的差别很明显地凸显出来：“周文王之德化百年后才濡染天下。如此不少人认为仁义的功效慢而奸诈武力的功效快。但只要看秦国爱好奸诈武力也得经过六代一百多年才一统天下，然而十五年后就亡国了。如此用德与用力，哪一个是慢，哪一个是快，世人必能分辨。”[2]黎贵惇分析春秋战国时代，其实是用隐喻法提出越南当时的现实状况。他提出一个结论：“要一统天下一定要有天下之才、天下之量。才是什么？是英明卓越。量是什么？是坚忍耐心。有才以担负重任，有量以保持志气。这两个要互相辅助才能大功告成。”[3]黎贵惇之所以强调“才”与“量”，是因为他特别重视“天理”与“人心”问题。要统一越南，让国家有所成就且能持续长久，只有在“天理”与“人心”这两个基础上进行才可能；再者，要收复人心必得遵守天理，天理即正道，而所谓的正道无非是施行“仁政”。要施行仁政，也就是施行一个符合整个民族利益与愿望的政策，其关键在于治国者必须气量宽厚，才干十足，心怀宽大，德才兼备。

谈到义与利，黎贵惇偏向孟子，他认为不要讲利，但是如果要提到利就是共同的利益而不是个人的得失：“君子所考虑的利就是所有人的共同利益，小人反而想到利只不过是自己的个人利益。”[4]正因为可以克制自己的私心，对自己要求严格，君子在任何情况都能安然自在。关于义与利之间的关系，黎贵惇认为义与利是国家需要处理的根本问题：“孟子云上下交征利而国危矣。

[1] ［越］黎贵惇：《群书考辨》，第 120 页。

[2] 同上书，第 159 页。

[3] 同上书，第 158 页。

[4] ［越］黎贵惇著，范仲恬译：《黎贵惇全集》（第 2 集），《见闻小录》，越南社会科学出版社，1977 年，第 17 页。（Lê Quý Đôn，Phạm Trọng Điềm dịch, *Lê Quý Đôn toàn tập*, tập 2, *Kiến văn tiểu lục*, Nhà xuất bản Khoa học xã hội, Hà Nội, 1977, tr.17.）。

有云苟为后义而先利，不夺不餍。这话很透彻。要用心平乱，兴建隆盛不得不考虑让根部端正、泉源纯洁。”[1] 治理国家需要很多措施，但是提到治国之“道”与治国之“术”，黎贵惇特别强调的两个重点为民本和珍重人才。

选拔任用贤能的人是一个非常重要的事项。在朝廷总是有各种各样臣子，黎贵惇引用孟子所言：“孟子曰：有事君人者，事是君，则为容悦者也。有安社稷臣者，以安社稷为悦者也。有天民者，达可行于天下而后行之者也。有大人者，正己而物正者也。”[2] 君主是国家的主宰，但要治理国家一定要靠百官，要靠百官的计策与德行。

黎贵惇之所以注重做官的道德原则，是因为当时的官场弊端连连，直接影响到黎郑的政权。因此，黎贵惇很认同孟子所说的，当时的官员没有考虑到做官的基本是仁义忠信，而只顾着表面上是尊贵差使，孟子说：“仁义忠信，乐善不倦，此天爵也。公卿大夫，此人爵也。古之人，修其天爵而人爵从之。今之人，修其天爵以要人爵。既得人爵而弃其天爵，则惑之甚者也，终亦必亡而已矣。”[3]

谈到忠道，黎贵惇非常重视作为臣子最重要的一个义务，即进谏。作臣子需要忍耐，更需要有所诤言：“大禹曰：臣克艰厥臣[4]。帝曰：吁！臣哉邻哉！邻哉臣哉！予违，汝弼；汝无面从，退有后言。钦四邻。”[5] 黎贵惇还强调：“事君有犯而无隐，左右就养有方，服勤至死。”[6] “心乎爱矣，遐不谓矣？中心藏之，何日忘之？”[7] 可以见得“谏而无讪”成为臣子与君主的基本对待或相处方式：“为人臣下者，有谏而无讪，有亡而无疾；颂而无谄，谏而无骄；怠则张而相之，废则扫而更之；谓之社稷之役。”[8] 这种对待方式并不是臣

[1] ［越］黎贵惇：《群书考辨》，第 134 页。
[2] ［越］黎贵惇：《圣谟贤范录》，《成忠第一》，第 26 页。原文在《孟子 · 尽心上》。
[3] ［越］黎贵惇：《圣谟贤范录》，《官守第七》，第 19—20 页。原文在《孟子 · 告子上》。
[4] 《尚書 · 虞書 · 大禹谟》。
[5] ［越］黎贵惇：《圣谟贤范录》，《成忠第一》，第 13 页。原文在《尚书 · 虞书 · 益稷》。
[6] ［越］黎贵惇：《圣谟贤范录》，《成忠第一》，第 18 页。原文在《礼记 · 檀弓上》。
[7] ［越］黎贵惇：《圣谟贤范录》，《成忠第一》，第 14 页。原文在《诗经 · 小雅》。
[8] ［越］黎贵惇：《圣谟贤范录》，《成忠第一》，第 18 页。原文在《礼记 · 少仪》。

子对上面的不敬，而是十分符合道理。黎贵惇非常赞同孔子的观念："子曰：所谓大臣者，以道事君，不可则止。"[1]他也引用孟子的话，断言臣子要用仁心让君主施行仁政，这样才是真正的尊敬君主："孟子曰：责难于君谓之恭，陈善闭邪谓之敬，吾君不能谓之贼。"[2]这个道理也表示忠不是只从上到下的一个方向，而是一个互相的关系，一方面臣子依照君主的意思行动，另一方面，臣子也有义务与责任纠正君主缺点错误。忠于君主是让君主有仁有义："孟子曰：人不足与适也，政不足与间也，惟大人为能格君心之非。君仁莫不仁，君义莫不义，君正莫不正，一正君而国定矣。"[3]因为这个观念，使得黎贵惇非常痛恨奸臣败类。他引证孔子的话，认为需要剿灭朝中的奸臣："子曰：鄙夫可与事君也与哉？其未得之也，患得之；既得之，患失之。苟患失之，无所不至矣。"[4]很显然，黎贵惇已经选择了先秦儒家忠的观念。对于宋儒所谓的"君教臣死，臣不死不忠"观念，他并不赞同。"孟子道性善，言必称尧舜。"[5]这也是黎贵惇的做人之道、待人待物的原则："把使不完的剩余明智还给造化，把用不完的剩余俸禄还给朝廷，把花不完的剩余财货还给百姓，把想不完的剩余福气还给子孙。"[6]

黎贵惇就儒家的立场论述，作为君主，第一原则是爱护民众："先王子惠困穷，民服厥命，罔有不悦。"[7]因此，治国首先要考虑的是人民这个要素："道千乘之国，敬事而信，节用而爱人，使民以时。"[8]王道的一个特征也是尊重百姓："季康子问：使民敬、忠以劝，如之何？子曰：临之以庄则敬，孝慈则忠，举善而教不能则劝。"[9]作为一位越南儒家典型的政治家，黎贵惇当然非

[1] ［越］黎贵惇：《圣谟贤范录》，《成忠第一》，第 21 页。原文在《论语·先进》。
[2] ［越］黎贵惇：《圣谟贤范录》，《成忠第一》，第 25 页。原文在《孟子·离娄上》。
[3] 同上。
[4] ［越］黎贵惇：《圣谟贤范录》，《成忠第一》，第 18 页。原文在《论语·阳货》。
[5] ［越］黎贵惇：《圣谟贤范录》，《修道第三》，第 26 页。原文在《孟子·滕文公上》。
[6] ［越］黎贵惇：《见闻小录》，第 18 页。
[7] ［越］黎贵惇：《圣谟贤范录》，《从政第八》，第 3 页。原文在《尚书·商书·太甲中》
[8] ［越］黎贵惇：《圣谟贤范录》，《从政第八》，第 27 页。原文在《论语·学而》。
[9] ［越］黎贵惇：《圣谟贤范录》，《从政第八》，第 28 页。原文在《论语·为政》。

常关心人民。

由于战争、分裂、动乱、饥饿等的痛苦现实，让有良知的思想家能够不断地去思考，试图找出动乱的来源与治世之方。他们认为按照朝廷对待民意与天心的态度就能看出社会的平治或动乱。因为民意是人民的趋向与愿望，天心是无形的绝对力量，是外在的规律。对于这个问题，在 18 世纪有两种观点。第一种是重视民意，李太祖所颁《迁都诏》有提到“民志”，表示不但要服从自然规律，还要尊重民众的意志：“以其图大宅中，为亿万世子孙之计，上谨天命，下因民志，苟有便辄改。”[1] 另外一种则是黎襄翼表达的民意的重要性：“惟天惠民，必立之君师，惟辟奉天，必先之教养，所以和民心，阜民财，致国家长治久安之效也。”[2]15 世纪，阮廌也曾经肯定：“仁义之举，要在安民，吊伐之师莫先去暴。”[3] 他还说：

覆舟始信民犹水，
恃险难凭命在天。
祸福有媒非一日，
英雄遗恨几千年。[4]

黎贵惇接受了孟子的观点，也承认民为邦本的历史事实。他说：“民是国之本，也是君之命。朝中作乱的逆臣，侵扰边境的敌国不是很操心劳神。只有民心动摇才真正的可怕。国家动乱开始都因为政事刻薄、苛捐杂税、滥用兵力、酷刑盛行、官府残暴、百姓沉浮，又加上水淹、干旱，尤其饥饿，民众濒于绝灭反而作乱。因此一人挥手万人响应造成一个不可收拾的局面。这

[1] 李太祖：《迁都诏》，(Ủy ban Khoa học xã hội Việt Nam, Viện Văn học, *Thơ văn Lý - Trần,* Tập I, Nhà xuất bản Khoa học xã hội, Hà Nội, 1977, tr.229)

[2] ［越］吴士连：《大越史记全书》，越南社会科学出版社，1970 年，第 354 页。(Ngô Sĩ Liên, *Đại Việt sử* ký toàn thư, Tập III, Nxb.Khoa học xã hội, 1998, tr.58)。

[3] ［越］吴士连：《大越史记全书》，越南社会科学出版社，1970 年，第 354 页。(Ngô Sĩ Liên, *Đại Việt sử* ký toàn thư， Hà Nội, Nxb.Khoa học xã hội, 1970, tr.354)。

[4] ［越］阮廌：《阮廌全集》《关海》，越南社会科学出版社，1976 年，第 201 页 (Nguyễn Trãi, *Toàn tập*, *Quan hải,* Nxb Khoa học xã hội, Hà Nội, 1976, tr.201)。

就形成地崩之势，然而天子也不知道。当事情发生，祸患临头，想挽救也来不及了。”[1]

三、20世纪以来越南《孟子》研究的现状

（一）1945年之前对《孟子》的注解、研究与介绍

如上所述，目前在越南社会科学翰林院汉喃研究所图书馆还保留着一本注解《孟子》的书是《册孟学堛高中学教科》。除了这一本之外，在越南民主共和国成立（1945）之前，还有两本值得注意，是《邹书摘录》（*Trâu Thư trích lục*）和《孟子国文解释》（*Mạnh Tử quốc văn giải thích*）。

1.《册孟学堛高中学教科》

《册孟学堛高中学教科》有五个主要内容：“今把《孟子》正文分成五条：第一是伦理，第二是修身，第三是文学，第四是政治，第五是孟子的生平”[2]越南注解儒家经典的历史中，不依靠原本的章节而按照内容的主题来重构经典是不太罕见的，比如黎文敔的《周易究原》或范阮攸的《论语愚按》等，由于这是一本教科书，这样的主题划分以及准确的喃文翻译是必不可少的。[3]

这本书最引人注目的地方是“附论”部分。每篇内容的最后都有一个附论，一边阐明内容的含义，提出自己的评论，一边将其和人与社会的重要问题做比较，目的是肯定《孟子》的当代价值，尤其是与西方思想相比的价值。例如，在“政治附论”部分，《册孟学堛高中学教科》的作者批评“只有西方才有民权而东亚没有民权”这个错误观念。[4]此外，这本书一个新的观念之一

[1] ［越］黎贵惇：《群书考辨》，第346页。

[2] ［越］吴甲豆：《冊孟學堛高中學教科》，越南社会科学翰林院汉喃研究所图书馆藏，编号AB.290, 1B页。

[3] ［越］黄月、黎红容：《冊孟學堛高中學教科》，《古今杂志》，越南2018年总第502期。（Hoàng Nguyệt, Lê Hồng Dung, *Sách Mạnh học bậc cao trung học giáo khoa*, Tạp chí Xưa&Nay, số 502, tháng 12, Năm 2018.）

[4] ［越］吴甲豆：《冊孟學堛高中學教科》，179A页

是将孟子思想应用于越南的实践，换句话说是用越南的历史证据来证明站在孟子立场上的一些论点。虽然很谦虚，但吴甲豆说得很清楚："每一条，将越南的事情来讨论，就是让你我方便地了解义理。"[1]因而在"附论"中，他提出了许多符合于《孟子》的义理的越南历史教训。例如，在肯定亚洲也注重民权方面时，他举了一个例子："陈朝陈太宗把公田卖给人民，这就是让人民富裕的方法。"[2]

2.《邹书摘录》

《邹书摘录》由胡得恺编辑，在1915年阮惟勣作序，编号A.1142，是一本幼学教学的书，一共97页。由于是"摘录"，因此作者只选取《孟子》中的优美词句，将其分为以下五篇：一、"学问略谈篇"，主要讨论学术问题；二、"纲常伦理篇"，探讨纲常、道德；三、"政治问答篇"，专攻政治问题；四、"处己接物篇"，主要谈对待自己与他人的道理；五、"道德学问格言篇"，引用模范道德格言。[3]

在这些所谓的教科书，即从1906年[4]持续到1919年（越南儒家科举制度被废除）按照教科举教育改良计划的教科书。这个时期的汉字科举教育课程有三级，即幼学、小学和中学。在小学课程中[5],《孟子》的部分内容出现在《小学四书节略》(段展奉编，杜文心奉润正，于1907年颁布）的正式教材中。《小学四书节略》第二卷专论《孟子》，本卷也对正文进行重构，编入23个主

---

[1] ［越］吴甲豆：《冊孟學塥高中學教科》，1B页

[2] ［越］吴甲豆：《冊孟學塥高中學教科》，179B页

[3] ［越］黎红容：《18世纪初至20世纪初越南〈孟子〉文本诠释的研究》，2020年，河内师范大学博士论文，第81页。（Lê Hồng Dung, *Nghiên cứu văn bản thuyên thích sách Mạnh Tử ở Việt Nam từ đầu thế kỷ XVIII đến đầu thế kỷ XX*, Bản thảo luận án tiến sĩ chuyên ngành Hán Nôm, Trường Đại học Sư phạm Hà Nội, 2020, tr.81）亦可参见越南社会科学翰林院汉喃研究所图书馆：http://www.hannom.org.vn/trichyeu.asp?param=8731&Catid=246

[4] 1906年2月（成泰十八年），颁布法令，设立议学会同（Nghị học Hội đồng），修改关于北圻学习科举的规定。参见［越］黄玉钢：《乂静地区最后进士科举的大科》，"乂安社会科学和人文网"，2017年1月20日。（"Tháng 2 năm 1906 (Thành Thái năm thứ 18), ban hành nghị định thiết lập Nghị học Hội đồng, cải định các khoản về phép học phép thi ở Bắc kỳ."Hoàng Ngọc Cương, *Các vị đại khoa xứ Nghệ trong khoa thi tiến sĩ cuối cùng (Kỷ* Mùi – *Khải Định thứ 4 (1919)),* Website Khoa học xã hội và nhân văn Nghệ An, 20/1/2017.）

[5] 当时的小学招收27岁以下的人，是县级或府级的大型学校。

题。[1]《孟子》中23个主题的许多内容都是很重要的题目，显示孟子思想的核心，如仁义、心、性、道、修身、教人、君臣、父子、王道、王政等。

3.《孟子国文解释》

《孟子国文解释》(*Mạnh Tử quốc văn giải thích*)[2] 是越南学者注解与研究《孟子》的一个里程碑。1932 年被收藏并印成两卷之前，《孟子国文解释》已经连续八年，在《南风杂志》(*Nam phong tạp chí*) 1923 年 12 月第 78 期到 1931 年 158 期上轮流刊登。可以说，这是第一部最完整、最详尽、最有价值的《孟子》越南语译本。《孟子国文解释》的两位翻译家和注解家是东洲阮友进（Đông Châu Nguyễn Hữu Tiến, 1875—1941）和松云阮惇复（Tùng Vân Nguyễn Đôn Phục, 1878—1954），这两位出身儒门，因此他们非常理解经典，翻译和注释清楚仔细，并且坚持原文，没有脱离经典的原文。这本书的结构呈现了一贯性，每一段都由四个部分组成：第一是汉字原文，第二是汉越音或翻音汉越，第三是译义，第四是注解。注解的部分既是术语、典籍、典故的解释，也是对义理进行分析与释义。两位译者的释义深受朱子的影响，所以翻译和注释的方法也紧随朱子，例如孟子的“性善”不被翻译为“性善”或“性向善”而翻译为“性本善”。“本善”与“善”之间有很大的区别，至今在学术界依然引起很多争论。但是，无论如何，可以说《孟子国文解释》是越南重生这部儒家经典的一个特别重要的里程碑。

4.其他的书籍

《孟子》这本书有很多人关注并进行翻译，但可能没有进行全部翻译，或者可能在战争中遭受损失，或者我们没有办法收集。虽然这些书籍并不完整，但我们还想在这里大胆地介绍一下，借以了解一下当时越南学者对《孟子》

[1] ［越］黎文强：《汉字教育改革方案（1906—1919）中的“四书”“五经”在于学法与试法》，《汉喃研究》，2017 年第 1 期，第 30 页。（Lê Văn Cường, *'Tứ thư', 'Ngũ kinh' trong chương trình cải lương giáo dục khoa cử chữ* Hán (1906—1919) trên phương *diện học pháp và thí pháp*, Tạp chí Nghiên cứu Hán Nôm, số 1/2017, tr.30.）

[2] ［越］阮友进、阮惇复：《孟子国文解释》，《中北新文》，1932 年，两集（Nguyễn Hữu Tiến, Nguyễn Đôn Phục, *Mạnh Tử quốc văn giải thích,* Trung Bắc Tân Văn, Năm 1932, 2 tập）

有多么重视，同时也了解学者们的奉献。

早在 1926 年，陈峻垲（Trần Tuấn Khải）已经翻译并出版了《孟子》一书。[1] 陈峻垲是越南著名诗人、记者、思想家。他将《孟子》翻译成越文，但我们只找到 1926 年在河内出版的第一本。这本书一共 106 页，从《梁惠王上》第一章到《孙公丑下》第十九章结尾被翻译成越文，被认为是将《孟子》翻译成国语（越文）[2] 即现代越南语的第一本书。虽然是初译，但总体上字句清晰，思想贴近，表达了《孟子》的精神。这本书虽然是近 100 年前出版的，但它的编撰和呈现相对科学，每一篇、每一章的句子与段落都是分开的。每个句子通常有四个部分，一个部分是汉文，一个部分是汉越音，一部分翻译成越文，一个部分进行讨论。陈峻垲的评论既有贴近孟子的思想，也有启发性，让读者多思考。

1930 年，杨孟辉（Dương Mạnh Huy）开始翻译和注解《孟子》。[3] 信德书社是一家专注于研究、出版越南历史和文化书籍的出版社，同时也非常重视汉学，很早就出版一些翻译自中国的著名的书籍，如《三国演义》《东周列国》《明心宝鉴》等。除了文学书籍，信德书社还出版和传播儒家经典，借以保留东亚传统文化，反对主导越南当代意识形态主流的西方文明。在儒家经典中，信德书社选择《孟子》作为第一部翻译出版的书籍，认为《孟子》的义理是最普遍，最合适的。 杨孟辉根据范翔的《四书体注》翻译并注解成越南语。每一节由五个部分组成：一是汉字原文；二是解释每个单词并在每个汉字中添加字面意思；三是讲解概念、经典、典故；四是翻译成越南语，五是解释义理。可惜的是，这本书太短（34 页），我们找不到其他几卷。

---

[1] ［越］陈峻垲译：《孟子》（第 1 卷），东京印馆，1926 年。（Á Nam Trần Tuấn Khải dịch và bàn, *Mạnh Tử*, quyển thứ nhất, Nhà in Đông Kinh ấn quán, Hà Nội, 1926）

[2] 虽然《孟子国文解释》从 1923 年在《南风杂志》上刊登，但它于 1932 年在《中北新文》以书本形式印刷。

[3] 杨孟辉译述并注解：《孟子体注》，信德书社，1930 年。（Dương Mạnh Huy，*Mạnh Tử thể chú,*Sài Gòn，Tín Đức thư xã xuất bản,1930）

《孟子体注》也被译成法文，为当时在越南的知识分子出版做服务。《明德新书》（*Minh đức tân thơ*）第一卷（1934）有《孟子体注》译本，由珪乐子（Khuê Lạc Tử）翻译和青云居士（Thanh Vân cư sĩ）考证。[1]每段由四个部分组成：一是汉字原文，二是翻译成法文，三是汉越音，四是翻译成越南语。此外，本书还有一个单独的部分用于解释和分析以适应新的背景。值得注意的是，朱熹的整个《集注》，虽然没有翻译成法文，但有汉字原文、汉越音与翻译成越南文。然而，与《孟子》的整部著作相比，被翻译的部分数量还是太少了。

值得注意的是，1933 年 4 月《南风杂志》第 188 期，有一篇关于孟子学说的文章《孟子学说》，作者为东洲阮友进。 这篇文章于 1933 年 5 月 4 日在河内的《致知协会》（*A Société d'Enseignement Mutuel du Tonkin*）发表。阮友进肯定孟子哲学本质上是实践伦理，不是虚幻哲学。这篇文章侧重于孟子的性善论、功夫论与社会论。阮友进对经典的理解虽然离朱子学不远，但他将孟子的学说与世界当代做对比，相信孟子学说不输给任何西方与东方哲学体系。他写道："如果孟子在世界'圆桌会议'中与耶稣基督、释迦牟尼和所有泰西哲学家一起讨论哲学，那就显示东亚真正儒者的口才也不输给任何人！"[2]

1930年在《南风杂志》汉文版上发表了胡丕玄（Hồ Phi Huyền）[3]的著作《人道权衡》（*Nhân đạo quyền hành*）[4]，1935年以越南语版在《清乂静新闻》

---

[1] 《道理普通》，《明德新书》第 1 卷，雪云堂编辑部，1934 年（*Đạo lý phổ thông _ Minh đức tân thơ*, quyển I, Tuyết Vân Đường xuất bản, Thủ Dầu Một, 1934）

[2] ［越］阮友进：《孟子学说》，《南风杂志》，1933 年 4 月第 188 期，第 350 页（Nguyễn Hữu Tiến, *Học-thuyết thày Mạnh*，Nam phong tạp chí，số 188，Năm 2017, tr.350.）。

[3] 另一个名字是胡丕统（Hồ Phi Thống，1879—1946）

[4] ［越］胡丕玄：《人道权衡》（续二），《南风杂志》，1930 年第 26 卷。（Hồ Phi Huyền，*Nhân đạo quyền hành*，*bài 2*，Nam phong tạp chí，số 26，Năm 1930）。

（Thanh Nghệ Tỉnh tân văn）[1]再版[2]。在《人道权衡》中，胡丕玄对《孟子》十分重视，多次评论与引用此书。胡丕玄对孟子的君臣观念给予了高度评价，特别是“民为贵，社稷次之，君为轻”“君有大过则谏，反覆之而不听，则易位”这两句话。同时，他还认为：“人们常说孟子是君权革命者，但他是真正的三纲革命者，不只是攻击君权而已。或许当时的三纲之说已存在着，因而孟子只好攻打破坏？”[3]胡丕玄强烈反对三纲论，称此论是“人道的虫子”，同时也相当片面地认为男女平等论与三纲论是两个极端。胡丕玄分析孟子，以孟子为自己思想的论据。[4]他将扬子、墨子的故事解释为执一的，以孟子主张忠正来解释那个故事的意义，连孟子的“孔子圣之时也”这句话也被他理解为中点、时忠、人道的根本。[5]在 2002 年的《汉喃通报》（*Thông báo Hán Nôm*），《〈人道权衡〉与胡丕玄的哲理思考》这篇文章中，章收（Chương Thâu）认定“胡丕玄认为孟子的观点是错误的”，但是我们研读《清乂静新文》刊登的《人道权衡》时却没有发现胡丕玄指出孟子的错误。基本上，胡丕玄仍然是一个正统的儒者，仍然站在孔孟的立场上，发表他对新时代的看法，对新问题发表自己的见解。

1939 年，宝孜（Bửu Tư）也想翻译分析孟子的思想，于是有了《孟子国文批判》（*Mạnh Tử Quốc văn phê bình*）[6]。这本书比较薄（15 页），只翻译了《梁惠王上》的第一段，却有 9 页分析的内容，不仅是讨论义利关系，而且从

---

[1] ［越］胡丕玄：《人道权衡》，《清乂静新闻》从 1935 年 2 月 22 日 开始。（Hồ Phi Huyền, *Nhân đạo quyền hành*，Thanh Nghệ Tỉnh tân văn，22/2/Năm 1930）。

[2] 郭氏秋贤 :Quách Thị Thu Hiền）又认为：“胡丕玄（统）的《人道权衡》于 1928 年完成。1935 年，《人道权衡》发表在《南风杂志》中文版（2 期）。1940 年，《清乂静旬报》重新发表了他的这篇论文。”：参见：［越］郭氏秋贤：《1900—1945 阶段儒家的转型和重新定位：通过对中圻北圻汉学举人、秀才出身的记者的论文和行为的调查》，《乂安文化杂志》2020 年 9 月 23 日电子版。（Quách Thị Thu Hiền, *Sự chuyển hình và tái định vị của Nho gia Việt Nam giai đoạn 1900—1945: qua khảo sát luận thuật và ứng xử của các nhà báo xuất thân Cử nhân, Tú tài* Hán *học Bắc-Trung Kỳ*, Tạp chí Văn hoá Nghệ An, 23/9/2020，bản điện tử)

[3] ［越］胡丕玄：《人道权衡》，《清乂静新闻》，1935 年 5 月 10 日，第 XXIV 节，第 3 页。

[4] ［越］胡丕玄：《人道权衡》，《清乂静新闻》，1935 年 5 月 3 日，第 3 页。

[5] ［越］胡丕玄：《人道权衡》，《清乂静新闻》，1935 年 2 月 22 日，第 5 页。

[6] ［越］宝孜：《孟子国文批评》，福龙印刷，1939 年。(Bửu Tư, *Mạnh Tử Quốc văn phê bình*, Edition Văn-Nghệ-Ban, Imprimerie Phuc Long, Huế, 1939)

人类历史进化论理解现在与未来的欧亚关系。关于将孟子的思想诠释地适合新时代潮流，这是一本典型的书，可惜我们找不到这本书的其他几卷。

第一本专门论述孟子思想的书是黎庭交（Lê Đình Giao）的《孟子学说》（*Học-thuyết Mạnh Tử*，1941 年）。[1] 黎庭交认为，孟子继承和发展了孔子的中庸学说，同时集中于孟子的孝悌 、婚姻、朋友、立身、修养心性、不动心、仁道、学习、行道、政治、经济、理想人等观念。 该书虽未系统化、概括化，相对分散，但已初步提出关于孟子从内心、个人、家庭到社会、国家的关键问题。

1943 年《大越集志》第 12、13 期刊登了竹河（Trúc Hà）的《心学》（“Tâm học ”）一文[2]，主要研究孟子的心学。作者将孟子之“心”概念与其他学者的观念做比较，发现“孟子之心才真正是道学之心”[3]。竹河将孟子之心概念在认识论、道德学与伦理学三个方面做了定义。因为有了心，人类才有意识、德行，才有准确的行为；“孟子的‘心’字，既是意识，又是良心，又是从天赋予人类的善德之仓库。因为它是意识，所以我们在生命中是有意识的；因它是良心而鼓励我们做善事；因它是善德之仓库而显露出来就是善的。”[4]

当然，越南提到《孟子》的还有不少书籍，特别是研究儒家的书，比如潘佩珠（Phan Bội Châu）的《孔学灯》（*Khổng học đăng*），陈仲金（Trần Trọng Kim）的《儒教》（*Nho giáo*）等，至于最近的作者，或是从《孟子》中摘录的书，如阮维精（Nguyễn Duy Tinh）的《东方理想》（*Đông phương lý tưởng*）等。但因为这些书已经被很多人提到，因此我们暂时就不展开讨论了。

---

[1] ［越］黎庭交：《孟子学说》，阮桂出版社，1941 年。（Lê Đình Giao, *Học-thuyết Mạnh Tử* , Nhà xuất bản Nguyễn-Quế dit Tân-Lập, Imprimerie Tiếng Dân, Huế, Năm 1941）

[2] ［越］竹河：《心学》，《大越集志》，1943 年第 12 期（1）。（Trúc Hà, *Tâm học*, Đại Việt tập chí, 1943, số 12 (1)）

[3] ［越］竹河：《心学》，第 3 页

[4] ［越］竹河：《心学》，第 5 页

（二）1945年以来对《孟子》的注解、研究与介绍

1945 年以后，关于《四书》特别是《孟子》的翻译和注解的书籍不少。其中有段忠昆（Đoàn Trung Còn）和阮献梨（Nguyễn Hiến Lê）。阮献梨除了介绍孟子的时代、身世、活动、资历和才能外，还着重对孟子思想的四大方面进行了分析和阐释：一是政治思想；二是经济社会思想；三是性善；四是存心养性、练气。由于时代因素，孟子的许多思想都是由作者直接提出的，在专制时代或之前的法国殖民时期很少有人敢提到，阮献梨用了很多篇幅分析和赞赏孟子的汤武革命思想[1]。但可惜的是，孟子最重要思想之一的“民为贵”思想却没有得到重视。

有一些《孟子》翻译版要注意的是：阮德邻（Nguyễn Đức Lân）把朱熹的《四书集注》（*Tứ thư tập chú*）完整翻译成越文（信息文化出版社，1998 年）；李明俊（Lý Minh Tuấn）的《四书评解》（*Tứ thư bình giải*，胡志明市，宗教出版社，2010 年）。然而，最近，越南对《四书》的最准确和最好的译本之一是《汉喃语文》（*Ngữ văn Hán Nôm*），第一卷《四书》。这是越南社会科学翰林院汉喃研究所的译本（越南社会科学出版社，2004 年）。此外，还可以提到由智慧（Trí Tuệ）所编的《孟子的思想与策略》（*Mạnh Tử - Tư tưởng và sách lược*，胡志明市，金瓯出版社，2003 年）以及《孟子精华》（*Mạnh Tử tinh hoa*，胡志明市，东方出版社，2005 年）。

另外，大部分提到《孟子》的书都是哲学史或专著，比如：简之、阮献梨的《中国哲学大纲》（西贡，1965 年；Giản Chi, Nguyễn Hiến Lê.*Đại cương triết học Trung Quốc*.Cảo Thơm, 1965 年）。越南哲学研究所的《越南思想史：一些理论问题》（河内，越南哲学所出版，1984 年；Viện Triết học., *Một số vấn đề lý luận về lịch sử tư tưởng Việt Nam*）。阮才书主编的《越南思想史》（第一册，越南社会科学出版社，1993 年；Nguyễn Tài Thư chủ biên., *Lịch sử tư tưởng Việt*

[1] ［越］阮献梨：《孟子》，文学出版社，1996 年，第 98—107 页。（Nguyễn Hiến Lê，*Mạnh Tử*，TPHCM，Nxb.Văn *Học,* 1996, tr.98—107）

Nam）。越南哲学研究所的《儒家在越南》（河内，越南社会科学出版社，1994年；Viện Triết học., *Nho giáo tại Việt Nam*）。高春辉的《东方思想的一些接轨》（文学出版社，1995年；Cao Xuân Huy, *Tư tưởng phương Đông gợi những điểm nhìn tham chiếu*）。陈庭友的《儒家与越南中近代文学》（文化通讯出版社，1995；Trần Đình Hượu, *Nho giáo và văn học Việt Nam trung cận đại*）。陈庭友的《从传统到现代》（河内，文化出版社，1996年；Trần Đình Hượu., *Đến hiện đại từ truyền thống*）。阮才书主编的《各思想体系与宗教对越南人今天的影响》（河内，国家政治出版社，1997年；Nguyễn Tài Thư chủ biên, *Ảnh hưởng của các hệ tư tưởng và tôn giáo đối với con người Việt Nam hiện nay*）。阮才书的《儒学与越南儒学——一些理论和实践问题》（河内，越南社会科学出版社，1997年；Nguyễn Tài Thư chủ biên., *Nho học và Nho học ở Việt Nam – một số vấn đề lý luận và thực tiễn*）。阮登孰的《越南思想史》（第二次出版，胡志明市出版社，1998年；Nguyễn Đăng Thục, *Lịch sử tư tưởng Việt Nam, In lần thứ hai*, Nhà xuất bản Thành phố Hồ Chí Minh，1998年）。陈庭友的《东方思想论文集》（河内国家大学出版社，2001年；Trần Đình Hượu, *Các bài giảng về tư tưởng phương Đông*）等。

《孟子》一书也是通过对"四书"的研究而呈现的，可提及以下：丁文明的《四书观行》（Đinh Văn Minh, *Tứ thư quan hành*, Thông báo Hán Nôm học, 2002）。郑克孟的《汉喃研究所现存的四书五经论解之越南汉喃书籍》（Trịnh Khắc Mạnh, *Thư tịch Hán Nôm Việt Nam luận giải về Tứ thư và Ngũ kinh hiện có ở Viện Nghiên cứu Hán Nôm,* Tạp chí Hán Nôm, số 1/2005）。范文参的《越南儒藏》（Phạm Văn Thắm, *Nho tạng Việt Nam*, 2007）。阮氏林的《汉喃书籍中的越南儒家经典内容》（Nguyễn Thị Lâm, *Nội dung kinh điển Nho giáo ở Việt Nam qua thư tịch Hán Nôm*, 2007）。黎文强的《介绍万宁堂书院的汉喃遗产》（Lê Văn Cường, Giới thiệu di sản Hán Nôm thư gia Vạn Ninh đường, *Thông báo Hán Nôm học*, 2009）。范文映，《〈方亭随笔录〉以及阮文超对朱熹注解〈四书〉方法的

态度》(Phạm Văn Ánh, P*hương Đình tùy bút lục và thái độ của Nguyễn Văn Siêu đối với cách chú giải Tứ thư của Chu Hi, Tạp chí Hán Nôm*, Số 5 (102), 2010)。阮俊强的《研究"四书约解"》(Nguyễn Tuấn Cường, *Nghiên cứu 'Tứ thư ước giải' (Lược tả văn bản và giải đọc bài 'Tựa' của Lê Quý Đôn*, Tạp chí Hán Nôm, số 6 (103) , 2010)。阮福英的《从对〈四书五经大全〉越南各版本的考察去理解传统科举教育中〈大全〉所扮演的角色》[Nguyễn Phúc Anh, *Từ việc khảo sát các hệ bản 'Tứ thư ngũ kinh đại toàn' ở Việt Nam bàn về vị trí của 'Đại toàn' trong giáo dục khoa cử truyền thống*, Tạp chí Hán Nôm, số 1 (110) 2012]。阮俊强的《越南朱子学的沿革：从〈四书章句集注〉到〈四书约解〉》[Nguyễn Tuấn Cường, *Diên cách Chu Tử học tại Việt Nam: Từ 'Tứ thư chương cú tập chú' đến 'Tứ thư ước giải'*, Tạp chí Hán Nôm, số 5 (114), 2012] 等。

除了上述书籍外，还有许多研究孟子各个方面思想的期刊文章，例如研究性善论的有：阮氏雪梅的《从哲学角度去理解儒家人性学说》[1] (Nguyễn Thị Tuyết Mai , *Quan niệm về tính người của Nho giáo nhìn từ góc độ triết học*)；范亭达的《孟子性善教育方法及其历史教训》[2] (Phạm Đình Đạt, *Phương pháp giáo dục tính thiện cho con người của Mạnh Tử và bài học lịch sử*)；梁明居、裴春青的《孟子仁政学说中的民本思想》[3] (Lương Minh Cừ, *Bùi Xuân Thanh, Tư tưởng dân bản trong học thuyết nhân chính của Mạnh Tử*)；裴春青的《从孟子政治社会学说中的"仁义"思想到"仁政"道路》[4] (Bùi Xuân Thanh, *Từ tư tưởng*

---

[1] ［越］阮氏雪梅：《从哲学角度去理解儒家人性学说》,《哲学杂志》, 2005 年第 5 期。(Nguyễn Thị Tuyết Mai, *Quan niệm về* tính người *của Nho giáo nhìn từ* góc độ *triết học*, Tạp chí Triết học, 2005, số 5)

[2] ［越］范亭达：《孟子性善教育方法及其历史教训》,《政治科学杂志》, 2007 年第 5 期。(Phạm Đình Đạt, *Phương pháp giáo dục tính thiện cho con người của Mạnh Tử* và bài học *lịch sử*, Tạp chí Khoa học chính trị, 2007, số 5)

[3] ［越］梁明居、裴春青：《孟子仁政学说中的民本思想》,《哲学杂志》, 2005 年第 6 期。(Lương Minh Cừ, Bùi Xuân Thanh, *Tư tưởng dân bản trong học thuyết nhân chính của Mạnh Tử*, Tạp chí Triết học, 2005, số 6)

[4] ［越］裴春青：《从孟子政治社会学说中的"仁义"思想到"仁政"道路》,《哲学杂志》, 2008 年第 2 期。(Bùi Xuân Thanh, *Từ tư tưởng "nhân nghĩa" đến* đường lối *"nhân chính" trong học thuyết chính trị - xã hội của Mạnh Tử,* Tạp chí Triết học, 2008, số 2)

"nhân nghĩa"đến đường lối "nhân chính"trong học thuyết chính trị - xã hội của Mạnh Tử）；裴春青的《孟子政治社会学说中的人才思想以及对越南实践的意义》[1]（Bùi Xuân Thanh , *Tư tưởng sử dụng người tài đức trong học thuyết chính trị - xã hội của Mạnh Tử và ý nghĩa đối với thực tiễn nước ta*）；裴春青的《孟子经济思想》[2]（Bùi Xuân Thanh, *Tư tưởng kinh tế của Mạnh Tử*）等。

四、结语

注解《孟子》的汉喃文献，通常有以下四种形式：一、研究和注解《孟子》；二、通过文策与经义资料分析孟子的思想；三、研究《孟子》的主要内容；四、将《孟子》译为喃文。大部分都赞扬《孟子》，利用或运用孟子所说的话来证明自己的主张。

越南关于《孟子》的专门研究不多，喃字只有一本专著，现代越南文也只有一本。从汉喃文献遗产可以看出有不少人投到研究"四书五经"中，特别是两本《论语》和《周易》，但《孟子》非常罕见。根据《越南汉喃文献目录提要》，最少有 25 本关于"四书五经"是喃字的。有一些书是用喃字来解释、注解《论语》，比如《论语愚案》。一些儒家经典已经翻译成喃字，像《诗经演义》（VNv.107; VNv.1161; VNv.162; VNv.1163; AB.168/1—2）、《大学讲义》（AB.277）等[3]。一直到 1913 年，也就是在越南儒家科举最后一次举办前 6 年，才有人把《孟子》的一些章节翻译成喃字，是一本教科书：《册孟学堀高中学教科》。当然，在注解、解释或翻译"四书"的其他书籍中，《孟

[1] ［越］裴春青：《孟子政治社会学说中的人才思想以及对越南当代的意义》，《政治科学杂志》，2010 年第 6 期。（Bùi Xuân Thanh, *Tư tưởng sử dụng người tài đức trong học thuyết chính trị - xã hội của Mạnh Tử* và ý nghĩa *đối với thực tiễn nước ta*，Tạp chí Khoa học chính trị, 2010, số 6）

[2] ［越］裴春青：《孟子经济思想》，在《研究与发展杂志》，2007 年第 7 期。（Bùi Xuân Thanh, *Tư tưởng kinh tế của Mạnh Tử*，Tạp chí nghiên cứu và phát triển, 2007, số 7）

[3] ［越］范文参：《越南儒藏》，越南社会科学翰林院汉喃研究所藏。（Phạm Văn Thắm, *Nho tạng Việt Nam*）

http://www.hannom.org.vn/detail.asp?param=848&Catid=6，2007 年 10 月 16 日。

子》也在其中，比如《四书约解》有1112页长度。不过还有一个情况就是有的书籍，虽然谈到“四书”，但是只提到《论语》《大学》《中庸》，而没有直接提到《孟子》，比如阮文超的《方亭随笔录》[1]。

研究《孟子》，主要是介绍“四书五经”的书，换言之，即教科书，现在所说的“补习书”“参考书”，比如裴辉碧的《四书观行》，或者是《四书短篇》收集170首经义，《四书文选》收集288首经义，或是《四书节要》等[2]。

越南儒家主要是朱子学。儒家的心学不是很发展，几乎很少谈到陆九渊、王阳明。越南的心学主要是把佛学和越南传统思想结合，但是有儒家的色彩。

20世纪初至1945年，《孟子》在三个方面受到关注，一是教科书；二是翻译成喃文与越文；三是介绍和研究思想。1945年以前，对君权有害的汤武革命、民为贵等问题几乎没有人提到。

1945年至1975年，在越南北部，批林批孔运动和新文化思潮的影响下，儒家思想尤其是孟子思想不但没有被重点关注，而且还是要废除的封建朝廷意识形态或落后的旧文化代表的批判对象。但是同样在这个阶段，在越南南部，儒家学说，其中孟子思想备受欢迎。同时《孟子》也被继续翻译和出版，典型的是段忠昆的（Đoàn Trung Còn）的《四书孟子》（“Tứ thơ Mạnh Tử”，智德丛书 Trí Đức tòng thơ，1950），阮献梨的《孟子》（稿香 Cảo Thơm, 1975）。值得注意的是，1955年，西贡政府还把孟子命名一条街，叫“孟子街”（法国殖民地时代为 Vollenhoven 街，现在是 Dương Tử Giang 街）。

1986年以后，伴随着革新过程即思想解放的过程。儒家思想更加受到客观、科学、积极地研究与评价。关于中国与越南儒学的翻译书籍、研究书籍和研究学刊越来越多。至于中国儒学，汉、唐、宋、明、清历代儒学研

[1] 《方亭随笔录》第五卷，书名《四书摘讲》，实际上只讲《论语》《大学》《中庸》，没有讲《孟子》。参见范文映，《方亭随笔录以及阮文超对朱熹注解〈四书〉方法的态度》，《汉喃研究》，2010年第5期，第102页。（Phạm Văn Ánh.“*Phương* Đình tùy bút *lục”và thái độ của Nguyễn Văn Siêu đối với cách chú giải Tứ thư của Chu Hi*，Tạp chí Nghiên cứu Hán Nôm, 2010, số 5，tr.102.）

[2] ［越］范文参：《越南儒藏》，第102页。

究的比例不多，主要研究对象还是在于孔孟。孟子的思想越来越受到重视在于越南儒学研究学者。目前的研究主要集中在孟子思想与新时代相结合的问题上。

（阮才东：越南社会科学院哲学研究所所长）

后　记

众所周知，孟子是中国儒家思想的代表人物之一。他不仅继承了孔子的“仁”的思想，还进一步提出了“义”的思想，大大丰富了儒家思想内涵，充实并完善了儒家思想体系。孟子思想是一套完整的思想体系，不仅有主张民本、反对暴君统治，提倡仁政、王道的政治学说，还提出了人性本善的人性论，以及主张自由独立精神的“富贵不能淫、贫贱不能移、威武不能屈”和充满正义、拥有正大刚直精神的“浩然之气”的“大丈夫”人格标准。

作为中国主流的传统思想，孟子思想在中国历史以及思想史上影响巨大且深远。在中国历史上，虽然也有帝王和学者对孟子提出的“民贵君轻”的民本思想、“双向义务”的君臣关系主张以及肯定“汤武放伐”的“易姓革命”思想等持批判和否定态度，但自从朱熹将《孟子》编入“四书”，著《四书章句》以来，孟子思想作为儒家正统思想获得了不可动摇的地位。

大学期间，一位教师在课上不经意说起日本在接受中国儒家思想时，孔子的《论语》很顺利被日本接受，而《孟子》则在日本受到了很大排斥。说者无心，听者有意，我当时就觉得有些不可思议。同为孔孟之道的儒家思想，为什么在日本却有着不同的境遇？在日本人眼中，到底孟子思想和孔子思想有哪些不同？在硕士研究生阶段，笔者带着这些疑问，请教来授课的日本思想史专家石田一良以及我的恩师源了圆先生，他们回答说这是日本思想上的一个大问题，很有研究价值但至今还没有得到充分的研究。得到了专家们的指点后，笔者果断将日本江户时代如何接受孟子思想确定为硕士论文的选题。然而，随着研究的深入，我发现日本江户时代研究《孟子》的学者、学派多得远远超乎我的想象，对于一个刚刚迈进学术研究门槛的硕士生来说，根本无法面对如此庞大的研究对象。在对江户时代不同流派以及代表学者的孟子思想研究进行初步考察，有了一个大体认识后，我便把论文选题做了进一步细化，重点考察了孟子的"革命思想"对幕末志士、革命家、思想家吉田松阴的影响。硕士论文主要探讨了孟子的"汤武放伐"（"易姓革命"思想）对吉田松阴倒幕思想的形成所产生的影响。通过研究的深入，我发现孟子思想对吉田松阴的影响不限于此，在吉田松阴的政治论（民本思想、民政观、天皇观）、伦理思想（人性论、性善论）等方面均可找到孟子思想对其思想形成的深刻影响。关于这些，我在过去发表的拙著和拙稿中都不同程度地做了一些考察和思考。

江户时代，中国的儒家思想（朱子学）作为官方意识形态对日本社会产生了广泛影响。与此同时，江户时代的学者们也围绕孟子的"民贵君轻"（民本思想），"汤武放伐"（易姓革命）、"双向义务"的君臣关系等主张的是是非非展开了激烈讨论。对孟子思想的肯定和批判的讨论，无疑也让我们看到了江户时代中国儒家思想进入日本社会时的真实一幕，"接受与排斥""融合与碰撞"构成了日本接受外来思想的主要特征。充分研究这些问题，可以使我们了解中国思想与日本思想的差异，进而对日本社会和文化有更深层次的理解和把握。

孟子思想与日本思想的"接受与排斥""融合与碰撞"贯穿了整个江户时代。随着日本学者和中国学者对这一问题的关注以及研究成果的不断问世，不少年轻学者也纷纷加入了这一研究领域，研究孟子思想与江户思想家以及近代思想家之间的思想关联，阐述孟子思想影响的研究成果陆续涌现，这一研究领域呈现出不断扩大的趋势。

数年前，为了搞清孟子思想对日本以外的儒学文化圈（如韩国、越南）

产生了哪些影响，我们还举办过一场题为“孟子思想及其影响中韩越国际学术研讨会”（2015 年 1 月 18 日，北京外国语大学日本学研究中心主办）的小型学术研讨会。会上，中国、韩国、越南的学者就孟子思想在日本、韩国以及越南的传播及影响做了学术研究报告。中、韩、越学者们的研究报告使我们了解到，孟子思想不仅在日本，同时还在韩国、越南得到了广泛传播，对韩国和越南的思想史也产生了深远影响，直到现在仍有不少学者研究孟子思想。于是，我们组织策划了本书。

本书收录了中、日、韩、越学者的论文共计十篇，它们均为学者们从不同侧面对孟子思想在东亚以及越南的传播、影响所做的最新研究成果。虽然这些研究成果在深度和广度以及研究方法、挖掘史料等方面还有进一步提高的必要，但还是希望作为反映当下研究水准的这些成果，能够起到抛砖引玉的作用，使孟子思想在海外传播这一研究课题受到更多关注和研究，为“中国文化走出去”提供更多启示和借鉴。

本书从企划到成书出版，历时数年，如今，在丛书总主编张西平教授、各位论文作者以及学苑出版社和责任编辑李媛的大力协助和推动下，终于要和读者见面了。借此机会，我想对所有论文作者致以衷心的感谢！对一直以来给予本课题和本人大力指导、鼓励、鞭策的张西平教授的宽容理解致以崇高的敬意和深深的感谢！

郭连友

2022 年 11 月 2 日